역사를 담은 정책에세이

위대한 변방
울산

위대한 변방 울산
역사를 담은 정책 에세이

초판 1쇄 발행 2022년 8월 25일

지은이 김상욱
펴낸이 장길수
펴낸곳 지식과감성#
출판등록 제2012-000081호

교정 양수진
디자인 정슬기
편집 정슬기
검수 서은영, 이헌
마케팅 고은빛, 정연우

주소 서울시 금천구 벚꽃로298 대륭포스트타워6차 1212호
전화 070-4651-3730~4
팩스 070-4325-7006
이메일 ksbookup@naver.com
홈페이지 www.knsbookup.com

ISBN 979-11-392-0611-1(03350)
값 18,000원

• 이 책의 판권은 지은이에게 있습니다.
• 이 책 내용의 전부 또는 일부를 재사용하려면 반드시 지은이의 서면 동의를 받아야 합니다.
• 잘못된 책은 구입하신 곳에서 바꾸어 드립니다.

지식과감성#
홈페이지 바로가기

김상욱 지음

지역 사 랑 담은 정 책 이 야 기

위대한 변방
울산

삶과감정

[서문]
위대한 변방 울산

고대로부터 우리나라에는 비록 한자로 기록되긴 했지만 많은 역사서와 문집들이 있었다. 그러나 되풀이되는 전란과 위정자의 수서령(收書令) 속에서 남은 것보다 없어진 기록들이 더 많은 것이 현실이다. 결국 제대로 된 역사서로는 『삼국사기』와 『삼국유사』, 『고려사』와 『조선왕조실록』 등에 의존하고 있고, 보완적으로 중국과 일본의 사서가 메워 주고 있다. 이 정도의 자료만으로 역사적 실체를 파악하고 우리의 현재를 정확하게 진단하는 것은 결코 쉬운 일이 아니다. 다행히 조선시대 이후에는 역사가 어느 나라보다도 체계적으로 기록되어 있어 후세들에게는 큰 축복이다.

행정 업무를 수행할 때는 역사를 통해 현재를 판단하고 미래를 내다보아야 한다. 공무원 시험에 한국사 과목이 들어 있는 것은 다 이유가 있다. 그런데 한국사는 국가의 정치와 제도사 위주로 기술되어 있어 지방행정을 수행하는 입장에서는 한계가 있기 마련이다. 우리나라는 중국과 일본, 유럽이나 미국과 달리 신라 이후 중앙집권체제가 이어져 왔기 때문에 지역의 고유한 기록 체계가 부족할 수밖에 없다. 그나마 조선시대에는 사대부들이 『문집』을 많이 남겼고, 후기에는 고을마다 『읍지』가 편찬되면서 지역의 향토사를 파악하는 데 큰 도움을 주고 있다.

실학자들도 전문 분야별 연구와 함께 지역의 역사와 자원을 조사한 경우가 적지 않다. 인생의 목표는 화목한 가정이 있어야 가능하고, 국가에 대한 평가는 국민이 얼마나 태평한가에 달려 있다. 이를 뒷받침할 행정은 국가의 역할에 더해 일선 행정이 바르게 서야 가능한 것이다. 일선 행정의 정신적 토대가 되는 역사의 완성은 바로 지역 향토사이다.

내가 울산과 인연을 맺은 것은 1997년 공무원 공채시험에 합격하면서부터이다. 일반행정직이라 특별한 기술이 없다 보니 그동안 20번에 가깝게 다양한 부서를 전전하였다. 그렇게 짧으면 반년, 길면 2년을 보내며 이제 25년을 채워 간다. 나는 원래 고등학교 때부터 역사란 과목을 좋아했고, 공무원 시험에서도 한국사를 거쳐야 했다. 재미를 느끼는 과목이라 시간을 많이 투입했지만 점수는 늘 나를 배신했다. 사회에서는 업무를 맡을 때마다 짬이 나면 분야별 역사를 들여다보려고 애썼다. 물론 큰 갈피를 잡으려면 국가적인 제도와 사건들을 봐야 했지만, 울산만의 특징과 사례를 찾아내기 위해서는 향토사를 연구하는 분들에게 물어야 했다.

그런데 행정 현장의 다양한 입맛에 맞춰 향토사를 찾아내고 정리해 자문을 해 주기에는 학자와 애호가들에게도 고충이 있었다. 크게 보아 네 가지 이유이다. 첫째, 울산박물관, 구·군 문화원, 울산연구원 등이 성과들을 축적해 자료를 인터넷으로 공개하기 시작한 2010년대 이후에는 사정이 다소 나아졌지만, 그 전에는 자료 공유에 많은 한계가 있었다. 둘째, 학자와 전문가들 간에도 관심 분야와 연구방법론, 해석이 달라 일반인들로서는 어떤 말이 맞는 것인지 판단하기가 어려웠다. 송수환 교수의 『나의 울산사 편력』을 둘러싸고 있는 현상을 보면 이런 모습은 지금도 마찬가지다. 저자의 의견처럼 과학적인 연구를 거쳐 지역의 역사적 사건에 대해 객관적인 평가를 하여야 한다는 입장이 있는 반면에, 향토사이니 인정할 수 있는 사료의 폭을 넓혀야 하고 역사적 사건과 지역 인물들을 평가할 때는 지역의 이익과 자긍심을 함께 고려해야 한다는 의견이 있다. 두 의견이 팽팽하게 맞서고 있는데, 나로서는 균형이 필요하다고 본다. 셋째, 포경사 등 특정 분야는 역사 이외에 국제법, 경제사, 생태학 등 종합적인 이해를 필요로 한다. 부경대 박구병 교수 등 과거에는 종합적인 접근을 하는 분들이 있었지만, 최근에는 이런 연구의 전통이 끊어져 공직자들도 개별적으로 이해할 수밖에 없는 상황인 것 같다. 넷째, 전문가들의 시간적·물리적 한계 때문이다. 아무리 권위 있는 학자라도 특정 지역의 구석구석을 돌아보며 사계절을 보낼 수는 없다. 그것이 한 도시라고 해도 울산은 결코 좁은 고장이 아니다.

결국 이런저런 이유로 내가 필요한 역사 정보는 전문가들의 자료를 우선해서 정리하되 보완적으로 나만의 종합을 만들어 내는 작업에 맛을 들이게 되었다. 가끔은 터무니없는 가설이 나오기도 하는데, 과학적인 역사 연구에 얽매이지 않을 자유가 나에게는 있는 것이다.

울산의 향토사는 풍부할 수밖에 없다. 고대 신라의 경기(京畿) 지역이라 역사가 깊다. 산과 들, 강과 바다가 어우러져 있어 곳곳에 산사와 서원, 누정들이 남아 예나 지금이나 풍류관광지승처(風流觀光之勝處)가 많다. 특히 삼국시대 신라성(新羅城), 고려시대 방어진(防禦鎭), 조선시대 경상좌병영(慶尙左兵營)과 경상좌수영(慶尙左水營)이 설치되어 있었고, 임진왜란 때는 격렬한 의병 활동과 함께 도산성전투가 벌어진 현장이라 전쟁사가 풍부하다. 경상감사와 경상좌병마사, 울산부사와 언양현감, 울산감목관들이 드나들며 남긴 문학작품들이 풍부하다. 조선후기의 경우 다른 지역에 비해 『울산부호적대장』, 『언양현호적대장』이 남아 있어 지역사회의 신분 구조 변화 연구 환경이 나쁘지 않다고 한다.

근대 이후로는 포경사와 산업사, 환경운동사와 노동운동사 등이 울산 지역사의 독특한 분야이기도 하다. 이 분야는 지역을 넘어 국내외 많은 학자들이 연구를 해 왔다. 울산은 우리나라 지방자치 역사에서도 큰 의미를 가진 도시이다. 1991년 지방자치 부활 이후 1997년 만들어진 첫 광역시이다. 광역시 승격을 전후한 역사는 2002년 『울산광역시사』를 발간해 충실히 기록해 두었고, 이제 광역시 승격에 따른 본격적인 성과와 그간의 반성을 기록하기 위해 준비를 하고 있다. 2020년 심완구 초대 울산광역시장이 별세했다. 사람들의 기억들이 묻히기 전에 서둘러야 할 것이다.

이렇게 보면 울산은 그야말로 위대한 변방이자 변경이다. 고대에는 일본과 바다를 건너 마주 보았고, 근대에는 서양의 문물과 기술을 가장 먼저 접촉한 변경이기도 했다. 지금도 조선, 자동차, 화학 등 주력산업에서 한국을 대표하고 있고, 앞으로는 스마트 선박, 미래 모빌리티, 스마트 원전, 부유식 해상풍력 등 미래산업의 첨병 역할을 할 도시이다. 고래로 중앙 권력이 한 번도 무시하거나 무관심하게 두지 않은 곳이다. 울산 시민부터 이런 역사를 제대로 알고 국민들에게 알려 나가야 중앙 정부의 판단에 실수가 없게 되고, 한국은 옳은 방향으로 빠르게 나아갈 수 있다.

전문가 정도의 수준을 넘보지 않더라도 향토사 자체를 공부해 보는 재미가 있다. 악마는 디테일에 있다. 명량해전 등 세계의 수많은 전투의 승리는 현지의 지리와 기후에 맞게 전술을 펼친 쪽에 돌아갔다. 현대에는 문화예술 작품을 구상하고 관광시설을 알리는 데 있어 디테일이 뛰어난 스토리텔링을 필요로 한다. 이곳에 지역의 역사를 접목하면 금상첨화일 것이다.

나는 과학과 기술의 영역에서도 가급적 과거를 돌아보려 했다. 그 결과 상급자는 물론 동료들도 새로운 사실에 재미있어했다. 예를 들어 제1회 조선해양의 날에서는 반구대암각화 속의 배가 우리나라 역사 속 선박의 원형이라는 전문 서적 속의 글을 소개했다. 동구 사람들만 아는 방어진철공조선소가 현대조선소보다 앞선다는 사실을 알렸다. 제9회 화학의 날에는 오원철 경제수석의 저서에 나오는 인천과의 석유화학단지 유치 경쟁 에피소드를 소개했다. 2021년 울산의료원을 추진할 때는 그 논거를 정리하며 울산의 의료사를 시대별로 정리해 보았다. 또 음식문화축제에 즈음해서는 천전리암각화에 새겨진 신라 왕실 수행 여성 요리사 이야기를 알렸다.

이런 저런 이유로 용기를 내 지금까지 언론기고나 블로그를 통해 써 놓은 글들을 모아 책을 출판해 보기로 했다. 아무리 좋게 봐 주어도 전문성과 적시성, 적실성과 실천성이 떨어지며, 경제적 가치도 없는 향토사에 대한 단편들이지만 나만의 컬렉션이다. 아직 발표하지 않은 부분이 포함되어 있으며, 총론 격의 글들은 기존의 메모를 많이 수정했거나 새로 쓴 내용들이다. 울산의 역사·문화, 산업·사회에 관한 글은 시에서 부서를 옮겨 다니며 반은 업무로, 반은 취미로 배우고 느낀 바를 정리한 것이다. 장생포 고래 이야기는 주로 남구에서 근무하는 동인에 현안

사업 추진을 위해 참고할 목적으로 정리한 것들이고, 방어진 바다 이야기는 금년에 동구의 지리를 익히며 메모한 내용들이다.

한비자가 「세난(說難)」과 「난언(難言)」에서 말했듯이 말과 글로 자신의 의견을 밝힌다는 것은 아주 어렵고 조심스러운 일이다. 혹시라도 호기심에 이 글을 읽어 보는 아마추어 연구자들은 반드시 원전을 찾아 확인하고 생각하며 비판을 해 보기 바란다. 디테일이 많이 부족하다. 만에 하나라도 전문가가 이 글을 본다면 당장은 코웃음을 치더라도 잊지 말고 가급적 다른 전문가들에게도 일독을 권해 주기 바란다. 아마추어는 당연히 전문가로부터 배워야 하는데, 전문가도 아마추어로부터 아이디어를 얻을 여지가 있는 것이다. 자신의 의견과 다른 주장이 있더라도 관용을 베풀어 주기 바란다. 정책이든 시책이든 결국 많은 사람의 의견을 종합해 정해진 절차를 거쳐 결정되고 집행되는 법이다. 실무 공직자의 의견이라고 달리 볼 것은 아니다.

다른 지역 출신이지만 울산에서 근무하게 된 직장인, 새로 직장 생활을 시작하는 젊은 울산 공직자들에게 이 책이 제법 도움이 될 수 있다. 지도와 사진이 들어 있지 않아 울산 지리에 익숙하지 않은 사람에게는 결코 친절한 책이 아니다. 울산 관광을 하면서 여기 담긴 해당 스토리를 참고하셔도 좋을 것이다. 나의 개별적인 주장은 잊어버리더라도 울산의 중요한 기록들과 그 기록들을 발굴해 시민들에게 들려주는 사람들의 면면은 기억해 주기를 바란다. 어떤 분야에서 어떤 일을 하든지 이런 책과 사람이 보물창고이고 창고지기이다. 이왕이면 공직의 보다 많은 후배들이 지역사 연구와 활용에 관심을 가져 주었으면 한다. 울산이 고향인 사람은 말할 것도 없고, 이 도시가 제2의 고향인 사람까지 말이다.

　요즘은 인터넷 발달로 역사 공부가 쉬운 편이다. 역사서나 기록물, 개인 저술 중 상당한 분량을 원문으로 구해 볼 수 있다. 원문이 없더라도 자료가 있는 도서관의 소재를 보여 준다. 외국어 문서도 자동 인터넷 번역이 일정 수준 가능하며, 두꺼운 사전이 없어도 전자사전이 얼마든지 있다. 언젠가는 AI가 가로세로 역사를 들여다보고, 스스로 번역을 해서 역사적 실체를 가려 줄 날이 올 것으로 믿는다. 위대한 변방, 울산의 역사에서도 마찬가지다.

추천사

우리 역사에서 '학자적 관료'라는 용어가 있다. 학문적 소양이 깊은 관리라는 뜻이다. 고려 말에 등장한 새로운 지식인 집단 신흥사대부를 말한다. 이들은 중국의 최신유학인 성리학을 수용하고, 이에 입각하여 대대적인 국가개혁을 추진하였다. 밖으로는 새로운 국제질서에 적응하여 친명정책을 펴고, 안으로는 부패한 권문세가의 권력과 경제를 해체하여 민본정치를 추구하였다. 이들의 경륜은 새로운 조선왕조 개창으로 이어져 우리 역사 발전의 한 단계를 이루었다.

이들 학자적 관료의 학문은 文·史·哲이었다. 오늘날 말하는 인문학이 바로 이것이다. 조선왕조가 외침과 내란을 겪으면서도 500년을 지탱한 저력은 바로 文·史·哲을 체화한 이들 학자적 관료의 지식과 경륜이었다. 이들은 학식이 풍부하면서도 행정 실무에도 능한 '능문능리(能文能吏)'한 사대부들이었다. '학자적 관료'라는 말이 여기서 비롯되었다. 이들의 학식과 행정력은 중앙정치와 지방통치에 깊이 스며들어 나라를 옹위하고 민생을 부양하였다.

오늘날의 공무원 사회는 학문과 행정이 분리되어 있다. 공무원은 자격시험을 거쳐 임용되는데, 이 시험이 실상 文·史·哲과는 거리가 멀고, 가깝다 해도 미세한 부분에 불과하다. 그러므로 이들은 행정전문가인 테크노크라트라 할 것이니, '학자적 관료'와는 거리가 있다. 장관, 지자체장 등 고위층 관료는 정치인이어서 더욱 그러하다. 이를 보완하는 것이 행정의 자문에 응하는 각종 위원회이다. 시대의 변화에 따른 불가피한 현상이다.

이 책의 저자 울산광역시 동구의 김상육 부구청장은 지역사회의 엘리트 공무원이다. 약관에 어려운 시험을 거쳐 공직에 입문했고, 자원해서 고향을 떠나 울산으로 왔다 한다. 가끔씩 언론에 실리는 저자의 글이 범상치 않았으니, 짧은 글들에 실린 경륜은 모두가 담당 업무에 대한 인문학적 접근과 그 해결 방안이었다. 실로 그 옛날 능문능리한 '학자적 관료'를 마주하는 듯해서 괄목상대한 지 오래이다.

이 책에는 저자의 업무에 대한 학문적 노력이 묵직하게 실려 있다. 서두에 울산의 현재를 가져 온 수천 년 향토사를 탐색하고, 그 성과인 저술과 논술 자료들을 일목요연하게 정리하였다. 여기에는 향토사의 흥미로운 주제들이 가득 실려 있어 울산의 역사에 대한 넓은 시야를 보여 주었다. 이어 울산의 특허 별칭인 산업수도의 형성과 발전에 관한 흥미로운 이야기와, 여기에서 파생된 문제점 및 그 해결 방식을 다각도로 모색하였다.

이어 '장생포 고래 이야기'와 '방어진 바다 이야기'가 이어져 저서의 백미를 이룬다. 전자는 광범위한 독서와 자료 수집을 바탕으로 세계 속의 장생포 고래 이야기를 펼쳤다. 후자는 방어진의 최신 조선산업과 천연의 자연자원을 동시에 보여 주고 있다. 여기서 저자가 특별히 주목하는 분야는 대왕암과 어풍대가 대표하는 관광자원의 활용이다. 선인들의 한시 등 문학작품에 나타나는 풍경을 빠짐없이 수집하고 생명을 불어넣어 옛 모습을 고스란히 살려 내었다.

　저자의 이러한 노력은 2012~2013년 남구의 고래관광전략에 반영되었고, 현재의 고래바다여행선 취항과 고래문화마을 조성에 기여하는 성과를 거두었다. 현재는 동구에 재직하면서 출렁다리와 용가자미 등 관광자원을 홍보하고, 해상케이블카와 연계한 어풍대와 대왕암공원 일대 관광개발을 추진하고 있어 저자의 역할은 현재진행형이다. 멀지 않은 시기에 다대한 성과로 다가오리라 믿어 마지않는다.

　『순자(荀子)』 권학편에서 이렇게 말했다. "흙을 쌓아 산을 이루면 풍우가 일어나고, 물을 모아 호수를 이루면 교룡이 태어난다(積土成山 風雨興焉, 積水成淵 蛟龍生焉)." 학문을 쌓으면 세상을 변화시킬 수 있고, 훌륭한 인물을 기를 수 있다는 뜻이다. 그 옛날 하읍(下邑)이니, 질읍(質邑)이니 멸시받던 울산 고을이, 이제는 저자와 같은 '학자적 관료'가 입신하여 풍우를 일으키고 교룡을 낳게 되었다. 김상육 부구청장의 저서 『위대한 변방 울산』을 적극 추천하는 바이다.

2022년 7월
전 울산광역시사편찬위원회 전문위원,
울산대학교 인문과학연구소 연구교수
송수환

목차

[서문] 위대한 변방 울산 · 4
추천사 · 12

1. 울산 스토리텔링

울산 스토리텔러 명예의 전당	22
〈참고〉 울산 스토리텔러와 그들의 저술들	27
〈참고〉 울산박물관 및 울산학연구센터 연구자료	30
울산 고전명구	37
알아 두면 쓸데없는 신기한 '울산' 지명	40
신라의 태화, 울산의 태화	47
현곡 이유수 선생과 울산향토사	50
울산 시청마당 50년사	55

2. 역사도시 울산의 문화 이야기

거북뜸 바위그림의 크게 어울리는 노래	64
울산 오리모양토기를 찾아서	71
신라 고승들과 울산의 사찰들	77
태화강 100리 길 청렴문화유산 보물찾기	80
그들이 본 도산성전투	97
〈참고〉 이유수 울산향토사연구논총(도산성전투)	102

임진왜란 울산 3장사와 3대 의병장	110
학의 하늘, 고래의 바다	117
한옥 카페 작천정의 로맨스	124
울산의 경승들(8경·9경·12경)	132

3. 산업수도 울산의 사회 이야기

울산공업센터는 한 번 만남에서 정해지지 않았다	146
울산공업센터와 공업탑	152
〈참고〉 1963 울산특정공업지구 배치도	157
〈참고〉 울산공업센터 기공식 치사문(한·영·중·일)	158
산업수도 울산의 운명	163
〈참고〉 자동차 도시: 울산(2012년 중국교과서)	184
울산형 경제건설: 창조경제적 어프로치	188
울산 전통시장 노래	192
푸른 울산의 숲과 나무	195
반구대암각화와 운문댐 물값	206

낙동강 유역 울산 태화강 물 이야기	209
코로나19에서 울산이 살아남는 법	225
특별하고 일반적인 도시가 따로 있나?	228
단계적 일상회복과 공공의료	231
숟가락과 젓가락 사이 울산	234

4. 장생포 고래 이야기

낭만과 야만의 고래 이야기	238
〈참고〉 포경의 역사	243
〈참고〉 국제포경위원회(IWC) 75주년 의장 기념연설문	250
〈참고〉 일본 IWC 탈퇴 내각관방장관담화	254
고래, 발가락이 닮았다	256
장생포 고래연구자들	259
울산 장생포를 꽃피운 '태평양 포경 3걸' 1(헨리 카이절링)	268
울산 장생포를 꽃피운 '태평양 포경 3걸' 2(오카 주로)	279
울산 장생포를 꽃피운 '태평양 포경 3걸' 3(로이 앤드류스)	287
백경을 쫓은 피쿼드호는 이양선이었다	298
울산 동해 바이킹 시즌 2	304

5. 방어진 바다 이야기

하나에서 열둘까지 동구 해시태그(#) 달기   310
항(港)과 항(巷), 두 도시 이야기   314
세계 조선산업도시 열전   317
방어진 철도 100년의 염원   321
접항(鰈港) 방어진의 용(龍)가자미   325
부상효채 동대삼객(扶桑曉彩 東臺三客)   328
풍류관광지승처 어풍대(風流觀光之勝處 御風臺) 1(시문학)   331
풍류관광지승처 어풍대(風流觀光之勝處 御風臺) 2(지리지)   346
풍류관광지승처 어풍대(風流觀光之勝處 御風臺) 3(경승지)   358

[후기] 울산 이야기, 울산을 넘어   369

1
울산 스토리텔링

울산광역시청

울산 스토리텔러 명예의 전당

　책, 특히 인문학 서적을 집필해 만족할 만한 수입을 올리기는 지극히 어려운 일이다. 드물지만 역사책을 써서 큰돈을 버는 분들이 있긴 하다. 딱딱한 순수 역사책보다 재미를 곁들인 이야기책은 베스트셀러가 되기도 한다. 1990년대 유행한 일본 작가 시오노 나나미의 『로마인 이야기』, 약 10년 전부터 발표되고 있는 중국 이중톈 교수의 『이중톈 중국사』가 대표적이다. 하지만 지역의 이야기를 써서 돈을 번다는 것은 낙타가 바늘구멍을 통과하기보다 어려운 일이다. 그만큼 비용을 기꺼이 치르며 지엽적인 향토사나 지역정보를 알려는 사람이 없다는 말이다. 그러니 지역의 기록들은 공공이 주도되어 지원을 하지 않으면 축적되기 어렵다. 울산의 주요한 기록물들도 그렇게 만들어져 전해지고 있다. 특히 울산박물관과 대곡박물관이 본격 운영되면서 도록화된 형태의 자료들이 쏟아져 나오고 있어 고무적이다.

　그런데 일부 인사들은 자신의 성과들을 남기기도 한다. 나도 아직 극히 일부만을 읽었지만 울산에 25년을 살면서 많은 분들의 글을 접했다. 어떤 분들은 역사, 어떤 분들은 문학, 또 어떤 분들은 논문이나 언론기고를 통해 결과물을 발표한다. 도대체 돈이 되지 않는 향토사를 연구하고 발표하는 이유는 무엇일까?

전문적으로 연구한 것은 아니지만 나도 향토사에 대해 관심을 가지고 책을 찾아 읽고 생각하며 정리를 해 보았다. 그 이유를 자문해 보니 우선 업무에 깊이를 더하는 것이 첫째요, 읽고 정리하는 과정에서 나름 자기계발이 되는 것이 둘째이며, 바쁜 일이 없을 때는 비용을 얼마 들이지 않고도 시간을 보낼 수 있는 취미 생활이 된다는 것이 세 번째 이유이다. 그런즉, 애당초 다른 분들의 성과들도 마찬가지일 거라 생각해 본다. 그렇게 찾다 보니 의외로 울산 스토리텔러들이 많다. 그들의 자료와 지식들이 후대에 제대로 전해지지 않고 중간에 증발해 버리지나 않을까 걱정이다.

그래서 현재까지 아는 분들의 이름과 성과들을 정리해 남겨 보려 한다. 몸담고 있는 분야에 상관없이 향토사에 대해 관심을 가지고 체계적으로 살펴보고 싶다는 분에게 이 글이 작으나마 길잡이가 되었으면 한다. 관심 있는 분들은 도서관이나 인터넷에 공개된 자료를 통해 한 분 한 분의 성과들을 찾아봐 주면 좋겠다. 그리고 만날 일이 있으면 가급적 예우를 해 주고 말씀에 귀를 기울여 주는 예의를 가졌으면 좋겠다.

옛날부터 최근까지 우선 울산의 기록유산을 꼽는다면 어떻게 될까? 작자의 출신 지역과 기록의 형식보다 내용의 양과 질을 보는 것이 적절하지 않을까? 그런 기준으로 시대와 형식, 내용과 목적이 비슷한 기록끼리 묶어 비교해 본다면 아래 정도가 아닐까 한다. 자체로 훌륭한 유산이지만 이를 통해 다양한 글들이 재생산되어 나오는 화수분 같은 존재이다.

〈울산의 기록유산〉

반구대암각화	對	천전리암각화
부북일기(박계숙·박치문/우인수 譯)	對	송호유집(류정/안정 譯)
학성지(권상일·박망구·이원담/성범중 譯)	對	헌산지(김천상·서석린/국역 울산지리지)
청대집(권상일 부사)	對	유하집(홍세태 감목관)
울산부선생안(이종서 譯)	對	언양현선생안(『헌산지』 소재)
울산안내(김철정·장망생, 1917)	對	울산군향토지(울산군교육회, 1933)
울산·울주향토사(울산문화원, 1978)	對	울산유사(김석보, 1979)
내고장의 전통(이유수, 1982)	對	울산향토사연구논총(이유수, 1996)
울산지명사(이유수, 1986)	對	울산지명사(민긍기, 2020)
울산시사(울산시, 1987)	對	울산광역시사(울산광역시, 2002)
울산임란사(이유수, 1999)	對	울산임란사재조명(울산 충의사, 2015)
울산의 역사와 문화(송수환, 2009)	對	조선시대 울산 지역사 연구(우인수, 2009)
한시속의 울산 산책(성범중, 2010)	對	울산경승한시선집 3부작(송수환, 2012)
태화루시문(울산문화원연합회, 2011)	對	집청정시집(대곡박물관, 2017)
국역 울산지리지(울산문화원연합회, 2014)	對	울산금석문(울산문화원연합회, 2013)
울산의 인물(울산광역시, 2014)	對	울산의 충의정신(편찬위, 2005)
산업도시 울산의 이주사 (울산문화원연합회, 2018)	對	울산울주지방 민요자료집 (성기옥, 1990)

    현대에 들어 지역사에 대한 연구 성과들은 양적으로 풍부해지고, 질적으로 깊어지고 있다. 장르와 형태도 더 다양해지고 있다. 지방자치제가 실시되고 문화원이 구·군별로 조직되면서 울산 안에서도 연구 분야와 인물 조명이 다양해졌다. 울산대학교 교수진과 다른 지역 한국사 전문가들은 울산학연구센터의 지원을 통해 세부적인 주제별로 의미가 큰 결과물들을 대거 쏟아 내고 있다. 이런 분들의 노고로 알게 모르게 울산의 격이 높아졌다.
    한편 광역시 승격 이후 시정과 함께 보조를 맞추어 기관·단체들이 잇달아 경남에서 독립하면서 가 분야의 역사를 기록하는 사례가 늘었

다. 울산교육사(2001), 울산 상수도 70년사(2004), 울산사진 40년사(2006), 울산경제 50년사(2012), 울산예총 40년사(2013), 울산항 개항 50년사(2013), 울산공공도서관 30년사(2015) 등이다. 이들 자료를 울산도서관에서 한눈에 볼 수 있다. 과거 울산남부도서관이 해 오던 지역자료 수집·보관 기능을 이제는 2018년 개관한 울산대표도서관이 맡았다. 울산의 모든 지역자료들이 울산도서관에 집결되어 전시되고 있어 고무적이다.

꼭 기억해야 할 울산향토사 연구 선구자들 세 분이 있다. 이유수 선생(1926~2007)과 김석보 선생(1928~1998)은 각각 『울산향토사연구논총』, 『울산유사』를 남겼다. 프로젝트에 따라서는 함께 공동집필을 하기도 했고, 경우에 따라서는 각자 연구결과를 발표하기도 하며 당시 쌍벽을 이루었다고 한다. 그들처럼 직접 글을 쓰지는 않았지만 향토사 연구를 뒷받침한 대표적인 분으로 박영출(1919~2007) 선생이 계신다. 울산문화원장을 최장기 재임(1964~1998)하신 분으로 울산의 진정한 메세나라는 평가가 있다. 1960~1990년대 거의 모든 향토사 연구 서적에 실린 발간사와 축사는 그의 몫이었다.

한편 사진으로 울산을 이야기한 사람들이 있다. 그야말로 포토스토리이다. 작고하신 정동우 선생과 현역으로 활동하시는 서진길 선생이 산증인이시다. 현재의 지역사 기록 사진들은 언론사나 공직에 계신 분들이 대부분 맡고 있다. 자연과 동식물 등을 카메라에 담는 전문사진가들은 저마다 관심 분야에서 크고 작은 사진들을 찍어 소개해 주고 있다. 최근에는 글보다 사진, 영상을 통해 울산의 이야기를 들려주는 것이 효과적임을 감안하면 시민 모두가 울산 스토리텔러, 즉 이야기꾼이라고 할 수 있다.

아쉽게도 많은 분들이 돌아가셨지만, 아직 왕성하게 활동하시는 분들도 있다. 해방 이후 활동한 한 분 한 분의 이름과 저술들을 나름대로 선정해 첨부해 보았다. 그리고 박물관들과 울산연구원의 성과들은 홈페이지를 참고해 따로 목록을 정리해 보았다. 이를 통해 보면 신형석 울산박물관장은 대곡박물관과 울산박물관에서 18년 동안 근무하며 향토사의 수많은 주제를 깊이 있게 정리했다. 더 세부적으로는 구·군문화원의 문화원지와 부설 향토사연구소 발간 자료집들이 있는데, 여기서는 다 다룰 수가 없지만 가장 풀뿌리 자료이므로 지니는 가치가 결코 작지 않다.

그렇다면 이렇게 고마운 이들을 어떻게 예우하며 지원하고 또 기념해야 하나? 산업계에서 퇴직 공장장들을 지원하는 것처럼 NCN(뉴-챌린지 네트워크, 전문경력인사지원센터)을 꾸릴 수도 있을 것이다. 하지만 역시나 모두들 개성과 자유를 외치며 고사를 하실지 모를 일이다.

> 참고

울산 스토리텔러와 그들의 저술들

최현배. 울산풍물(1941, 춘추)

오영수. 삼호강(1976, 황혼)

정주영. 이 아침에도 설레임을 안고(1986), 시련은 있어도 실패는 없다(1991), 이 땅에 태어나서(1998)

이유수. 울산·울주향토사(1978), 울산지명사(1986), 울산향토사연구논총(1996)

김석보. 울산유사(1979)

한석근. 방어진향토사연구(1998)

오원철. 한국형 경제건설(2002)

박구병. 한반도연해포경사(1995)

문명대. 울산의 선사시대 암벽각화(1973)

이병직. 우천문고(2013)

이철응. 울산체육 30년사(1977)

김종관. 숲과 산주를 위한 꿈(2003)

최종두. 정유공장(1968), 공업도시와 새(1985), 흥려백 박윤웅(2011), 미투리(2012)

김동수. 울산포럼 계간지 울산발전(2011)

김종경. 울산 울산사람 울산문화(2005), 울산탐구(2010)

장성운. 울산이 보인다(2000), 구소 이호경(2013), 그때 울산 사람들(2015), 울산 언론 100년사(2021)

박종해. 이 강산 녹음방초(1992), 울산충혼탑 불멸의 민족혼(2015)

송수환. 울산광역시사(공저, 2002), 울산의 역사와 문화(2009), 태화강에 배 띄우고(2012)·선바위에 솟은 달은(2012)·반구대에 봄이 오면(2012), 나의 울산사 편력(2016)

이수석. 울산광역시 승격과 그 의의(2002, 울산광역시사)

서진길. 울산사진연대기(2020), 반구대암각화 대곡천 삶의 흔적(2020, 사진)

양명학. 태화루 상량문(2013)

박채은. 울주군 골짜기와 들판(2018), 기박산성과 임란의병(이명훈 공저, 2020)

김호연. 1987년 울산 노동자대투쟁(구술, 공저, 2007)

정상태. 울산과 홍산문화(2013)

신춘희. 노래로 읽는 울산(2015)

이충호. 이예, 그 불멸의 길(2013), 난은 이한남 우국의 길(2020)

이양훈. 양부하(2016), 전화앵(2017)

김 원. 자랑스러운 울산을 연다(2001), 영남알프스와 울산 구간의 등산로(2005), 김사미와 효심(2013), 재미있는 울산의 역사와 문화이야기(2021)

이상도. 우시산국-실존을 증명하다(울주문화원, 2020), 울주설화(울주문화원, 2022)

정해조. 자랑스러운 울산·산업수도 울산·울산의 역사와 문화재(강의자료집, 2019)

임진혁. 관광도시 울산을 위한 '와우(WOW)' 프로젝트(2020)

김성수. 김성수의 학 이야기(울산매일신문 연재)

김진곤. 울산 남구 해안 마을 주민들의 이주사(2005)

홍종화. 울산 동구 어제와 오늘(2019, 사진)

신기상. 울산방언사전(2013)

장세동. 방어진유사(2018)

이정한. 별빛에 비친 방어진목장(2017)

이성구. 일성록 울산자료(2007)

성범중. 한시속의 울산산책(2017)

우인수. 조선시대 울산 지역사 연구(2009), 청대일기 해제(2015)

이종서. 울산부선생안(2012, 번역)

김경수. 처용은 누구인가(2005)

한삼건. 울산택리지(2011), 울산 중구 600년 도시를 걷다(2013)

전호태. 울산반구대암각화연구(2013)

고광민. 고개만당에서 하늘을 보다(2019, 김홍섭 농사일기)

박중훈. 역사 그 안의 역사(광복회 총사령 박상진과 가족 이야기, 2021)

허영란. 장생포이야기(2012), 시민과 함께 읽는 울산항의 역사(2015)

이창업. 산업수도 울산의 사택문화(2011)

김선주. 일제강점기 울산출신 일본유학생의 문화운동(2010)

구광렬. 소설 꽃다지(2014년 '반구대' 증보, 2021)

김태환. 계변쌍학무(2021)

배성동. 영남 알프스 오디세이(2013), 소금아 길을 묻는다(2017), 반구대 범 내려온다(2021)

김한태. 천고의 인연-'용승'이 만든 울산의 자연/문화 경관(2019)

김잠출. 태화강백리길을 따라(2011)

김진영. 울산에서 만난 울산의 뿌리(2020)

김대성. 나만 보는 馬사전(2021)

홍상순. 숨쉬는 도자기 '옹기'(2010)

이백호. 포토스토리 울산愛(2011)

윤 석. 울산의 노거수(2003), 새 내려온다(2021, 사진)

김 숨. 철(2008), 제비 심장(2021)

> 참고

울산박물관 및 울산학연구센터 연구자료

*** 울산박물관**

75년만의 귀향, 1936년 울산달리(2011)
개관기념도록: 울산박물관(2011)
부북일기(2012)
울산부선생안(2012)
박물관으로 온 선물(2012)
울산공업센터 50주년: 땀, 노력, 그리고 비상(2012)
학성이씨 현령공파 기증 고문서(2013)
학성이씨 일가 묘 출토유물(2013)
울산 철 문화(2013)
박물관으로 온 선물의 증표 Ⅰ~Ⅲ(2014~2022)
통일신라 울산 불교문화의 중심, 울산 영축사(2014)
태화강인의 삶과 죽음(2014)
기증, 같이하는 가치(2014)
울산과 달리-사진으로 남은 울산의 모습(2014)
별 보고 출근하고 달 보고 퇴근하고(2015)
광복, 다시 찾은 빛(2015)
울산 보부상단(2015)
울산박물관 특선유물 Ⅰ 역사편(2015)
탄생 100주년: 정주영, 불굴의 의지와 도전(2015)

우리들의 교과서, 학교 다녀오겠습니다!(2016)

다문화가족 이야기: 동행, 조금은 낯선 그러나 익숙한(2016)

역사의 길목을 지키다, 울산의 성곽(2016)

울산 영축사지 발굴조사서 Ⅰ~Ⅱ(2016~2018)

이집트 보물전(2017)

수용과 포용의 도시: 나도 울산사람 아잉교(2017)

울산 문수산 일대 불교유적 조사보고서(2017)

사진으로 보는 그 시절 울산(2017)

울산 영축사, 천년의 신비에서 깨어나다(2018)

방어진, 파도와 바람이 들려주는 삶의 노래(2018)

포르투갈 코아계곡 암각화의 교훈(2019)

신암리, 바다를 무대로 삼다(2019)

언양현감 윤병관의 만인산(2019)

기技와 예藝 잇다, 울산의 무형문화재(2020)

죽오 이근오 일기(2021)

신라의 해문, 울산 반구동(2021)

광복회 총사령 박상진(2021)

사계절 새 그림 병풍-사계영모도병풍 조사연구(2021)

* 대곡박물관

나의 살던 고향은(2009)

경인년 새해맞이 '호랑이'(2010)

자연에서 찾은 이상향 '구곡문화'(2010)

福, 옹골게 새기고 오롯이 베풀다 '한국의 떡살과 다식판'(2011)

천주교의 큰 빛, 언양 '구원을 찾아온 길'(2013)

울산 태화강과 만난 불교(2013)

울산, 청자·분청사기 그리고 백자를 굽다(2014)

1914년 언양, 울산과 통합하다 '울산 역사의 두 줄기'(2014)

기와가 알려주는 울산 역사 '성城과 사寺의 성쇠'(2015)

언양 별곡-울산을 다녀간 7인이 알려주는 이야기(2015)

울산 역사 속의 제주민-두모악·해녀 울산에 오다(2016)

울산의 시작, 신화리-땅속에서 만난 새로운 역사(2016)

학성, 학이 날던 고을 울산(2017)

조일리 고분군에서 만난 고대 울산인(2017)

역대 보인계시첩(2017)

고려시대 헌양, 언양(2018)

키워드로 보는 울산 청동기문화(2018)

태화강 100리 길에서 만난 울산 역사(2019)

숲과 나무가 알려 주는 울산 역사(2020)

울산의 댐과 사람들(2020)

문수기행-울산 문수산에 깃든 염원(2021)

응답하라 1927 언양사건-일제강점기 언양 지역사회 이해(2021)

* **암각화박물관**

대곡천의 자생식물(2010, 2014)

구석기 미술의 신비로움(2011)

살아있는 신화 사하라 바위그림展(2013)

대곡천의 사계(2013)

신들의 신성한 거처 알프스 몽베고 암각화(2014)

기적의 바위그림, 코아계곡의 암각화(2015)

영화의 선사시대(2017)

반구대 연대기(2018)

해가 지지 않는 땅 백해의 암각화(2018)

대곡천 사냥꾼(2019)

선사여인, 반구대에 피어나다(2020)

바위의 기억, 염원의 기록: 천전리 암각화(2020)

한국의 암각화 Ⅳ-울산 천전리 암각화(2020)

한국의 암각화 Ⅰ~Ⅱ(2011~2012)

한국의 암각화 Ⅰ~Ⅱ(2011~2012)

한국의 암각화 Ⅲ(2013)

고래와 바위그림 Ⅰ~Ⅳ(2017~2020)

한국의 암각화 Ⅳ(2020)

* 울산연구원 울산학센터

현대 울산인의 삶과 문화-'암각화'와 '공업탑'의 변주(2006, 박재환)

울산지역 석유화학산업의 발전과정(2006, 김승석)

울산의 산업사(2006, 장병익)

울산의 아이덴티티 형성과정과 요인(2006, 이곤수·이재호)

1960~70년대 울산의 인구구성과 특징(2006, 김정배)

1987년 이전 울산 노동자들의 생활세계(2006, 원영미)

울산의 시민운동 연구-역사, 현황, 전망(2007, 유종선·정준금·김도희·김창섭)

울산의 고대 제철기술 검토(2007, 김도현)

울산 역사기록물의 현황과 과제-울산 호적대장을 중심으로(2007, 윤지현·이지은)

식민지 조선과 탐정소설 혈가사(2007, 정혜영)

일제 강점기~1960년대 울산의 교육(2007, 김호연·이지은)

울산시 거주 가구의 주의식(2007, 양세화·권명희·류현주)

울산대기업여가문화(2007, 서정희·허은정)

울산의 환경문제와 환경운동(2008, 한상진·정우규·구도완)
울산의 정자건축과 고찰(2008, 이철영·이창업)
울산지역출토 신석기시대 석기의 제작과 문화양상(2008, 장용준)
울산의 뿌리와 자부심(2008, 이상문)
일제시기 신문기사로 본 울산인의 생활모습(2008, 이현호·김용)
울산 권역의 산과 그 문화유적(2009, 김경수·이민홍)
한국(울산)과 일본 고래요리의 식문화적 조리방법별 고찰(2009, 신언환·전유명)
일제시기 울산인의 삶-사건 사고를 중심으로(2009, 이현호)
울산의 옛길(2009, 이창업·이철영)
울산시지역 바닷가 마을들의 동제현황과 특징(2010, 신상구)
일제강점기 울산출신 일본유학생의 문화운동(2010, 김선주)
울산지역 전통음악의 자료현황과 연구과제(2010, 오진호)
회야강변의 마을(2010, 이창업)
일제시기 신문기사로 본 울산의 항일운동 上·下(2010, 이현호)
울산의 장터 어제와 오늘(2010, 조성민)
태화강, 삶과 문화(2010, 양명학·서진욱·최이락·정상태·박채은)
역사와 문화의 측면에서 둘러본 태화강(2010, 이창업)
산업수도 울산의 사택문화(2011, 이창업)
울산거주 향우회의 지역정체성 증진을 위한 연구(2011, 이병철)
울산의 전통적 놀이 문화 씨름(2011, 정상태)
울산 사찰 문헌자료 조사연구(2011, 최선일)
울산에는 500가지 스토리가 있다(2012, 김선주)
역사와 문화, 산업이 있는 동천강(2012, 김석택·원영미·이경희)
공업도시 50년 '촌락'에서 '산업수도'로(2012, 김헌규)
울산 공단지역 내 문화유산과 관광자원화의 개념(2012, 이창업·정재식)
300년을 거슬러 울산의 혼을 만나다(2012, 정상태)

조선시대 울산사람들은 어떻게 살았을까(2013, 김석택·이경희·김선주)
울산 근로자들의 생애사(2013, 김석택·이경희·김영주·원영미)
울산의 공단 인접지역 자연마을의 변화상: 청량면 화창마을 중심(2013, 류현주)
울산의 민속놀이 실태조사(2013, 이상도)
울주 사찰 문헌자료의 조사연구(2013, 최선일·강미정·어준일)
울산 여성 어업인(해녀)들의 변천사(2014, 유형숙)
통일신라시대 울산항의 국제적 성격-쿠시나메 중심으로(2014, 문혜진·최진)
특정공업지구 지정 전후 울산 병영 주민의 기억과 의식(2014, 김유신)
울산 염부들의 구술사, 울산 소금이야기(2014, 배성동)
통합 울산선생안(2015, 박채은)
바다와 더불어 살아온 일생 울산해녀이야기(2015, 변일용·이경희·원영미)
울산의 마을민속-잊혀져가는 도시와 마을의 신(2015, 강혜경·한삼건)
울산의 지역극장 '울산극장'의 역사와 문화적 의의 연구(2015, 김남석)
울산의 조선후기 불교조각 연구(2015, 최선일·강미정)
울산의 민속과 아동문학 지도(2016, 김경희)
울산의 극작가 범곡 김태근과 그의 연극(2016, 김남석)
삼국시대 무덤을 통해 본 고대 울산(2016, 최수형)
울산학 10년, 과거, 현재 그리고 미래(2016, 이재호·김상우)
방어진 근대의 길을 걷다(2016, 이정학)
울산의 고개, 그리고 문화(2016, 박채은)
울산 구곡문화의 원류 고찰(2017, 오상욱)
예술문화교육가 천재동의 조명과 문화콘텐츠화 정책연구(2017, 이기우)
지역학 연구의 경향과 울산학 연구 방향(2017, 이재호)
관문항구로서의 울산에 대한 단상(2017, 정상태)
풍덩 빠져볼까? 울산 옛이야기!(2017, 김선주)
구술로 그려 낸 기억 속의 울산(2017, 원영미·이경희)

문화재를 통해 울산의 변화를 보다(2017, 배은경·김성욱)
울산을 한 권에 담다(2017, 광역시 승격 20주년 기념)
울주군 골짜기와 들판(2018, 박채은)
울산의 음식-그 맛과 추억을 찾아서(2018, 김선주)
울산 옛터비에 담긴 기억들-공단 이주민 이야기(2018, 원영미·김경희)
일제 강점기 울산 방어진의 상설극장 상반관(常盤館)의 사주와 기능(2018, 김남석)
울산의 근대 불교미술 연구(2018, 최선일·홍은미)
울산 병영 장도장(粧刀匠)의 전승양상과 특성(2018, 이현주)
울주 천전리 고분군 보존관리를 위한 제언(2019, 권용대)
울산의 대장간 문화: 언양매일대장간 박병오의 사례연구(2019, 문혜진)
푸르고 푸른 고향의 잘피밭(2019, 김한태·김종헌)
울산의 쟁이들: 장도·붓·벼루 무형문화재 구술생애사(2019, 노경희·마소연)
울산, 신라 불국의 관문(2020, 정천구)
조선시대 울산지역 해양자원의 활용과 운영(2020, 이동규)
울산의 빨치산 활동(2020, 장성운)
울산 선유(船遊)의 양상과 그 의미(2020, 엄형섭)
울산 반구대 벼룻돌 석질과 벼루장의 특성(2020, 이현주)
한반도 철기시대 살찌운 2천년 통조림(2020, 김한태)
울산의 현대산업유산 고찰(2021, 신근영·이소영)
죽오일기를 통해 본 죽오 이근오의 인맥 기반과 교육 활동(2021, 최은주)
울산 광포전설의 존재양상과 지역적 정체성(2021, 권도경)
전통분청의 맥을 잇는 울산사기장(2021, 장성운)

울산 고전명구

  울산 이야기와 관련된 여러 국내외의 고전들을 읽다 보면 가슴에 와 닿는 글귀가 가끔 눈에 띈다. 이런 글들을 이미 공적으로 활용하는 경우도 있고, 많은 분들이 말과 글로 인용하기도 한다. 개인적으로는 유하 홍세태가 방어진의 어린 해녀를 묘사한 "짧은 치마 붉은 머리(短裳赤髮)"라는 글과 구소 이효경이 추전 김홍조에 대해 사랑을 표현하면서 쓴 "꽃이 피려 할 때에 달도 둥글어지려 하네(花欲開時月欲圓)"라는 문구를 가장 좋아한다.

  아직 숨겨져 있는 주옥같은 표현이 많을 것이다. 지역의 역사문화 자원을 활용해 상품을 개발하는 청년 스타트업이나 사회적 경제 활동가들이 이런 문구들을 상품 개발이나 마케팅에 활용하면 좋지 않을까 한다.

문암서석(文巖書石)
☞ 문명대, 천전리암각화

**인연을 만나면 곧 베풀고,
인연을 여의면 곧 고요하리(遇緣卽施 離緣卽寂)**
☞ 시적사, 『화엄경』

피어오른 구름 속에, 노을이 찬란하네(雲興霞蔚)
☞ 고개지, 『진서』, 「고개지전」

허공에 의지해 바람을 타고,
날개가 돋아 신선이 되네(憑虛御風, 羽化登仙)
☞ 동파 소식, 적벽부

조정은 편안하고, 군신은 태평하며,
백성은 평화롭다(太和泰平 君臣安泰 萬庶和平)
☞ 김부식, 『삼국사기』

두루미의 하늘, 용의 골짜기(鶴天龍壑)
☞ 명정천 암각

마음은 팔공산처럼 맑고,
기개는 태화강처럼 늠름하구나(心淸八公, 氣凜太和)
☞ 송호 류정, 『송호유집』

바위는 물결 속에 반이나 꽂혀 있고,
소나무는 만 리 바람을 안고 서 있네
(石欹半揷千重浪, 松短偏當萬里風)
☞ 유하 홍세태, 『유하집』, 어풍대

짧은 치마, 붉은 머리(短裳赤髮)
☞ 유하 홍세태, 『유하집』, 해촌

동대에 올라 일출을 보다(登東臺觀日出)
☞ 청대 권상일, 『청대집』, 동대 일출

태화강에 배 띄우고(泛舟和江, 太和船遊)
☞ 청대 권상일, 『청대집』, 태화강에 배 띄우고

물살 가운데 우뚝한 거인(波中巨人)
☞ 반계 이양오, 『반계집』, 선바위에 솟은 달은

동남지방 경치는, 운흥사가 으뜸이네(東南形勝, 最雲興)
☞ 반계 이양오, 『반계집』, 운흥폐사

동해 바다의 새벽 빛, 부상효채(扶桑曉彩)
☞ 원유영, 동축사 동대 두꺼비바위 암각

풍류관광지승처 어풍대(風流觀光之勝處 御風臺)
☞ 『영남읍지(1871)』, 어풍대

그 옛날 난정 이후, 작천정이 제일이라(千古蘭亭後, 酌川第一樓)
☞ 구소 이효경, 『봉선화』, 작천정

꽃이 피려 할 때에 달도 둥글어지려 하네(花欲開時月欲圓)
☞ 구소 이효경, 『봉선화』, 김승지 추전과 함께 읊다

4천년 빈곤을 역사를 씻고 제2차산업의 우렁찬 건설의 수레소리
☞ 박정희, 울산공업센터 건립 치사문

알아 두면 쓸데없는 신기한 '울산' 지명

울산(蔚山)의 이름이 무엇을 뜻하는지는 결국 '蔚'을 어떻게 해석하는 가에 달려 있다. 이 蔚을 네이버 전자사전에 찾아보면 의외로 뜻이 다양하다. '무성하다'는 뜻이 가장 적절하다. 그래서 蔚은 '鬱'로도 통한다. 이 이외에 시적으로 보면 '아름답고 화려하다', '구름이 낀다'는 뜻이 끌린다. 그리고 초두변(艹)이 붙어 있기 때문에 원래는 풀이라는 뜻인데, 그 풀은 바로 '제비쑥'이다.

蔚: 고을 이름 울, 제비쑥 위
1. 고을의 이름(울)
2. 번민하다(煩悶--), 답답하다(울)
 a. 제비쑥(국화과의 여러해살이풀) (위)
 b. 숲 (위)
 c. 무늬 (위)
 d. 구름이 이는 모양 (위)
 e. 성하다(盛--: 기운이나 세력이 한창 왕성하다) (위)
 f. 빽빽하다, 무성하다(茂盛--) (위)
 g. 아름답다 (위)
 h. 화려하다(華麗--) (위)
 i. (구름이)끼다 (위)

j. 모으다 (위)

k. 병들다(病--) (위)

그래서 이래저래 인터넷 검색 정보와 관련 서적 자료를 종합해 보니 머리가 복잡해진다. 다소 긴 문장으로나마 요약하면, "중국 위현(蔚縣)에서 수입한 울창주(鬱鬯酒)를, 우시산(于尸山)에서 출발해 울진(蔚珍)을 거쳐 달려온 설악산 울산(蔚山)바위에 앉아, 페르시아 제국 카리아(Caria) 왕국의 아르테미시아(Artemisia) 여왕과 함께, 울릉도(鬱陵島)를 바라보며 마셔 보아야, '울산(蔚山)'이라는 이름의 의미를 제대로 알 수 있다"라는 결론이다.

우시산(于尸山)에서 울산(蔚山)으로

지금의 울산은 산과 들, 강과 바다가 어우러진 넓은 땅이다. 고대 부족국가시대에는 위치마다 특색이 달라 고을 이름이 달랐다. 이 이름들의 대강의 뜻이 되는 한자는 남아 있지만 정확한 소리는 알 수가 없다.

태초에 회야강 유역에는 우시산국(于尸山國)이 위치하고 있었다. 산으로 둘러싸여 적절한 방어도 되었고, 마음만 먹으면 남쪽으로 또 북쪽으로 쉽게 진출할 수 있는 곳이었다. 태화강 상류에는 거지화(居知火), 하류에는 굴아화(屈阿火)가 있었다. 북동쪽에는 모화(毛火)가 서라벌과 통했고, 동쪽 바다에는 율포(栗浦), 남쪽 바다에는 생서량(生西良)이 자리를 잡았다.

〈울산 지명 변천(삼국사기~고려사 지리지 종합)〉

현재 위치	진한연맹 小國·邑落	지증왕 州·郡·村制	통일기 郡·縣制	경덕왕 漢化정책	고려 태조	고려 성종	고려 현종	고려 인종	조선 태종
울주군 (서부)	居智伐	居智伐村	居知火縣	巘陽縣 (良州 屬縣)			巘陽縣 (蔚州 屬縣)	彦陽縣	
울주군 (남부)	生西良	生西良村	生西良郡	東安郡	興禮府	恭化縣 →興禮府	蔚州	慶州 合	
울주군 (중부)	于尸山國	于火村	于火縣	虞風縣 (東安郡 屬縣)	興禮府	恭化縣 →興禮府	蔚州	蔚州 合	蔚山
북구	毛火	毛火村	毛火/ 蚊化郡	臨關郡	興禮府	恭化縣 →興禮府	蔚州	慶州 合	蔚山
동구	栗浦	栗浦村	栗浦縣	東津縣 (臨關郡 屬縣)	興禮府	恭化縣 →興禮府	蔚州	蔚州 合	蔚山
남구 중구	屈阿火	屈阿火村	屈阿火縣	河曲/ 河西縣 (臨關郡 屬縣)	興禮府	恭化縣 →興禮府	蔚州	蔚州 合	蔚山
양산			歃良州	良州				梁州	
동래	居漆山國		居漆山郡	東萊郡			東萊郡 (蔚州 屬縣)	東萊郡	
기장			甲火良 谷縣	機張縣			機張縣 (蔚州 屬縣)	機張縣	

우리말로 '울뫼' 정도로 추정되는 우시산국(于尸山國)과 그 일원은 탈해 내지 파사 이사금 때 신라에 병합되었다. 통일신라 경덕왕 때 우리 지명을 중국식으로 바꾸었다. 우시산국 자리는 우풍현(虞風縣), 거지화는 헌양현(巘陽縣), 굴아화는 하곡현(河曲縣), 생서량은 동안군(東安郡), 모화는 임관군(臨關郡), 율포는 동진현(東津縣)으로 이름을 바꾸어 갔다.

고려 태조가 건국을 하고 나서 울산 땅의 거의 전체가 흥례(興禮)라는 이름 아래 합쳐졌다. 성종 때는 공화(恭化)라는 이름을 짧게 쓰기도 했다. 그리고 마침내 현종 9년(1018) 울주(蔚州)라는 이름이 처음으로 생겼다. '울산(蔚山)'이라는 이름은 조선 태종 때인 1413년에 처음 등장한다.

지금의 울산에서 '울'은 결국 우시산에서 유래했다는 설이 유력하다. 그러나 왜 하필 '蔚'이란 글자를 채택했는지 명확히는 알 수가 없다. 울은 한국어의 옛말에서 울타리, 혹은 성(城)을 의미한다. 울뫼나라는 "성으로 둘러싸인 나라"나 "산이 성처럼 둘러싸인 나라"의 의미로 볼 수 있다. 그런데 '우(于)'를 바꾼 울(蔚) 또는 울(鬱)은 소리만이 아니라 뜻까지 일맥상통하는 맛이 있다.

위(蔚)

허베이성(河北省) 장지아코우시(张家口市)에 위현(蔚县)이 있다. 송대에는 위주(蔚州)였다. 지금도 한국의 읍에 해당하는 행정구역 단위로 위주진(蔚州镇)이 있다. 울산에 영남알프스가 있듯이, 이곳에는 소오대산(小五台山)의 한 자락이 있다. 치우와 황제가 싸웠다는 탁록(涿鹿)이 위현과 접하며 장지아코우시 아래에 같이 있다.

蔚를 지명으로 쓰기 전 원래 뜻은 제비쑥이다. 일반적으로 말하는 쑥(艾, Mugwort)과 익모초(益母草)는 여성에게 이롭다. 제비쑥은 국화과 다년생초로서 키는 30~90cm이다. 약명은 청호(菁蒿)이다. 쑥은 무성하게 모여 자란다.

제비쑥은 영어로 아르테미시아(Artemisia)이다. 아나톨리아 카리아(Caria)의 여왕 아르테미시아 1세(Artemisia 1)는 페르시아 크세르크세스왕의 동맹으로 살라미스 해전에 참가했다. 영화 「300: 제국의 부활(Rise of an Empire)」에서 화려한 쌍검법 액션을 보여 준다.

아르테미시아 젠틸레스키(Artemisia Gentileschi, 1593~1651/1653)는 이탈리아 바로크 화가로서 최초의 페미니즘 화가라고 한다. 「홀로페르네스의 목을 자르는 유디트」를 그렸다.

울(蔚)

蔚은 구름이나 노을이 피어올라 찬란한 모습을 묘사하는 뜻이 있다. 『진서(晉書)』「고개지전(顧愷之傳)」에 '운흥하울(雲興霞蔚)'이란 표현이 나온다. 사람들이 회계산의 경치를 물으니(人間以會稽山川之狀), 고개지가 답을 했다. "천개의 바윗돌이 다투어 빼어나고, 만 줄기 계곡물은 뒤질세라 내닫는데, 초목이 그 위를 덮어 무성하니, 피어오른 구름 속 다채로운 무지개 같구나(千岩競秀, 萬壑爭流, 草木蒙籠, 若雲興霞蔚!)" 비슷한 뜻으로 사용되는 표현으로 울위대관(蔚爲大觀), 울연대관(蔚然大觀), 울성풍기(蔚成風氣), 울연성풍(蔚然成風), 운울하기(雲蔚霞起), 총울인윤(蔥蔚洇潤), 옹울인윤(翁蔚洇潤) 등이 있다.

울(鬱) *간체: 郁

蔚과 혼용해 사용하기도 하는 鬱은 원래 술에서 비롯했다. 『주례(周禮)』「춘관(春官)」에는 울인(鬱人)과 창인(鬯人)의 직책이 있다. 창인이 기장(秬)으로 만든 창주(鬯酒)를 제공하면 제사 때에 울인이 울금초를 삶아 섞어서 울창주(鬱鬯酒)를 만들었다. 우리나라 종묘대제 '신관례(晨祼禮)'는 날이 밝아 오는 때 울창주를 땅에 부어 신을 맞이하는 의식이다.

울금초란 생강(生薑)과의 강황(薑黃) 또는 울금(鬱金)이다. 뿌리를 약이나 카레 재료로 쓴다. 울금향(鬱金香, 튤립)과 다른 종이다. 결국 鬱

은 향기 가득한 술이다. 이것이 울창(鬱蒼)하다는 표현에서 보듯이 숲이 빽빽한 뜻으로 확장되었다. 이후 기분이 답답한 '우울(憂鬱)한 상태'로까지 말하게 되었다. 일본어로는 우츠젠(うつぜん, 鬱然·蔚然)이라는 말이 있다. 기분이 좋지 않다는 말인데, 초목이 매우 무성한 모양, 학식이 많아 깊이를 알 수 없는 형용, 세력이 커서 무시할 수 없는 모양으로도 쓰인다.

울산(蔚山)바위는 해발 873m의 6개 화강암 봉우리이다. 울산에서 금강산으로 가다가 설악산에 멈춘 바위가 아니라 실제는 울산암(鬱山岩), 즉 빽빽하게 산같이 들어차 모인 바위들이라는 설이 더 설득력이 있다.

우(于)

여러 지명에서 于, 蔚, 鬱이 혼용되었다. 울진(蔚珍)군은 울진과 평해가 합군한 곳으로 고구려의 우진야(于珍也)였다. 통일신라시대에 울진이 되었다.

우시산(于尸山)에서 보듯이 당시 지명의 한화(漢化) 과정에서 于보다 더 품격이 있어 보이는 蔚로 바꾼 듯하다. 중국에도 蔚를 지명으로 쓰고 있었기 때문이 아닐까? 于나 于尸을 鬱과 혼용해 사용했으므로 우릉도(于陵島)는 울릉도(鬱陵島)와 혼용했다.

울산 vs. 위산

고을 이름에서 한국은 蔚을 '울'이라 하는데, 중국은 '위'라 한다. 왜 우리는 위진, 위주라 하지 않고 울진, 울주라고 했을까? 중국은 한때

요나라에 연운 16주(燕雲十六州)를 빼앗겼었다. 그 하나가 울주 또는 위주(蔚州)이다. 지금은 위현(蔚县, yu-xian)이라 부르는데 북방민족 발음이 들어와 바뀐 것이 아닐까? 중국어 표준어인 보통화 울산(蔚山, wei-shan)을 광둥어로 발음하면 받침이 있는 왓산(wat-saan)이다.

서울 vs. 울산

서울(首爾, 首尔)은 신라시대 이래 백성들이 수도를 일컫던 우리말이었다. 나라에서는 남경, 한양, 경성, 한성이라는 중국식 지명을 붙였다. 지금은 서울시 요청으로 서우얼(首尔, Shǒu'ěr)이라고 적는다.

우리말 서울을 발음대로 한자를 빌려 적을 때는 서벌(徐伐)이라고 했다가 후에 변하여 서울(徐蔚)로 했다(『증보문헌비고』「여지고」신라편). 徐蔚은 문헌에 따라서는 徐苑, 徐鬱, 首午爾, 首沃 그리고 徐蔚로도 썼다. 울산은 서라벌과 서울을 이름으로 이어 주고 있다. 울산이 산업수도가 된 것은 이름 덕이 아니었을까?

신라의 태화, 울산의 태화
(경상일보, 2021. 3. 24.)

태화강, 태화루에서 태화(太和)라는 말은 자장율사가 중국 오대산 태화지(太和池)에서 문수보살을 만난 후 귀국해 태화사를 세운 것에서 비롯되었다고 알려져 있다. 그러나 우리나라가 중국과의 사대관계에서 연호를 사용한 것이 일반적이지 않아서인지 진덕여왕(眞德女王)이 채택한 신라 마지막 연호(647~650)였다는 사실은 주목하지 않는다. 왜 태화를 채택했는지는 김부식의 『삼국사기』에 기록되어 있지 않은데, 그래서 다양한 가설을 세워 볼 수 있다.

647년 당시는 신라에게 위기이자 기회의 시대였다. 왕실이 김춘추, 김유신 세력을 등에 업고 '비담의 난'을 초기에 진압했지만 도중에 선덕여왕은 병사해 버렸다. 능력 없는 여자가 왕이라는 구실(女主不能善理)로 반란이 일어났는데 또 연로한 진덕여왕이 왕위를 계승했다. 밖으로는 고구려가 당을 물리칠 정도로 강성했는데, 당태종을 이은 고종은 신라와 연합해서라도 고구려를 없애고 싶어 했다. 백제-왜 연합은 645년 '을사의 변'으로 다소 소원해졌지만, 왜국은 다이카(大化)라는 연호 아래 율령을 반포하며 대대적인 개혁을 추진해 신라에 위협이 될 정도로 빠르게 성장해 갔다.

이런 상황에서 신라에게 필요한 연호는 무엇이었을까? 생각들은 달랐을 것이다. 선덕여왕의 측근 자장율사는 신진 세력에게 대승불교를 이어 달라며 태화를 주문하지 않았을까? 김춘추는 안으로는 내란으로 분열된 국론을 봉합해야 하고, 밖으로는 당은 물론 왜와도 손을 잡아야 하는 처지였으니 화합이라는 뜻의 태화가 나쁘지 않다고 생각하지 않았을까? 그는 특히 일본 다이카 개혁을 눈여겨보고 있었는데 그보다 더 넓고 깊은 의미를 지닌 태화가 반갑지 않았을까? 그러면 진덕여왕은 왜 태화를 자신의 연호로 최종 승인했을까?

태화 연호는 중국에서도 여러 번 등장한다. 진덕여왕 이전에는 224년 조조의 손자 위(魏) 명제 때 처음 있었고, 477년 선비족 정권인 북위(北魏)의 효문제도 이를 채택하였다. 진덕여왕은 두 전례 중 북위의 태화시대를 알고 있지 않았을까? 오대산 불교는 효문제 기간에 크게 성장했는데 태화지가 이때 생겼거나 그 이름을 얻었을 가능성이 있지 않을까? 신라가 북조와는 국교가 없었다 하더라도 진덕여왕이 신라 왕실은 흉노족, 선비족 계열이라는 인식을 가지고 있었다면 북위의 연호라 해서 꺼리지는 않았을 것이다.

북위 효문제의 뒤에서는 풍태후(馮太后, 442~490)가 실권을 쥐고 한화(漢化)정책을 포함한 '태화개혁'을 추진했다. 진덕여왕은 덕은 있었으나 위엄이 부족해 귀족들을 제대로 거머쥐지 못했던 선덕여왕보다는, 부덕했지만 위엄이 있었던 풍태후를 높이 사지 않았을까?

정치적 맥락을 보면 결국 태화는 신라가 추진하던 통합 속의 개혁이었다. 그리고 그 개혁은 성공했다. 사실 난을 일으켰던 비담도, 그것을 기록한 후대의 김부식도 지역과 신분, 사상적 보수주의자였는데, 거기에 더해 철저한 여왕 반대론자였다. 반대로 춘추와 유신은 외국과 여성, 유교에 대해 유연한 입장을 가지고 대응했다. 그런 그들이 삼국을 통일했다.

  지금 울산은 다른 세상과 마찬가지로 기후변화·감염병과의 전쟁을 치르고 있다. 앞으로 두 전선에서 모두 승리하기 위해서는 산업사회와 시민사회의 조화, 상업적 거리(street)와 사회적 거리(distance)의 타협, 민간의료와 공공의료의 균형이 필요하다. 과거처럼 다시 태화개혁을 시작해 보면 어떨까? 굽이쳐 흐르는 강이 있어 한때 회룡포(回龍浦)나 하회(河回)와 같은 뜻의 굴아화(屈阿火), 하곡(河曲)으로 불렸던 울산! 그 작은 이름을 거부하고 위대한 뜻을 품은 태화강처럼 되고자 하는 울산의 역사적 발걸음은 계속되고 있다.

현곡 이유수 선생과 울산향토사
(울산매일, 2021. 1. 12.)

　이유수(李有壽, 1926~2007) 선생은 현대 울산향토사 연구의 정신적·조직적·학술적 토대를 마련한 분이다. 조선후기『학성지』초안을 집필한 박민효·이원담 선생,『헌산지』초안을 마련한 서석린 선생을 이었다고 해도 과언이 아니다. 지금이야 박물관이 여럿 설립되어 전문 연구자들이 다각적인 활동을 하고 있지만 선생이 연구하던 70~80년대는 일부 애호가들이 향토사연구회와 문화원에서 열정만으로 노력봉사를 하던 시절이었다. 그때는 발굴된 유적도 몇 곳 없었고, 번역조차 되지 않은 국내외 사서들과 호적대장, 족보를 분석해 가는 피나는 노력이 필요했던 때였다.
　몇 년 전 선생의 타계 소식을 뒤늦게 접하고 옛일을 추억한 적이 있었다. 2001년 사회복지 분야에서 일을 할 때다. 남구노인회 회장이면서 남구노인복지회관(현 도산노인복지관) 관장을 맡고 계시던 선생을 만났다. 연로하셔서 힘은 없었지만 부드럽고 차근차근하게, 때로는 호통을 치시며 많이 도와달라고 하시던 모습이 아직도 눈에 선하다. 당시는 은퇴하신 공직자였다는 것만 알았다.
　2006년 우연히 남구문화원이 1986년 발행한『울산지명사』를 접했다. 세상에! 바로 그분의 주도로 집필된 것이었다. 인터넷에 공개를 해 보면 어떨까 하여 협의를 하고자 몇 년 만에 재회를 했다. 5년이 흘러 더 연로하였으나 정신은 또렷하셨다. 선생은 다음 해에 작고하셨다. 또다시 몇 년이 흘러 최근에 우연히 울산도서관에서 선생이 남기신 성과들과 마주치게 되었다. 1991년 『울산향토사연구』를 증보한 1996년 『울산향토사연구논총』에는 '신라군현제의 성립과정'부터 '포경업'까지의 역사연구 31편과 민속연구 7편에 이르는 방대한 연구결과가 담겨 있었다.

『울산지명사』를 새롭게 보니 선생은 문화원 부원장으로서, 또 편저자로서 직접 현장을 답사하시고 자료를 채집, 보완하신 것으로 소개되어 있었다. 전한 사마천은 『사기』를 썼고 후한 허신은 『설문해자』를 남겼는데, 이유수 선생은 울산의 『사기』와 『설문해자』를 혼자 힘으로 이뤄 낸 것이다.

내친김에 『울산향토사연구』에 실린 프로필과 여러 신문기사, 후배 향토사학자들의 기억들을 종합해 선생의 생애를 재구성해 보았다. 선생의 본관은 경주이고, 호는 현곡(見谷)이다. 선대가 경주시 현곡면에서 세거했다. 1926년 당시 울산군 울산면 복산리에서 태어났고, 울산공립보통학교를 졸업했다. 부인 김말봉 여사와의 사이에 3남 2녀를 두었다. 2007년 심장마비로 별세해 경주 외동 순금산에 묘소를 두었다. 복산초교에는 2009년에 선생의 동상이 섰고, 향토사 연구하시는 후배들과 가족들은 2018년 봄에 추모비를 건립했다.

선생은 해방 후 건국청년단 활동을 했으며 울산시 공무원이 되어 정년까지 재직했다. 방어진출장소장과 시청 새마을과장을 역임했다. 퇴임 후 남구노인회장으로, 또 남구노인복지관(지금의 도산노인복지관) 관장으로 활동했다.

선생의 주요 발자취는 향토사 분야에 남아 있다. 1958년 울산향토사 연구모임 '일이(一二)구락부'를 결성해 향토사 연구를 이끌었다. 퇴임 후에는 울산문화원 부원장을 역임하며 『울산지명사』 편찬 실무와 저술을 담당했다. 1986년에는 '울산향토사연구회'를 발족시키고 오랫동안 회장을 맡아 이끌었으며, 경상남도 문화예술진흥위원으로 활동했다. 1981년 '울산시문화상'과 1987년 '경상남도 문화상(지역문화계발)'을 수상했다.

　지금도 선생의 뒤를 잇는 몇몇 향토사 애호가분들이 각계에서 활동을 하고 있는 듯하다. 정부 역사 연구기관들과 각급 박물관들, 인터넷과 대량출판시스템이 갖춰진 지금 지역의 역사 연구가 왜 필요하며 뭐가 어려울까 의문이 들 수 있다. 하지만 역사 전쟁은 나라와 민족, 종교와 이념 사이에도 일어나지만, 도시 간에도 도시 안에서도 벌어지고 있다.

　안팎의 역사적 견해들에 응답하기 위해서는 일반인들이 제기하는 이슈와 가설들을 전문가들이 제대로 검증해 효과적으로 활용할 수 있는 방안을 도출해 내는 환경이 필요하지 싶다. 그렇게 역사 연구는 위로 다시 아래로 소통이 되며 깊이가 더해지고 가치가 높아질 것이다. 안타깝게도 예나 지금이나 향토사 연구가 어려운 것은 방법론 문제라기보다 그 성과에 대한 시민의 관심 부족이 아닐까? 1월 12일 오늘은 한평생 울산 역사 연구에 투혼을 불사른 이유수 선생의 기일이다.

[생애]

본관은 경주

호는 현곡(見谷)

1926년 울산군 울산면 복산리(현 복산동) 출생

울산공립보통학교(현 울산초교) 졸업

부인 김말봉, 슬하에 3남 2녀

2007.1.12. 별세(심장마비)

경주시 외동읍 순금산 묘소

[약력]

1945년 건국청년단 활동

1946년(?) 울산 공무원 임용

1960년 향토사 연구 일이구락부(一二俱樂部) 결성

1982년 방어진출장소장 역임(4.15.~9.16.)

(?~?) 울산시 새마을과장 역임

(?~?) 울산문화원 부원장

1986년 울산향토사연구회 발족

(1986?~1997?) 울산향토사연구회장

(?~?) 경상남도 문화예술진흥위원

1997~2003년 울산 남구 노인회장

1997~2003년 울산 남구 노인복지관장

[저서]

1960~1974년 애향(愛鄕, 1~4호)

1978년 울산울주향토사 공저(울산문화원)

1979년 울산문화재(울산문화원)

1982년 내고장의 전통(울산시·울산문화원)

1983년 내고장의 정기 공저(울산군)
1986년 울산지명사(울산문화원)
1988년 향토사보(1~17호)
1991년 울산향토사연구(울산향토사연구회)
1996년 울산향토사연구논총(울산향토사연구회)
2000년 울산임란사(울산문화원)

[수상 및 추모]

1981년 울산시 문화상
1987년 26회 경상남도 문화상 수상
2009년 6월 복산초교 동상 설치
2018년 4월 묘소 추모비 설치

울산 시청마당 50년사

 울산 남구 중앙로 201. 시청이 있는 곳이다. 예전에는 신정동 646-4번지라 적었다. 지금 이 자리에 시청이 개청한 것은 1970년이다. 현재의 별관이 예전 본관이었다. 4대 홍승순 시장 재임 시절(1968.1.1.~1970.11.25.) 착공을 하고 또 준공을 했다. 경남매일신문 기사(1968.9.10.)에 따르면 총공사비 2억 원으로 10월 1일 착공했는데, 당시 울산시는 "급증하는 인구증가에 따른 행정사무의 증대로 현청사가 구시가지의 외곽지대에 자리 잡고 있어 신시가지와 구시가지의 중심지에 초현대식 청사를 건축해 이전한다"라는 취지를 밝혔다. 충분히 필요성을 이해할 수 있으련만 공직 선배들의 증언에 따르면 초기 한동안은 시청사를 너무 크게 지었다는 지적이 많았었다고 한다. 울산 발전사 사진을 보면 신정동 허허벌판에 공업탑과 시청이 유독 도드라져 보인다. 한편 여기서 말하는 현 청사 위치는 옥교동, 현재의 중앙동 행정복지센터 자리였다. 옥교동 청사는 1933년 울산읍사무소로 지어졌었는데, 1962년 시로 승격하면서 울산시청사가 된 것이었다.
 당연한 얘기지만 지금 시청은 한꺼번에 갖춰진 것이 아니다. 의사당은 지방자치제가 부활되면서 1995년 지어졌다. 지금의 본관은 2009년 개청했다. 지금의 울산과학기술원(UNIST) 전신인 울산과학기술대학교를 개교한 해와 같다. 1층에 구내식당이 있는 주차 빌딩이 함께 지어졌다. 지금의 본관은 원래 울산세무서 자리였다. 울산세무서를 2003년 삼산동으로 옮겨 주고 재산을 교환해 받은 부지에 지었다. 그런데 애당초 이 자리는 시청 확장부지였었다고 한다. 그런데 시가 당장 활용을 하지 않자 1974년 울산세무서가 들어서게 되었다는 것이다. 참고로 재산교환을 해서 공공청사를 건립한 것은 울산세무서 이외에 울산경찰청과 울산지방법원, 울산지방검찰청도 마찬가지다. 마지막으로 한국은행 건너편에 있는 제2별관은 2018년 준공되었다. 민원실과 소방본부가 있는 곳이다. 아주 예전에는 신정시장 북쪽에 시장관사가 따로 있었다. 심완구 시장 재임 시절인 1996년 보육시설을 바꾸어 당시 공관어린이집으로 불렀다. 시설이 너무 노후화된 후 헐어지고 지금은 청년·신혼부부 등을 위한 행복주택 자리가 되었다. 대신 예전에는 없던 시청어린이집이 근처에 새로 생겼다.

시청이 이 자리에 온 후 연계시설들이 많이 들어섰던 듯하다. 옮겨 간 울산세무서 이외에 아직까지 그대로 있는 한국은행 울산본부, 신정우체국이 있다. 신정우체국은 지금 시설이 열악하다. 신정시장에 식사를 하러 오고 가면서 공직자들은, "우체국은 이제는 주변 환경과 어울리지 않아 새로운 투자가 필요하다"라고 입을 모은다. 마찬가지로 한국은행을 혁신도시로 옮기고 이 자리에 시정 지원시설을 만드는 것이 옳다고 수근거리기는 더 오래된 일이다.

이제 본격적으로 시청마당에 대해 얘기해 보고자 한다. 공원인지, 정원인지, 광장인지 한마디로 구분하기 어렵다. 공식적으로는 주차를 할 수 있는 포장된 곳을 햇빛광장(1,600㎡), 나무가 있는 곳을 바다공원

(4,600㎡)이라 한다. 바다공원에는 실개천(110m)이 흐르며 제법 실한 잉어 10여 마리를 사시사철 볼 수 있다.

우리나라 관공서가 다 그렇듯이 이곳 시청마당 주변은 시위에, 궐기에 제각각의 이유로 저마다의 목소리를 높이는 곳이다. 하지만, 마당 안은 동네 아이들이 웃으며 자전거를 타는 유쾌한 놀이터이고, 주변에 사는 동네 어르신들이 산보를 하는 휴식처이다. 바다공원에서는 초봄에 동백과 매화, 목련이 피고 진다. 이어 벚꽃이 피어나고 영산홍과 철쭉이 뒤를 잇는다. 여름이 되면 실개천에 연꽃이 피고 얼마 되지 않는 백일홍과 무궁화가 피어 봄꽃이 사라진 아쉬움을 달래 준다. 가을엔 감과 모과, 산수유와 졸가시나무 도토리가 달리고 익는다. 마로니에 열매는 밤송이처럼 벌어져 떨어진다. 모감주나무는 꽈리를 달고 그 속에 검은 염주를 품는다. 좋은 시절이 가고 겨울이 되면 모두 숨을 죽이고 꽃양배추로 가득한 화단을 바라본다.

이 바다공원은 좁기는 하지만 자세히 보면 시청의 역사와 함께하는 많은 이야기가 숨어 있다. 몇 년 전부터 점심 식사를 하고 나서 마당을 거닐다 보니 예전에는 신경 쓰이지 않았던 것들이 눈에 들어와 관심을 가지고 지켜보게 되었다. 그리고 찾아냈다 할 것까지는 아니지만 역사를 추적할 수 있는 나무나 조형물을 따로 구분해 처음에는 8경이라 이름 붙여 보았다. 그런데 계속 거닐다 보니 자꾸 늘어 12경이 되고, 다시 16경이 되었다. 일부 나무들의 경우 표식은 없지만 대강의 연대를 추정할 수 있었다. 현재까지 기록이 남아 있는 것들은 대부분 광역시 승격 후의 것이다. 이전 표식들은 여러 번에 걸쳐 청사배치와 조경을 바꾸면서 사라져 버렸을 것이다.

1경은 시청과 시의회 표지석이다. '중앙로 201'이라는 도로명 주소가 적혀 있다. 지금의 본관을 지을 때 설치했다. 의사당은 제2청사로서 1994년 연말에 준공되었다는 표지판이 건물 바로 앞에 따로 있다. 하지만 1969년 연말에 준공된 본 청사는 준공표지판이 따로 없다. 당시는 법적으로 붙여 놓지 않아도 되었나 보다. 그리고 1970년 시청사 개청 기념식수가 있었을 것으로 추측되는데, 지금은 찾아볼 수가 없다.

2경은 좌표원점이다. 네모난 검은 상자 같은 돌 옆면에 [N 35° 32′ 19″ E 129° 18′ 43″]라 새겨져 있다. 위에는 도시기준원점이라며 울산시 지도 위 시청 위치에 십(十)자 표시를 했다.

3경은 최일홍(崔一鴻) 경남도지사 순시 기념 은행나무이다. 1989년이니 15대 곽만섭 시장 재임 시절이다. 이분이 울산을 위해 어떤 공적을 남겼기에 그때 심은 나무가 아직 있는지 모르겠지만, 다른 도지사가 기념식수를 했다는 기록이나 나무는 보이지 않는다.

4경은 오색팔중산춘 동백(五色八重散椿 冬柏)이다. 이 동백은 "울산이 원산지로 임진왜란 때 울산을 점령한 왜장 가토오 기요마사가 일본으로 가져가 도요토미 히데요시에게 바쳐져 교토 지장원(일명: 쓰바키데라, 椿寺: 동백절)에서 키워진 3세로서 1992년 5월 27일 일본 교토 지장원(地藏院)에서 환국하여 심어짐"이라고 해설이 되어 있다. 이름 그대로 꽃은 여덟 가지 색으로 피고, 질 때는 시청의 다른 많은 동백들처럼 목이 떨어지는 것이 아니라 꽃잎이 한 장씩 차례로 떨어진다. 그런데 가토 기요마사와 이 동백의 인연에 대해서는 진실이 아니라는 얘기가 있다. 여기서 진위를 따질 일은 아니다.

5경은 울산시-울주군 통합 기념 조형물이다. 반구대암각화에 나오는 물상을 그려 넣은 마주 보는 돌기둥 사이에 시의 상징 로고를 만들어

앉혀 놓았다. 1995년 1월 1일자로 통합이 되었으니, 그해 7월 지방의회 구성을 앞두고 의사당이 세워지면서 바로 앞에 같이 조성하였던 것 같다.

6경은 광역시 개청 기념 소나무이다. 김영삼 대통령이 1997년 7월 15일 심었다. 이 나무 한 그루를 심기 위해 얼마나 많은 시민들이 피나는 노력을 했을까? 내가 울산을 오게 된 것도 결국 광역시 승격 덕분이다. 소나무는 느리게 자라서 그런지 25년이 되었는데도 연식이 있다는 느낌이 들지 않는다.

7경은 1999년 12월 31일 기준 도로원표(道路元標)이다. 시청에 설치된 표는 이표(移標)이다. 주요 도시들까지 거리를 안내하고 있다. 서울까지 414.1km, 부산까지 65.4km. 진표(眞標)는 이곳에서 북쪽 3.5km 지점(성남동 4~5번지)에 있다고 적혀 있다.

여기까지가 심완구 시장 재임 시 또는 그 이전이며 이제부터는 박맹우 시장 이후 설치한 것들이다. 특히 8~12경은 신청사를 지으면서 생겼다. 지하주차장을 만들면서 마당에 조경용 공간이 새롭게 생겨 설치될 수 있었다.

8경은 구갑죽(龜甲竹)이다. 대나무 마디가 거북 껍질같이 생긴 정말 기괴한 아름다움이다. 신청사 개청 기념으로 경암문화장학재단 이금식 이사장이 증여한 것으로 되어 있다. 처음엔 몇 그루였는지 모르겠으나 지금 세어 보면 40그루 정도가 된다.

9경은 엄지손가락처럼 생긴 바위, 엄지석이다. 대한불교천태종 정광사가 기증했다. 사람 신장의 두 배 정도 되는데, 서 있는 부처님을 조각해도 될 정도로 비례가 좋다.

10경은 두동 면민들이 보냈다는 만화석이다. 물가에서 어르신 여럿

이 둘러앉아 막걸리를 마셔도 될 만큼 넓고 납작하다. 이렇게 큰 돌을 어떻게 옮겨 왔는지 신기할 따름이다.

11경은 용천송(龍天松)이다. '용틀임하는 기상으로 웅비하는 울산'이 되라며 송시준 울산테마식물수목원장이 기증한 소나무이다. 이 나무 앞에서 용트림을 하면 안 될 것 같다.

12경은 소나무 중에서도 더 귀하고, 키우기 힘들며, 느리게 자란다는 금송(金松)이다. 세계 3대 정원수의 하나로 형이 아름다워 세계적으로 기념식수로 사용된다고 한다. 2009년 2월 18일 신청사 개청 기념 식수로 이 자리에 뿌리를 내렸다. 10여 년이 지났는데도 역시나 얼마 자라지 않았다.

13경은 2012년에 묻은 울산공업센터 지정 50주년 기념 타임캡슐이다. 땅 위에는 까만 알 같기도 하고, 의자 같기도 한 둥근 돌이 있다. 당시의 문물 680점을 담아 묻었다는데, 2062년 2월 3일 개봉을 하자고 한다. 어느새 10년이 지나고 40년 남았다.

14경은 WHO 건강도시 인증 마크이다. 김기현 시장 재임 때인 2015년에 인증 마크를 지름 1m 정도의 철재 플레이트로 만들어 본관 현관 앞 햇빛광장 바닥에 설치했다.

15경은 남문 바로 안쪽에 선 소나무이다. 시청에서 제일 큰 나무가 아닐까? 2018년 제2별관 개청에 맞춰 외부에서 옮겨 와 심었다. 아직 지지하는 밧줄을 끊어 내지 못하고 있고, 여태 이름을 짓지 못한 채 서 있다.

16경은 동아시아-대양주 철새이동경로 네트워크 인증 기념 표지석이다. 바로 뒤에는 울산큰애기 조형물이 서 있다. 2021년 설치했는데 송철호 시장 재임 중에 설치한 유일한 작품이다.

그럼 시기를 알 수 있는 16경과 별개로 시청이 생길 때부터 역사를 같이한 나무는 무엇일까? 수소문을 해 봐도 자신 있게 증언해 주는 사람이 없다. 그런데 자세히 보면 시청사거리 근처의 벚나무와 동백나무가 50년은 되어 보인다. 가장 이국적인 졸가시나무도 수형이 풍성한 것이 연륜이 있는 게 틀림없다. 한 그루뿐인 감나무는 나이가 들어서인지 해를 갈며 겨우 감 몇 개씩을 달고 있다.

지금까지 울산시에는 22명의 (일반)시장과 4명의 광역시장이 있었다. 1962년 1대 홍승순 시장은 다시 4대 시장까지 지냈다. 재임기간을 합치면 약 5년간으로 광역시 승격 전 울산시장 중에 가장 길다. 1995년 취임한 22대 심완구 시장은 2년 후에 광역시장이 되었다. 결국 시장은 총 26명이 아니라 24명인 셈이다. 한편 해방 이후 역대 울주군수는 모두 45명이다. 1962년 울산시 승격 전에 17명, 1995년 울산시·울주군 통합 전에 다시 22명, 광역시 출범 직전 2명, 광역시 이후 4명이다. 신정동 시청사에서 업무를 하신 분들은 아니지만 늘 가까이에서 드나들었다.

역대 시장들은 그 시대에 맞게 각자에게 주어진 임무와 역할에 최선을 다했을 것이다. 살펴보았듯이 그 역할에 따른 성과는 청사 곳곳과 시청마당에 새겨진 역사에서도 찾아볼 수 있다. 2028년이면 학성공원이 개원 100주년을 맞는다. 그곳에는 1975년 6월 1일 7대 윤병의 시장이 설치한 시민의 날 기념비가 있다. 비석에는 "조국 공업입국의 기적은 마침내 이룩했노라. 우리에겐 영광 그리고 번영이 있으니. 오늘 첫 시민의 날을 맞아 한마음으로 이 헌장을 새겨 유서 깊은 학성의 옛 터에 이 비를 세워 다 함께 슬기 모아 우리의 소망을 이룩하리라"라는 짧고 비장한 소회와 소망이 담겨 있다.

 한편 역대 시장들과 함께 땀을 흘린 공직자들의 이야기는 누가 언제 들려줄까? 그들이 산업수도 건설을 행정적으로 지원했고, 광역시 승격과 에코폴리스 조성을 뒷받침했다. 시장과 국회의원 등 정치인이 아니라도 많은 시민들이 미운 정 고운 정이 함께 든 열정적으로 일한 공직자들을 기억한다. 좋은 기억이든 나쁜 기억이든 평가는 생각하는 사람의 주관에 따른 것이니 모두들 개의치는 않을 것이다. 다만 건강을 해쳐 이미 세상을 버린 분들이 적지 않은 것이 애달프다. 시청마당에는 그들이 심고 가꾼 나무들이 아직 푸르게 자라고 있는데.
 시청을 새로운 곳으로 옮겨야 한다는 의견이 가끔 있었다. 울산공고 자리가 넓다는 의견, 울산대학교를 외곽으로 옮기고 그 자리로 가야 한다는 의견, 울산의 지리적 중심인 선바위지구가 좋다는 의견 등이다. 혁신도시에 제2청사를 지을 필요가 있다는 말도 있다. 모두 동상이몽이다. 다섯 번째 광역시장이 된 김두겸 시장은 시청 자리와 그 주변에 대해 어떤 생각을 하게 될까? 재임 중 시청마당에는 무슨 나무를 심으실까?

2

역사도시 울산의
문화 이야기

충의사에서 바라본 학성공원

거북뜸 바위그림의 크게 어울리는 노래
(2014년 『반구대』를 읽고. 2021년 증보판 『꽃다지』)

　소설 『반구대』는 선사시대 태화강 강변에 살았던 포족 사람들의 삶과 고래잡이에 대한 신화를 이야기한다. 그러나 단순한 신화가 아니라 지금 우리의 모습을 돌아보게 하며 앞으로 해야 할 일을 가르쳐 주고 있다. 거북뜸(반구대)을 지나 고래바다로 흐르는 큰 어울림 가람(태화강)은 지금도 거침없이 흐른다. 사랑하고 미워하고 다투고 다시 어울리는 사람들의 모양은 열댓 배의 얼음(6천 년)이 지나서도 어찌 이리도 변하지 않을까?
　이 작품은 국보 제285호 '반구대암각화'가 세상에 나온 지 반세기가 다 되도록 이 그림을 누가 왜 어떻게 그렸는지, 특히 세계 고래잡이 역사의 첫 페이지를 장식하는 이 유적 속의 고래를 왜 어떻게 잡았는지를 거침이 없지만 절제된 상상력으로 생생히 그려 내고 있다. 그러나 가슴을 더욱 벅차게 하는 것은 새겨진 그림보다는 작품 속에서 크게 어울린 사람들이다. 부족과 가족, 그리고 아끼는 여인을 지킨 용감한 남자들이 있었고, 자식과 연인을 사랑한 여자들이 있었다.

　이야기는 큰 어울림 가람의 포족 사람들과 큰볕터, 신불메 등 인근의 다른 부족들이 식량을 둘러싸고 다투고 또 화합해 가며, 아직 하나의 큰 공동체를 만들기 이전까지 거슬러 올라간다. 때는 그야말로 전환기로 묘사되고 있다. 모계사회에서 부계사회로 옮겨 가는 시기였고, 근친혼의 문제점을 알고 족외혼을 펴 나가기 시작한 때였다. 으뜸이 동료인 버금이 아니라 자식에게 다음 자리를 물려주는 부자상속이 시작되었고, 으뜸(왕)과 당골레(제사장)가 하나가 되는 제정일치로 가는 길목이었다. 그리고 곱돌과 부싯돌만을 사용하는 선사마을에, 멀리 다른 부족에서 개발된 참돌(청동기)이 큰 어울림 가람가에 우연하게 전해지고, 그것이 마을의 경제와 종교생활을 드라마틱하게 바꾸는 문명의 변환기였다. 특히, 고래가 숭배의 대상에서 사냥감으로 변해 갔고, 고래를 잡는 배는 통나무배에서 제대로 짜서 맞춘 목선으로 변해 간 기술혁명기였다.

  작품의 중심에는 용감하지만 정욕에 물든 족장 하와 지혜의 현신인 큰어미 매발톱을 비롯한 그의 여인들, 그리고 자식들의 삶이 있다. 그림을 사랑하고 사람을 좋아했던 그리매(남자 주인공)와 권력을 필요로 했고 여인을 탐했던 큰주먹은 족장 하의 자식들이다. 하지만 으뜸자리와 여인을 둘러싸고 갈등을 겪게 된다. 그러나 둘은 부족 간의 다툼과 식량부족으로 인해 닥친 마을의 위기를 같이 극복해 가며 화해하게 된다.
  결국 매발톱의 가르침에 따라 개과천선한 큰주먹은 마을을 힘과 용기로 구해 내며 으뜸이 되었고, 그리매는 부족의 정신적 지주가 되어 고래잡이를 성공적으로 이끌어 내게 된다. 그들이 사랑했던 아름다운 꽃다지(여자 주인공)는 여인으로서 많은 고초를 겪었지만 매발톱의 선택을 받아 큰어미 자리를 물려받는다.
  작품은 마지막 반전으로 감동이 더해진다. 그리매와 육손이 큰주먹은 어미는 달랐지만 같은 아비인 으뜸 하의 아들들로 자랐다. 하지만 결국 큰주먹은 버금이었던 육손이 갈의 아들이었다는 출생의 비밀이 드러난 것이다. 그러나 한 세대 후 꽃다지가 낳은 육손이는 처음에는 큰주먹의 아들로 알았으나 꽃다지는 민무늬 사슴들 사이에서 꽃사슴이 나온 것을 보며 아들이 그가 진정 사랑했던 그리매의 아들이라는 것을 깨닫게 된다. 꽃다지와 그리매가 끝내 맺어질 수 있는 운명은 아니었지만 이 러브스토리가 아름다운 해피엔딩임에는 틀림없다.

특히 인상적인 대목은 리더의 자격에 대한 에피소드이다. 아버지 하가 으뜸의 역할에 대해 묻자 그리매는 "으뜸은 온 마을을 머리에 이고, 등에 지고, 어깨에 메고 갑니다. 슬기로움, 끈질김, 부지런함으로 온 마을을 이끌어야 할 것입니다. 저는 슬기로움은 꽃다지보다 못하고, 끈질김은 큰주먹보다 못하며, 부지런함은 얼레지보다 못합니다"라며 그의 생각을 말한다. 하지만 아버지는 아들의 겸손한 대답에 흡족해하며 "그렇다면 슬기로움은 큰주먹보다 낫고, 부지런함은 꽃다지보다 낫고, 끈질김은 얼레지보다 나으냐?"라고 되묻는다.

반면에 자기만을 알고 힘만을 믿는 큰주먹에게는 "뱀의 똬리처럼 사람 또한 둥글어 뉘 우두머리인지, 뉘 끄트머리인지 알 수 없을 터, 크게 잘 어울림이란 그런 걸 두고 하는 말이다"라고 충고해 준다. 어디에서 이보다 더 명쾌하게 리더의 본래 역할과 마음가짐을 이야기한 것이 있었던가?

남자만이 아니었다. 매발톱은 남편과 자식만을 위해서가 아니라 부족 전체의 행복을 위해서 혼자 노력하며 지혜를 쌓았고 또 물려주었다. 큰어미 후계자가 된 꽃다지는 남자들이 자신을 탐하지 않도록 예쁜 머리를 깎아 버리며 사랑받는 여자가 아닌 부족의 어머니가 되기를 택했다.

『반구대』는 인류사적으로 큰 의미를 가진 반구대암각화에 나타난 고래잡이 스토리를 곳곳에 녹여 들려주고 있다. 포족은 처음부터 고래를 잡지는 않았다. 처음엔 토끼와 사슴, 그리고 가끔 멧돼지를 잡았다. 사냥에 성공하면 희생되는 동물들과 사냥하다 죽은 부족사람들을 바위에 새겼다. 고래, 곧 '떠다니는 여'는 처음에는 숭배의 대상이었다. 그때까지 고래는 해신이었고 강 여기저기에서 발자국이 발견되던 큰얼(공룡)의 후손이었다.

그러나 먹을 것을 구하기 힘든 상황에서 우연히 발견하게 된 좌초한 고래는 그야말로 구세주였다. 사람들은 고래고기는 육포로, 뼈는 농기구로 그리고 급기야 수염은 치마로 활용하며 다양한 용도를 깨달아 가게 된다. 하지만 먹을 것이 없을 때면 많은 희생을 치르더라도 온 부족이 힘을 합쳐 고래잡이에 나서게 된다.

부족이 더 커져 온 누리 사람들이 힘을 모으고, 큰주먹과 그리매가 화해를 해서 참돌을 사용해 고래사냥에 성공한 후에는 고래잡이 모습을 새겨 그 기술을 널리 가르쳤다. 지금도 러시아의 축치(Chukchi) 자치구, 알래스카의 알루샨(Aleutian) 열도에서는 생존을 위해 고래를 잡고 있는 것을 보면 리얼리티에 가깝다고 하겠다. 또 영물인 고래를 잡는 것은 사람의 목숨이 걸린 일이 아니면 허용되지 않는다는 생명에 대한 사랑이 숨어 있다. 이러한 고래잡이의 세계적인 보편성이 반구대에 구현되어 밀도 있는 암각화가 그려지면서 우리 선사문화의 특별함이 빛을 발하고 있는 것이다.

이 암각화가 현재 위기에 있다. 고래와 관련해 세계문화유산으로 지정된 것은 세 곳인 것 같다. 이집트 카이로 인근의 고래 계곡(Wadi El Hitan)에는 고대 고래의 화석이 있다. 또 캐나다에는 레드베이(Red Bay) 포경기지가 있는데 16세기 유럽의 바스크(Basque) 민족이 대서양을 건너 캐나다 동부 해안에 건설한 포경기지라고 한다. 마지막으로 멕시코에는 귀신고래보호해역(El Vizcaino)이 있다. 그러나 고래잡이를 처음 시작한 선사유적이 세계문화유산 목록에 없으니 미싱링크가 아닌가?

아쉬운 것은 반구대암각화의 가치를 1971년 성탄절이 되어서야 문명대 교수가 발견했다는 것이다. 만일 60년 더 이전인 1911년 성탄절에, 장생포 귀신고래를 연구하고 백두산 탐험을 하러 왔던, 뉴욕자연사박물관의 앤드류스(Roy Chapman Andrews)가 먼저 반구대암각화를 발견했다면 그 운명은 달라지지 않았을까? 그가 자연사적 가치를 알아보고 세상에 알렸다면 이후 댐이 만들어지지 않았든지, 최소한 수몰되기 전에 보존 대책이 마련되었을 것이다. 아니면 설마 암각화를 잘라 뉴욕자연사박물관으로 가져갔을까?

늦었더라도 현재 세계문화유산 잠재목록에 있는 대곡천암각화군이 한시라도 빨리 정식 지정이 되었으면 한다. 그래야 인류와 고래의 관계가 전 세계에 정확하게 알려질 수 있을 것이다. 소설 『반구대』도 그때 한층 더 가치를 높인 작품으로 거듭나 세계인에게 읽혀질 것이다.

문학으로서 『반구대』는 많은 도전을 하고 있다. 씨족사회의 생활모습과 정치(누리마루)를 구성하는 으뜸과 버금, 당골레(종교)와 알리미(언론)의 권력관계를 적나라하게 묘사하고 있다. 그리고 선사시대 사람들의 생사와 희로애락을 담담하게 표현하고 있다.

특히, 순수 우리말을 쓴 땅 이름이나 사람 이름은 어떤 작품에서도 유례를 찾지 못할 정도로 많이 등장한다. 매발톱과 꽃다지, 비비추와 얼레지, 마타리와 개미취 등 산야초 이름을 딴 여인들의 이름은 아름답기 그지없다. 그리매와 들개코, 노루궁둥이와 여우주둥이 같은 동물과 벌레의 이름을 딴 남자들의 이름은 귀엽기까지 하다. 암각화 근처에 이들의 이름이 적힌 문패를 달고 선사마을이 있어도 좋을 것이다.

막장 드라마 같이 얽히고설킨 남녀 관계가 있기는 하지만, 일부일처제가 확립되기 전의 이야기임을 감안하면 이해하지 못할 것도 없으리라. 『홍루몽』을 읽듯이 등장인물들의 혈연관계를 꼼꼼하게 짚으며 읽는 것은 또 다른 재미를 준다.

약간의 아쉬움이 있다. 이 작품은 두서너 부족을 포함하는 청동기시대 소국 정도의 장소적 범위를 온 누리로 그리고 있다. 그러나 참돌이 만들어진 더 문명화된 북쪽 그리고 귀신고래가 오가는 동해바다 그 너머에는 어떤 세계가 있었는지에 대해 얘기가 없다. 이 부분에 대해 그리매가 상상을 하거나 꽃다지가 혜안을 가지고 예언해 보는 장면이 들어 있었더라면 더 깊은 인상을 남길 수 있었을 것이다. 큰 어울림 가람을 중심으로 거북뜸, 꼭지 샘물터, 큰볕터 그리고 신불메를 포함하는 판타지 소설의 삽화로 있을 법한 지도가 한 장 있다면 울산과 대곡천 주변을 잘 모르는 독자들이 더 현장감 있게 주인공들이 활약한 곳을 짚을 수 있을 것이다.

그리고 천전리 각석이나 공룡 발자국 간의 연계가 보다 직접적으로 스토리텔링 되어 있지 않다. 선사시대라도 매발톱처럼 뛰어난 관찰력을 가졌다면 다리 없는 고래를 공룡 후손이라고 생각하지는 않았으리라. 반구대 바로 아래에서 공룡발자국이 발견되었다는데, 그리매는 왜 공룡을 상상해 그리지 않았을까?

작가 구광렬 교수는 암각화를 낳은 것은 사랑이라 암시한다. 하와 매발톱의 부족에 대한 사랑이고, 그리매와 꽃다지의 남녀 간의 사랑이다. 그리고 바위새김이 그리매의 예술에 대한 사랑이다. 스승 단과 그리매의 열정은 산업도시 울산의 장인혼과 수천 년을 넘어 서로 통하고 있다고 해석한다면 너무 과장일까? 이제 선사시대 큰 어울림 가람 선조들의 신화가 소설 『반구대』를 통해 처절한 현실로, 아름다운 감동으로 전해진다.

이 위대한 신화의 역사를 자손만대 전하기 위해 한시바삐 반구대암각화를 보존하기 위한 방법을 찾아야 한다. 그렇지 않다면 수천 년 전의 그리매가 "이 얼음을 묻을(어리석은) 놈들아" 하고 호통을 칠 것이다. 시간을 놓친다면 그때 "오메, 세오디 서노바살(제발, 용서해 주옵소서)!" 하고 후회해도 돌이킬 수 없는 일이다. 큰어미 매발톱과 꽃다지의 지혜가 아쉽다. 그들이 작품에서 걸어 나온다면 어떤 해결책을 들려줄까?

울산 오리모양토기를 찾아서

도자기와 옹기, 그리고 토기

그림으로 그린 미술은 무용한 '용(用)'이다. 재료로 형상을 만든 공예는 유용한 '예(藝)'이다. 쓸모 있는 예술의 대표 주자가 도자기이다. 도자기 중에 청자와 백자는 국보로 다수 지정되어 있다. 청자상감운학문매병(靑磁象嵌雲鶴文梅甁) 등은 이름만 들어도 모습과 빛깔을 떠올릴 수 있을 만큼 유명하다. 한편 임진왜란을 거치며 조선의 많은 도공들이 일본으로 끌려가 지금은 사쓰마 야끼(薩摩燒), 아리타 히젠구이(有田肥前燒), 가라쓰 야끼(唐津燒), 하기 야끼(萩燒) 등 일본 최고의 도자기 브랜드가 되었다. 조선 초기에 만든 막사발은 일본으로 건너가서는 이도(井戶) 다완이 되어 지금은 부르는 게 값이며 일부는 일본의 국보가 되었다.

울산은 과거 여러 지역에서 기와를 구웠고 자기를 빚었다. 삼정리 청자 가마터, 천전리 압골 청자 가마터, 하잠리 분청사기 가마터, 태기리 분청사기 가마터 등에 유적이 남아 있다. 하지만 아직까지 울산에서 생산되었거나 발굴된 도자기 중에 국보나 보물은 없는 듯하다. 지금은 많은 도예가들이 곳곳에서 조선 도공의 뒤를 이으며 울산의 문화를 소재로 도자기를 빚고 있다.

도자기 중 울산이 헤게모니를 가지고 있는 분야는 옹기, 외고산 옹기이다. 옹기는 한국의 100대 문화상징의 하나이다. 산화번조(酸化燔造)와 달리 환원번조(還元燔造)로 구운 그릇으로 뽀얀 피부가 아니고 까무잡잡하다. 보기에는 그래도 더욱 건강한 그릇이라 선비들의 술병 대신 농민들의 막걸리 잔으로 사용되었고, 안방마님의 항아리가 아니라 초가집에도 있는 장독대의 김칫독, 된장독, 간장독 등으로 사용되었다.

그런데 그토록 몸을 아끼지 않은 옹기 중에는 국보나 보물로 지정된 몸이 없는 듯하다. 그래서 옹기박물관에서는 귀중한 옹기들이 저마다 나입네 하지만, 다른 국공립 유물박물관에서는 옹기를 크게 눈여겨보지 않는다. 지금도 잘 생산되고 있기 때문일 수 있다.

지역 밖의 국내외 박물관에서 주목하는 것은 토기이다. 온통 깨진 것을 이어 붙인 신석기시대 빗살무늬토기 말고 작품성을 갖추고 온전한 형태로 남아 있는 토기라 하면 국보인 신라의 기마인물형토기들과 일본의 죠몽시대 화염형토기들을 떠올릴 수 있다. 그만큼의 주목을 받고 있지는 못하지만 울산의 오리모양토기들은 동시대 타 지역의 토기에 비해 정교하고 비례가 잘 잡혀 높은 수준의 유물로 평가받고 있다.

울산 오리모양토기의 가치

태화강이 맑은 물이 되자 연어, 은어, 누치가 떼를 이루어 찾고 있다. 강바닥에는 동남참게와 바지락, 재첩이 뒤덮고 있다. 덩달아 크고 작은, 검고 흰 철새들이 천지를 이루고 있다. 2020년 환경업무를 할 당시 이전 담당자들이 이전부터 추진해 오던 동아시아-대양주 철새이동경로 파트너십(EAAFP: East Asian-Australasian Flyway

Partnership) 가입 노력을 이어 간 적이 있다. 그때 철새를 소재로 한 환경미술 공예품이 없을까 뒤적이다가 대곡박물관에 있는 오리모양토기가 떠올랐다. 내친김에 더 조사를 해 보니 인터넷에 사진이 있는 완성도 높은 웬만한 오리토기 유물들이 거의 울산에서 나온 것들임을 발견했다. 그리고 국립중앙박물관은 이미 그 가치에 주목하고 있었다.

알다시피 국립중앙박물관에 가면 울산 유물이 귀하다. 몇 되지 않는 유물들은 모두 선사·고대관에 있다. 반구대암각화는 우리나라 선사유적의 얼굴이다. 예전에는 모형을 만들어 전시했었는데 최근에는 입구에 디지털 처리를 한 사진을 걸어 두었다. 이 방식이 해설사가 설명하기에 편하기는 하지만 입체감이 없어 아쉽다. 그 외에 황성동 조개무지 출토 '작살 꽂힌 고래뼈', 신암리 '흙으로 빚은 여인상', 울산 하대 '청동 세발솥', 중산동 '오리모양토기'가 전시되어 있다. 일부는 진품이 아닌 듯하다. 이 중 박물관이 문화상품으로 눈여겨본 것이 오리모양토기이다. 중산동 토기는 전시 이외에 어린이 체험활동지에도 그려져 있고 토기 모형 상품과 뚜껑에 오리를 붙인 컵과 그릇 상품으로도 제작되어 뮤지엄샵에서 판매되고 있다. 앞서 국립중앙박물관에서는 2011년 우리유물 100선을 선정했는데 중산동 오리모양토기가 들어 있다. 사진과 설명이 실린 판매형 책자로 국립중앙박물관 100선(2011), 국립중앙박물관핸드북(2019)이 있다.

오리모양토기는 3~5세기 낙동강 유역에서 많이 발견된다. 발모양과 벼슬모양, 크기와 목의 각도는 조금씩 다르다. 오리의 물갈퀴와 닭의 벼슬을 모두 가진 새가 많아서 그냥 새모양토기라 불리기도 한다. 학계에서는 영혼의 전달자라고 한다는데, 일상에서 쓴 것이 아니고 부장품으로 나오기 때문이다.

울산에서 출토된 대표적인 오리모양토기 세 작품을 들여다보자. 울산박물관이 없던 때라 원통하게도 진품은 모두 울산에 없다. 첫째, 1991년 발굴된 중산동 고분 유물이다. 높이가 32.5cm로 암수 쌍으로 나왔다. 국립중앙박물관이 주목한 바로 그 작품인데 진품은 국립김해박물관에 있다. 둘째, 비슷한 시기 발굴된 웅촌 하대 유물은 우시산국이 있던 곳에서 발굴되었다. 높이가 17.5cm로 작은데, 한국문화정보원이 3D 프린팅 데이터를 제공하는 모델이다. 부산대박물관이 소장하고 있다. 셋째, 2000년대 초반 발굴된 대곡댐 수몰지 하삼정 오리모양토기는 높이가 41.8cm에 달한다. 내가 보건대 빛깔과 각선미가 가장 수려하다. 이것도 국립김해박물관에 있다. 세 유물 모두 물갈퀴가 아니라 둥근 굽다리가 달려 있다. 닭 벼슬에 오리 부리가 달린 이 새를 당시 울산 사람들은 뭐라 불렀을까? 그냥 오리일까? 혹시 계룡(鷄龍)이 아닐까? 고려시대 자기 중에 몸은 물고기, 머리는 용인 청자 주전자를 박물관에서는 꼭 집어 어룡(魚龍)이라 하고 있다. 서양에는 수탉용이라는 뜻의 루스터 드래곤(Rooster Dragon)이라는 상상의 동물이 있다. 충남에 있는 계룡산(鷄龍山)의 계룡은 금계(金鷄), 비룡(飛龍)을 둘 다 말하는 것이지, 하나로 합체된 동물을 말하는 것이 아니라고 한다.

경주나 다른 지역 새모양토기들은 모두 형상미가 울산 유물보다 떨어진다. 물론 손이 안으로 굽은 나의 관점에서다. 그런데 경주 미추왕릉 서수형토기(瑞獸形土器)는 크기는 작지만 울산 토기보다 더 정교하다. 몸은 거북이고 머리는 용이라 다른 동물을 표현했다. 하지만 울산 토기보다 후대의 것이라면, 일본이 그랬던 것처럼 경주가 울산의 영향을 받아 진일보한 작품을 만든 것이라 볼 여지가 있을 것이다. 2004년 출토된 경주 덕천리 고분 오리모양토기가 울산에서 출토된 세 가지 토기와 크기와 모양이 너무나 비슷하다. 덕천리는 형산강 유역으로서 대곡댐에 잠긴 하삼정과 가까운 곳에 있다.

토기 장인을 찾아서

어느 정도 조사를 한 후 아직 오리모양토기를 빚어 구워 내는 경주의 장인을 찾아 나섰다. 그런데 이미 토기 장인들이 많이 돌아가시고 살아 계시는 분들도 작업을 접은 경우가 있었다. 수소문 끝에 외동읍의 삼국토기(이무용), 그리고 민속공예촌의 보산토기(배용석)와 신라요를 둘러보았다. 그중 팔순에 이른 신라요의 류효웅 토기명장을 만날 수 있었다. 고령에도 불구하고 여전히 물레를 돌리며 작업을 하고 계셨고, 넓은 전시실에는 여러 모델의 토기 그릇과 오리모양토기를 만들어 전시하고 있었다. 심지어 1993년 국립중앙박물관이 펴낸 한국의 선원사(先原史)시대 토기 도록이 있었는데, 그 표지에는 중산동 오리모양토기 사진이 떡하니 자리하고 있었다.

이후 혹시나 해서 외고산 옹기마을 옹기골도예의 허진규 장인에게 자문을 구하니 울산에서도 오리모양토기를 제작하는 곳이 있다고 하지 않는가. 옹기는 토기가 기본이며 여기에 유약을 입혀 제대로 구워 낸 것이 옹기라는 것이다. 오리는 가야신라요(장성우)에 몇몇 작품이 남아 있었다. 그런데 옹기 같은 재질의 토기였고 모양은 울산에서 출토된 오리를 그대로 따르지는 않은 것이었다. 그나마 요즘은 만들지 않는다고 했다. 옛날 일본 단체관광객들이 울산에 들렀을 때 오리모양토기에 관심들이 있어 제작을 했는데 요즘은 찾는 사람이 거의 없다고 한다. 우리 옹기의 처지와 크게 다르지 않다. 안타까운 일이다.

여기저기서 어렵게 입수한 토기들을 시청 상황실과 대강당 앞에 두었다. 다행히 2021년 살아 있는 태화강 논병아리와 물닭, 그리고 청둥오리에 더해 선조들이 손으로 빚은 오리들의 염원이 합쳐져 EAAFP 가입이 이루어졌다. 앞으로 태화강에서 노니는 오리는 더욱더 늘어나고, 오리모양토기 유물을 소재로 한 공예품들이 울산을 넘어 국내외에서 인기를 끌며 홍보될 수 있기를 희망해 본다.

국립중앙박물관 전시 오리모양토기(중산동 발굴)

신라 고승들과 울산의 사찰들

색즉시공!
끊임없이 서고 지는 사찰이다.
신라 천년의 영화는 꿈이었던가?
공즉시색!
남은 터에도 쑥대는 올라오고
후대는 빈터를 바라보며 합장한다.

고려 고종 2년(1215) 각훈(覺訓)이 『해동고승전(海東高僧傳)』을 편찬했다. 속세의 역사는 속세에서, 불가의 역사는 불가에서 찾아야 되기 때문이다. 아쉽게도 원본 10권은 전하지 않고 1920년대 필사본 2권만 전해진다고 한다. 이 책의 정전(正傳)에는 원광 등 18명의 고승 이름이 나오는데, 이상하게도 삼국시대 가장 유명했던 자장, 원효, 의상이 없다. 전해지지 않는 다른 책에 있을 수 있다. 18명은 다음과 같다. 순도(順道), 망명(亡名), 의연(義淵), 담시(曇始), 마라난타(摩羅難陀), 아도(阿道), 법공(法空), 법운(法雲), 각덕(覺德), 지명(智明), 원광(圓光), 안함(安含), 아리야발마(釋阿離耶跋摩), 혜업(惠業), 혜륜(惠輪), 현각(玄恪), 현유(玄遊), 현태(玄太).

신라의 고승들 중 대중적으로는 원광, 원효, 의상이 유명하다. 하지만 울산에서는 자장율사가 더 큰 기여를 했다. 자장은 불교 포석을 깔고, 원효는 불경을 정리하고, 의상은 불법을 활짝 밝힌 역할을 했다. 원광 이후 울산과 인연이 있는 고승들의 이름을 거론해 보자.

원광(555~638)은 속성이 박씨 또는 설씨로 추정되는데 가슬갑사를 창건했다. 자장(590~658)의 속명은 김선종(金善宗)으로 진골귀족이다. 태화사와 통도사를 창건했다. 『삼국유사』에 나오는 낭지(朗智) 스님은 원효의 스승으로 혁목사(혁목암)와 영축사를 창건했다. 원효(617~686)의 속명은 설사(薛思)로 6두품이다. 울산의 운흥사와 반고사에서 수행을 했고, 기장에 있는 장안사와 옥정사를 창건했다고 한다. 의상(625~702)의 속명은 김일지(金日芝)이다. 부산 범어사를 창건했다. 울산에 건립한 유명사찰은 없는 듯하다. 지통(智通) 스님은 낭지, 원효, 의상의 제자이다. 『삼국유사』 낭지승운에서 낭지스님과 함께 등장한다.

사찰이 남아 있거나 빈터 또는 기록이라도 발견된 울산 옛 사찰은 20곳 정도이다. 대부분 신라시대에 세워졌거나 그렇게 주장되고 있다. 이 중 기록만 있는 곳과 폐사지를 빼면 동축사(동구 동부동), 신흥사(북구 대안동), 문수사(청량읍 율리), 석남사(상북면 덕현리), 망해사(청량읍 율리), 월봉사(동구 화정동), 백양사(중구 성안동) 등 7곳의 도량이 남아 있다. 모두 한 번씩은 둘러봐야 할 곳들이다.

1. **[동축사]** 573년(진흥왕 34) 인도 아육왕 전설, 마골산
2. **[가슬갑사]** 600년(진평왕 22) 원광 창건, 가슬현(운문재)
3. **[운흥사]** 진평왕~선덕여왕, 원효의 청년기 수행처, 정족산
4. **[혁목사]** 원효의 스승 낭지 수행처, 문수산 추정
5. **[반고사]** 7세기 전반 이전, 원효 수행처, 현재 반구대 추정
6. **[신흥사]** 635년(선덕여왕 4) 명랑조사 창건설, 동대산
7. **[간월사]** 636년(선덕여왕 5) 전후 자장율사 창건, 신불산
8. **[태화사]** 643년(선덕여왕 12), 자장율사 창건, 태화동
9. **[문수사]** 646년(선덕여왕 15), 자장율사 창건설, 문수산
10. **[압유사]** 자장 관련, 오리모양 나무베개 전설, 가천리 추정
11. **[축선사]** 김유신 창건설, 삼동면 하잠리 추정
12. **[청송사]** 삼국시대 창건, 통일신라 삼층석탑 발굴, 문수산
13. **[영축사]** 683년(신문왕 3), 금당지 및 쌍탑 발굴, 문수산
14. **[장천사]** 8세기 전반, 障川(문헌)/長川(기와), 대곡댐
15. **[백련사]** 8세기 전반, 최남복의 백련산수기, 두동면 방리설
16. **[석남사]** 824년(헌덕왕 16), 도의 창건, 1957년 인홍 재건
17. **[망해사]** 879년(헌강왕 5), 처용설화, 별칭 신방사, 문수산
18. **[월봉사]** 930년(경순왕 4), 감목관의 원당, 화정산(함월산)
19. **[백양사]** 932년 경순왕 6년, 백양(白楊) 창건, 함월산
20. **[임강사]** 1019년 고려 흥려부 주조 대종(일본 정우사)

태화강 100리 길 청렴문화유산 보물찾기
(제1회 울산청렴정책포럼, 2019. 10. 15.)

태화강에서 만나는 청백리

울산은 조선왕조 500년 동안 대과 급제자가 몇 손가락에 꼽을 수 있을 정도로 적었다. 청백리는 한 명도 나지 않은 고을이다. 원래부터 허업(虛業)인 문예나 정치보다 실업(實業)을 중시해 '무예를 숭상하고 상업을 좋아한 사람들(尙武藝 好商賈)'(『신증동국여지승람』)'이 살던 터전이다. 몸집과 위상이 비교할 수 없을 정도로 커졌지만 지금이라고 크게 다르지 않다. 다르다면 울산이 잘하는 공상(工商)이 다른 지역이 잘하는 사농(士農)보다 더 중요해졌거나 최소한 비슷한 비중을 가지게 되었다는 점이다. 또한 청렴이라는 가치가 정부기관과 공공기관에서 일하는 공직자뿐만 아니라 사회 전 영역에 요구되고 있다는 사실이다.

지금 울산은 고려 흥려부, 임란 직후 울산도호부 이상의 위상을 가지고 있다. 규모로는 전국 7대 도시이며, 행정적으로는 지방자치를 시행하고 있는 광역시이다. 혁신도시에 공공기관이 이전해 와서 우리나라 150만 공직자 중 2만여 명이 울산에서 봉사하고 있다. 이제 도시의 위상에 걸맞은 공직윤리와 이를 요구하며 함께할 시민의식을 가져야 할 때이다. 그렇다면 지금 우리는 어떤 선조의 자취와 사상을 본받으며 봉사를 해야 할까? 기존의 위인과 그들의 사상으로는 뭔가 부족하다. 공직자의 경우 남의 나라 포청천, 남의 동네 맹사성을 보고 긍지를 가질 수 있을까? 공맹퇴율(孔孟退栗)의 가르침 듣고 배워 지역에서 행동으로 옮길 수 있을까?

누구를 찾고 어떤 말에 귀를 기울여야 할까? 청백리가 없다면 그에 버금가는 이상형을 찾을 수 있을까? 제법 오래도록 향토사가 연구되고 있지만 얼핏 보면 그런 인물과 사상을 찾기 어려운 것 같다. 하지만 시대와 상황이 다르다는 것을 감안하여 시각을 달리해 보면 다른 여느 도시에 못지않게 많은 인물과 그들의 자취들을 만날 수 있다. 그렇게 하려면 청백리라는 제도가 지닌 제도의 한계를 보고, 청렴이라는 가치의 또 다른 면모, 즉 애국과 애민을 함께 돌아보는 것이 필요할 듯하다. 그리고 울산의 선진들과 우리가 함께 공유하고 있는 그들의 기록을 읽고, 태화강 100리 길을 따라 자리 잡고 있는 여러 유적지들을 같이 거닐어 보아야 한다.

조선 청백리 제도 유감

청백리가 드문 것은 밥줄을 걸어야 했기 때문이고, 열녀가 귀한 것은 명줄을 걸어야 했기 때문이다. 밥줄보다 명줄 걸기가 더 힘드니 열녀가 더 귀했다. 사실 청백리는 절대평가가 아니라 상대평가였다. 제대로 밥줄을 건 인물도 몇 명 되지 않는다. 조성린은 『조선의 청백리 222인』에서 조선시대 청백리 제도와 선발된 현황을 쉽게 분석해 놓았다. 저자는 공무원 출신으로 조선행정사연구소장이라는데, 고희의 나이에

2017년 증보판을 내놓았다. 청백리로 선발된 숫자가 책마다 달라서 궁금했는데 이분이 명쾌하게 분석해 놓았다. 각 문헌을 살펴보면 청백리 수가 다 다르다.

『증보문헌비고(영조 46년)』에 따르면 11명의 왕이 157명
『청선고(1906년 대한제국)』에 따르면 11명의 왕이 186명
『대동장고(19세기 홍경모)』에 따르면 11명의 왕이 116명
『전고대방(1924년 강효석)』에 따르면 14명의 왕이 218명
그 외에 『목민심서』에 따르면 110명

자료마다 누락된 인물을 모두 합쳐 종합하면 14명의 왕이 221명을 선발했다. 태조 때 5명을 선발하면서부터 시작해 명종 때 가장 많은 48명을 선발하였고 순조 때 4명을 끝으로 청백리 계보가 끝이 났다. 그런데 저자는 여기에다 『영조실록』에 기록되어 있지만 기존 청백리 명단에서는 누락된 '이의만'을 포함하면 총 222명이라고 주장한다. 사실 숫자가 중요한 것은 아니다. 명단을 쭉 살펴보고 중요한 인물들을 비교하며 나름대로 기억하기 쉽게 정리해 보았다. 시대 순서대로, 연관되는 관계로 맺어 본다.

길재, 맹사성, 황희가 있었다.
최만리는 있고, 정인지는 없다.
박팽년은 있고, 신숙주는 없다.
김종직은 있고, 조광조는 없다.
허균도 없고, 정철도 없다.
윤선도도 없고, 송시열도 없다.

박수량은 있고, 김인후는 없다.
이황은 있고, 이이는 없다.
이항복은 있고, 이덕형은 없다.
유성룡은 있고, 이순신은 없다.
김상헌은 있고, 최명길은 없다.
이원익은 있고, 김육은 없다.
성이성은 있고, 박문수는 없다.
정재원도 없고, 정약용도 없다.

그런데 울산김(金)씨, 학성이(李)씨, 울산박(朴)씨를 포함해 울산 인물은 없다. 향교 대성전에 모셔진 동방 18현인 중 한 분인 울산김씨 하서(河西) 김인후(金麟厚, 1510~1560) 선생도 들어 있지 않다. 울산에서 비교적 훌륭하게 목민관을 지냈다고 평가되는 울산도호부사 권상일과 윤지태, 언양현감 김천상도 없다. 실제 그들 중 청렴한 관리가 없었을까? 믿기 어렵다. 사헌부, 사간원에서 추천해서 의정부를 거쳐 왕이 결정하는 과정에서 기준 적용과 사심이 작동한 것은 아닐까? 역시 탐오와는 거리가 먼 여러 위인들도 이름을 올리지 못한 사례가 많은 것을 보면 청백리 자체는 정말로 좁은 문이었던 듯하다. 울산에서 경상좌병영 병마평사를 지낸 김종직이 청백리로 되어 있어 그나마 위안을 삼는다.

하지만 여기서 생각해 봐야 할 것은 조선 사대부 관료체제는 고을 아전들의 가렴주구를 철저히 비난했지만 그들의 생계를 보장해 주거나 그나마 상대적으로 더 공정하고 깨끗한 아전들에게 영예를 주는 정책은 펴지 않았다. 왜 그랬을까? 일부 고을의 수령들이 전업으로 열심히 일하는 향리들에게 녹봉을 주는 관례를 만든 사례는 있다. 성호(星湖) 이익(李瀷) 선생도 이러한 상황에 대해 유감을 표했다.

> 요즈음 시대에 염리(廉吏)를 선출하는 예가 있는데, 모두가 지위가 높거나 죽은 이에게만 해당되고, 지위가 낮은 관리들은 비록 빙벽(氷蘗) 같은 조행이 있어도 참여하지 못한다. 이러고서야 장차 어떻게 세속을 권장하겠는가? 국가가 만약 장려하려 할진대 모름지기 지위가 낮은 관리들의 염결(廉潔)한 자를 가려서, 벼슬에 있는 자에게는 봉록을 더하고, 이미 물러간 이에게는 녹식(祿食)을 계속하고, 죽은 뒤에는 그 아들에게 녹을 붙여 주어 국가의 은혜가 영원함을 알게 하면 사람들은 자중할 줄 알 것이며, 서민들은 그 덕을 힘입게 될 것이다.(『성호사설』 제7권, 인사문(人事門), 염리(廉吏))

앞의 책에서 조성린은 "당시의 청백리 기준은 부정을 할 수 있는 자리에 있으면서도 부정을 저지르지 않고 일부러 재산을 늘리려고 애쓰지 않고 녹봉 외에 당시의 관습에 크게 벗어나지 않는 범위 정도에서 남이 주는 것은 받거나 아니면 글을 가르치는 등 소위 부업을 하여 생계를 유지한 사람이 아니었나 싶다"라고 평한다. 100% 공감이 가며, 지금도 그 기준만 지켜도 양호한 편일 듯하다. 그러나 관습은 많이 변했고, 부업을 안 해도 될 정도로 녹봉이 박하지 않다. 청탁금지법과 행동강령은 과거의 관행을 허용하지 않는다. 옛날 관리처럼 하다가는 모두 쇠고랑을 찬다. 불편하지만 오히려 지금이 좋은 세상이다.

책으로 본 울산 청렴인물

조선시대 목민관 등 선비들을 중심으로 그들의 업적들과 성향을 엿볼 수 있는 서적들이 속속 소개되고 있다. 중요 자료들은 한국국학진흥원, 울산문화원연합회, 울산대학교에서 번역을 하여 일반에 공개하였다. 『송호유집』, 『부북일기』, 『울산부선생안』 등은 시 지정문화재가 되어 울산박물관에 전시·보관되어 있다. 울산기록유산이라 할 만한 것들이다.

〈울산기록유산〉

송호유집(류정 著/안정 譯)	對	부북일기(박계숙·박치문 著/우인수 譯)
학성지(권상일·박망구·이원당 著/성범중 譯)	對	헌산지(김천상·서석린 著/변주승 譯)
청대일기(권상일)	對	함안군총쇄록(오횡묵 著)
울산부선생안(이종서 譯)	對	언양현선생안(김천상·서석린 著/변주승 譯)
울산향교지(울산향교지편찬위원회)	對	언양향교지(언양향교지편찬위원회)
구강서원지(구강서원복원추진회)	對	반구서원지(한글판)(반구서원지편찬위원회)
국역 울산지리지(울산문화원연합회, 성범중 등 譯)	對	통합 울산선생안(울산학연구센터, 박채은)

특히 이 중에 『학성지』, 『헌산지』의 경우 울산의 지역인물과 거쳐 간 주요 관리를 소개하고 있다. 『울산부선생안』은 모든 울산도호부 부사들의 간략한 업적까지 소개해 주고 있다. 『헌산지』의 「현선생안」에는 업적에 대한 내용은 부족하지만 재임한 언양현감들의 이름과 근무 기간을 기록해 놓고 있다. 우수한 목민관이라는 평가를 할 수 있을 만큼 기록과 유물이 남아 있는 분들이 몇몇 있다. 하지만 남아 있는 기록만이 그들에 대한 객관적인 평가는 될 수 없다.

권상일 울산도호부사(1734~1738): 『학성지』, 『청대일기』를 남겼다. 문경에 농청대가 있다.

윤지태 울산도호부사(1742~1744): 태화강 치수와 관개에 역점을 쏟았다. 동헌에 영세불망비가 있다.

김천상 언양현감(1756~1758): 『헌산지』를 남겼다. 언양읍사무소에 영세불망비가 있다.

윤병관 언양현감(1887~1888): 울산박물관에 '만인산'이 있다. '청덕선정영세불망(淸德善政永世不忘)'이란 문구가 있다.

『청대일기』는 『학성지』를 편찬한 권상일 부사의 평생의 일기이다. 울산도호부사 재임기간(1734~1738)의 업무와 일상이 생생하게 기록되어 있어 당시 자신과 그를 돕던 향리의 생각과 행동을 엿볼 수 있어 매우 중요한 자료이다. 『함안군총쇄록』은 함안군 오횡묵 군수가 울산을 잠시 방문해 고종의 특임(징세)을 처리한 내용과 둘러본 경치, 향리와 백성들의 말과 행동을 기록한 일기체 기록이다. 울산과 관련한 부분은 분량이 많지 않지만 그래도 의미가 크다. 『송호유집』은 임란 의병장 류정(1537~1597)과 그의 조카, 손자가 이어 쓴 난중일기이다. 전쟁 기록과 함께 환란 속에서 나라를 위해 분전한 선비들의 충의와 효 사상, 각오와 활약을 생동감 있게 살펴볼 수 있는 귀중한 자료이다.

<청대일기>

1736년(영조 12) 2월 18일 언양 번고(反庫)에 관한 일로 일찍 길을 나섰다. 감영에서 경주 부윤에 겸임관으로 차임되었으므로 창고를 봉하라고 하였다. 언양에 당도하니 오석종 현감이 나와 맞이하였다. 회령 사람인데 고향이 멀어 상선을 통해 집안 편지를 받아 본다 한다. 번고 문서를 써서 보고한 뒤에 곧바로 떠났다.

3월 1일 새벽닭이 운 뒤에 객사로 가서 망하례(望賀禮)를 거행하고 향교로 가서 대성전에 참배하였다.

4월 8일 동헌 뜰 동쪽 백일홍 아래에 구덩이를 파고 향청 연못의 연꽃 예닐곱 뿌리를 옮겨 심고, 연못가에는 국화, 대나무, 수양버들을 심었다.

〈함안군총쇄록〉

1892년(고종 29) 3월 15일 경상어사 김사철이 나의 치적과 평판을 적고 비석을 세움에 미쳐서는 민간 폐단을 우려한다고 장계를 올렸다는 소식을 들었다. 대저 어사의 장계를 지은 원인은 모두 알고 있는 바인데도 그 나를 좋아하지 않는 자의 구실이 될 수가 있는 것은 혹 괴이할 것이 없지만 비석을 세운다는 말은 처음부터 그런 일도 없는데 사람들의 입에 오르니 인심이 함정에 밀쳐 넣는데 교묘함이여! 아 그래도 심하다. 또한 가소로울 뿐이다.

청명하고 백화가 난만한 날 만하정(挽河亭, 울산도호부의 장대)에 가니 삼산과 이수가 마침 그 앞에 있었다. 숙여 보니 바다가 보이는 곳이 오직 여기일 뿐이다. 관광으로 명성이 있는 곳을 물으니 기녀들과 좌수가 증성산, 반구정, 백양사, 문수암, 우불산, 초천, 서생진, 동면 목장 등이 있단다.

내가 말하기를 "참으로 웅부(雄府)이다. 그러나 일은 크고 기일은 임박하여 틈을 낼 수가 없구나. 또한 민정(民情)을 알지 못할까 두려우니 한가히 볼 마음이 없었다. 그대의 말을 듣고 경내의 형승을 갖추어 알게 되었으니 '누워서 산수를 유람한 자'라고 말할 만하다" 하였다.

유적으로 돌아본 선비문화

올해 한국의 서원 9곳이 세계문화유산에 등재되었다. 지난해 한국의

7개 산사가 한국의 산지승원이라는 이름으로 세계문화유산에 지정된 데 이어 유교문화유산이 세계적으로 가치를 인정받은 것이다. 아쉽게도 울산에는 사액을 받은 구강서원 등 여러 서원들이 있었지만 1864년 흥선대원군의 철폐령으로 모든 곳들이 폐철되었다. 대부분 현대에 와서야 그 자리에 혹은 자리를 옮겨 복원되었다. 그러나 그 아름다움과 의미는 다른 지역의 남아 있는 서원이나 지금은 사라진 그 옛날 울산의 유적들에 못지않다.

특히 태화강 100리 길과 회야강, 동천강 수변을 따라 수많은 유교 선비문화 유적들이 있다. 물론 울산은 큰 고을이라 관아가 많았고 그곳 동헌에도 선조들의 생각들을 담았던 것은 틀림없다. 경상좌병영의 체오헌(掣鰲軒)과 진해루(鎭海樓), 개운포 경상좌수영의 제승정(制勝亭)과 체오정(掣鼇亭), 울산도호부의 반학헌(伴鶴軒)과 가학루(駕鶴樓), 언양현의 평근당(平近堂)과 영화루(映花樓), 울산목장의 학남루(鶴南樓)와 주홀정(拄笏亭) 등이 대표적이다. 하지만 관아는 지방통치의 현장이었겠지만 지역의 전통을 담기에는 한계가 있었을 것이다. 관아가 하도 많아서 백성들이 조세와 부역에 시달렸다는 증언이 곳곳에 있다. 조선 말기에는 민란까지 수차례 일어났다. 그런 상황이니 향교와 서원, 사우(祠宇)와 재실, 자연 속의 누각과 정자 등에 기억하고 싶은 낭만적인 지역문화가 더 많이 남아 있다.

이 건물들에 걸린 편액과 기문들을 통해 나라와 고장, 학문과 백성에 대한 사랑 그리고 개인의 수신을 위한 다짐들을 엿볼 수 있다. 그야말로 '수제치평(修齊治平) 반, 음풍농월(吟風弄月) 반' 하며 뜻을 다지고 때로 즐기던 곳들이다. 과거엔 건물의 성격이 확실히 분리되었던 것 같은데, 복원되는 과정에서 후손들의 편의상 실질적으로는 집안의 사우이면서 이름은 정자나 서원으로 하는 경우가 자주 보인다. 지금까지 눈에 띈 유적들을 유형별로, 최초 조성된 시기 순서로 약사를 소개해 본다. 그러나 시의 공식자료가 아니라 오류가 있을 수 있다. 성범중, 『한시속의 울산산책(2010)』과 대곡박물관, 『태화강 100리 길에서 만난 울산역사(2019)』가 많은 도움을 주었다. 울주문화원 부설 울주향토사연구소가 2011년 언양읍편부터 2020년 서생면편까지 『울주원사정재(蔚州院祠亭齋)』를 집대성했다. 마을마다의 원사정재를 모두 기록한 매우 방대한 내용이다. 이 글에서는 반영하지 못했다.

〈향교·서원·사우·재실〉

① **[치산서원(鵄山書院)]** 당초 신라 신모사(神母祠). 1745년(영조 21) 재건립하여 박제상(영해) 배향. 1991년 복원. 2008년 박제상 유적지 조성. 만화리 소재

② **[은월사(隱月祠)]** 조성시기 미상. 김유신(김해) 조부와 부친 배향. 1906년 사당 재건, 1989년 복원. 신정동 소재

③ **[요도사(蓼島社)]** 조성시기 미상. 동신(洞神) 사당. 정몽주 유배지설이 있으나 이설(상북 천전리) 있음. 어음리 소재

④ **[언양향교(彦陽鄕校)]** 15세기 창건 추정. 반월산→화장산→교동 이건, 1696년(숙종 22). 교동리 소재

⑤ **[울산향교(蔚山鄕校)]** 15세기 창건 추정. 1652년(효종 3) 교동 이전. 교동 소재

⑥ **[구강서원(鷗江書院)]** 1678년(숙종 4) 창건. 정몽주(영일), 이언적(여주) 배향. 숙종 20년 사액. 2003년 복원 이건. 반구동 소재(장무공원)

⑦ **[반구서원(盤龜書院)]** 1712년(숙종 38) 반고(槃皐)서원. 삼현(정몽주, 이언적, 정구) 배향. 1965년 이전. 대곡리 소재

⑧ **[석계서원(石溪書院)]** 당초 1737년(영조 13) 용연사(龍淵祠). 충숙공 이예(학성) 배향. 1782년 이전. 석천리 소재

⑨ **[태화서원(太和書院)]** 당초 1797년(정조 21) 객사 앞 도총소. 1951년 서원으로 건립, 이알평·거명·항복(경주) 배향. 2019년 학성공원 아래로 이건. 학성동 소재

⑩ **[자암서원(紫岩書院)]** 1804년(순조 4) 건립. 차원부·운혁(연암) 배향. 회야댐 부지 내 존속. 통천리 소재

⑪ **[표절사(表節祠)]** 1811년(순조 11) 조성. 병자호란 전사 정대업(동래) 장군 배향. 향산리 소재

⑫ **[충효사(忠孝祠)]** 당초 1840년(현종 6) 반곡사. 왜란 박언복·인립 부자(밀양) 배향. 1986년 중건. 길천리 소재

⑬ **[난곡서원(蘭谷書院)]** 1848년(헌종 14) 다운동. 송시열 등 배향. 1868년(고종 5) 서원 철폐 후 미 복원

⑭ **[학산서원(鶴山書院)]** 1851년(철종 31) 창건. 흥려백 박윤웅(울산) 등 배향. 태화동 소재

⑮ **[충의사(忠義祠)]** 2000년(심완구 시장) 건립. 선무원종공신 및 의사 242위 배향. 학성동 소재(장무공원)

⑯ **[용연서원(龍淵書院)]** 석계서원 전신 용연사터에 2001년(학성이씨 월진문회) 서원 복원. 신정동 소재(이휴정 옆)

⑰ **[갈현재(葛峴齋)]** 청송심씨(靑松沈氏) 재실. 야음동 소재

⑱ **[수약재(水若齋)]** 전주유씨(全州柳氏) 재실. 시례동 소재

〈누각과 정자〉

① **[태화루(太和樓)]** 643년(선덕 12) 자장율사 태화사 창건, 태화루는 당초 태화사 종루. 임란 때 소실. 2014년 복원. 정포 울주팔영의 하나. 태화

동 소재

② **[평원각(平遠閣)]** 건립 및 소실 시기 미상. 정포 울주팔영의 하나. 태화강변 태화루 인근 추정

③ **[벽파정(碧波亭)]** 건립 및 소실 시기 미상. 정포 울주팔영의 하나. 태화강 하류 외오산(삼산 비행장 부근) 인근 추정

④ **[만회정(晚悔亭)]** 박취문(1617~1690) 건립. 2011년 복원. 관어대·학·자라 석각. 태화강변 내오산

⑤ **[이휴정(二休亭)]** 1662년(현종 3) 이동영 조성. 1662년 이미정(二美亭), 1666년 이휴정(二休亭). 신정동 소재

⑥ **[집청정(集淸亭)]** 1713년(숙종 39). 운암 최신기 건립. 1932년 중건. 집청정 시집. 대곡리 소재

⑦ **[관서정(觀逝亭)]** 김덕준 건립. 부친 김경(1683~1747) 추모. 정조 때 소실, 1959년 복원, 2016년 멸실. 사연리

⑧ **[백련정(白蓮亭)]** 1784년(정조 8). 도와 최남복 건립. 대곡댐 수몰. 초락당 한의원 이건. 봉계리 소재

⑨ **[용암정(龍巖亭)]** 당초 이정인 부사 1797년 입암정 조성. 1940년 복원. 구영리 소재(선바위)

⑩ **[작천정(酌川亭)]** 1902년. 최시명 언양군수. 헌산시사 135명 명단, 200여 명의 석각. 2005년 중수. 교동리 소재

⑪ **[모은정(慕隱亭)]** 1922년. 이정혁(1871~1952, 청안 이씨) 조성. 대곡리 소재(반구서원 뒤편)

⑫ **[만풍정(晚楓亭)]** 최초 조성시기 미상. 문화 류씨 좌상공파 참판공문회. 1960년 복원. 최근 이전 중건. 양정동 소재

생각해 보면 울산의 선진들은 대성전에 모셔질 만큼의 명현거유(名賢巨儒)들은 아니었지만 수신제가치국평천하(修身齊家治國平天下)를 위해 치열하게 살다 간 분들이다. 후손들은 그들의 생각과 인생 이야기를

잊지 않기 위해 정성 들여 기리고 있다. 황희와 류성룡, 이황과 이이와 같이 다른 사람들의 명망을 가릴 만큼 특출한 관리나 유학자가 없었기 때문에 지역 안팎의 여러 가문의 선비들과 열사들이 모두 고르게 조명을 받을 수 있는 것이 오히려 좋은 일인 듯하다.

서부의 장엄한 낙동정맥과 동부의 풍요로운 이수삼산이 유적들을 품으면서 곳곳에 음풍농월하던 자취들이 남고 귀한 작품들이 함께 전한다. 이런 모든 요소들이 현재 울산문화의 다양성을 넓히고 품격을 높여주고 있다. 유적들의 멸실과 폐쇄, 이건과 복원의 과정을 지켜보면 부인할 수 없는 한 가지 진실과 마주하게 된다. 후진들이 선진들을 기억하며 기념할 곳을 정성 들여 마련하고 또한 지속적으로 그 유적을 가꾸지 않는다면 선진들에 대한 기억과 그들의 흔적은 사실이 아닌 전설로 남게 된다는 사실이다. 그야말로 만취(晚翠) 오인선(吳寅善)이 「작천정기」에서 "아름다운 것은 계곡과 정자가 아니라 이를 지키고 가꾸며 아름답게 보는 사람의 마음이다"라는 구절의 참뜻을 다시 한번 생각나게 한다.

애석하게도 1868년 이후 흥선대원군의 서원철폐로 울산에서 살아남은 서원은 없었다. 당시 실제로 서원과 사당이 너무 많아 국고를 가로챘는지, 백성들을 착취했는지 모를 일이다. 백성들의 원망이 많았다면 과거 급제자가 너무 귀하다 보니 사족들이 교육에 한이 맺혀서 서원을 많이 운영한 것이 아닐지 모르겠다. 곳간에서 인심이 나는 것인가? 다행히 최근 들어 울산은 100년 동안의 고독과 고난을 극복하고 풍요로운 곳으로 다시 태어나면서 후손들이 십시일반으로 성금을 모아

서원과 사당을 복원할 수 있는 여유를 갖게 되었다. 관에서도 민의 뜻을 받들어 구강서원이나 충의사, 작천정과 태화루 등 범시민적으로 힘을 모아 설치하거나 되살려야 하는 유적들을 갖추었다. 과거 서원과 사당, 누정들의 공과는 일단 논할 필요가 없는 시대가 된 것이다. 이제는 다른 도시에 비해 뒤지지 않을 만큼, 선조들에게 부끄럽지 않을 만큼 정비된 느낌이다.

 물론 후손들이 선조를 기억할 수 있는 가장 효과적인 방법은 기억되고 싶은 사람들이 스스로 공적을 쌓고 기록을 남기는 것인 듯하다. 임란의사 류정의 『송호유집』, 무관 박계숙·박취문의 『부북일기』, 문관 권상일의 『청대일기』 등이 그 예이다. 지역을 더욱 발전시키고 울산 이야기를 세상에, 후세에 들려주는 데 게으를 수 없는 이유다.

 또 하나 명심할 점은 유적들에 얽힌 사연들을 살펴보면 예전부터 울산은 열린 지역이라는 것을 발견할 수 있다는 점이다. 서로 다른 성씨와 본관, 문파 출신의 인물들이 서로 협력해 활동하며 지역을 발전시키고 외세로부터 지키느라 피땀을 흘렸다. 대표적으로 유배를 왔던 포은 정몽주를 숭모하며 조선이 끝날 때까지 사상과 문학의 멘토로 섬겼다. 울산을 사랑했던 문경 출신 권상일 부사를 믿고 『학성지』 저술을 뒷받침했다. 학성이씨 월진파 이동영은 영천 출신 밀양박씨 박창우를 전입시키고 환대하며 지역 유풍을 진작시켰다. 박창우는 송정파의 울산 입향조가 되었고, 박상진 의사가 그의 후손이다. 또한 왜란을 거치며 전국에서 달려온 관군과 의병들이 기박산성과 도산성전투에서 활약하고 또 전사를 했는데, 울산은 이들을 충의사에 모셨다.

계속되는 보물찾기

『송호유집』은 비교적 최근인 2017년 울산광역시 유형문화재 제37호로 지정되었다. 임란 선무원종3등공신 임란의병장 '류정(柳汀)' 선생의 난중일기인데, 그야말로 지역 학계와 후손들로서는 보물을 찾은 셈이다. 그중 재미있는 대목이 한 장면 나온다. 1597년 겨울 도산성전투를 앞두고 도원수 권율 장군 휘하의 김응서(金應瑞) 장군이 경상좌도 의병장들인 용양(龍驤) 일곱 의사에게 감격하여 노래를 읊었다고 기록되어 있다. 이 시를 들어 보고 의병장들은 "마음은 팔공산처럼 맑고 기개는 태화강처럼 늠름하구나(心淸八公 氣凜太和)"라는 평을 하였다고 한다.

팔공산 머리 초목에 부는 바람 표표하고 열렬하도다.
울듯이 하소연하듯이 칼을 안은 충정이여
태화강에 오열하는 물 도도히 출렁이며 흘러가도다.
장사의 흉중에서 나오는 격렬한 충정이여
열렬한 바람과 출렁이는 물처럼 만고토록 길이 울어 공이 없어지지 않으리라.

八公頭草木風 飄飄乎烈烈乎.
如泣如訴抱劒忠,
太和江嗚咽水 滔滔乎洋洋乎.
激出壯士胸中,
烈烈風洋洋水 萬古長鳴不泯功.

무인이 전장에서 다듬지 않고 지은 짧은 시라서 품격이야 얼마나 높겠는가만 시에 담은 뜻은 진심같이 느껴진다. 깨끗한 물과 때에 맞춰

부는 세찬 바람! 선비들의 청렴한 마음과 의사들의 늠름한 기상! 팔공산 자락의 은은한 묵향과 태화강 강변의 호쾌한 함성! 결코 다른 것이 아니다. 나라를 구하고 백성을 살리는 두 축이었다. 백성의 물건을 훔치면서 나라를 지킬 수는 없다. 백성들도 마음으로부터 따르고 싶은 사람들을 따라 스스로 의병장을 택해서 창의 의병이 되었다.

 수제치평(修齊治平)과 음풍농월(吟風弄月)을 위한 공간! 헐벗고 굶주리던 시대에는 결코 충분해서는 안 될 존재였다. 울산에서는 한 번도 넘치게 갖춘 적이 없었다. 산업수도가 된 오늘날에야 한풀이를 하며 필요한 만큼 갖춰 가고 있다. 그런데 낭만을 즐기며 음풍농월하지 않는 사람들이 물질에 대한 마음을 깨끗이 비우고 청렴할 수 있을까? 수제치평과 음풍농월을 위한 공간도 청렴한 사람들을 위한 공간이지 않았을까? 최소한의 건축을 위한 자금 모금, 투명한 건축 진행 그리고 품격 있는 편액과 기문 제작은 가급적 학문이 뛰어나고 청렴한 사람에게 맡기는 것이 관례였다. 눈에 보이는 선비문화 유적 이면에는 보이지 않는 청렴한 선진들이 있었던 것이다. 사실 청렴하고 실력 있는 관리와 선비는 어디에나 있지 않았을까? 스스로 기록하지 않고 누군가가 기록하지 않았을 뿐이다. 지금의 우리는 부족한 자료 속에서 보물찾기를 해야 한다.

 그 동안 많은 청렴하고 충의로운 선진들이 있었고 지역에서 연구를 하며 숭모 사업들을 해 왔지만 아직까지 더 깊이 살펴보고 널리 알려 가야 할 인물들이 계속 생겨나고 있다. 울산대 이종서 교수가 조명하고 있는 학성이씨 '청량파' 이하연(李夏淵, 1677~1742)의 학문 성향과 행실도 그중 하나가 아닐까 한다. 양반스럽지 않은 한 성리학자의 가문과 생애라고 하는데, 지역 가까이에서 우리가 실제 보지 않고도 우러러볼 수 있는 행적을 남겼다고 할 수 있겠다. 아쉽다면 직접 저술한 제대로 된 문집과 일기라기보다, 후손이 행장과 실기를 남겨 전하는 데 그치고 있다는 것이다.

맹인 등 장애인을 제자로 두고 토속신앙을 존중한 행적으로 보면 이탁오(李卓吾)라고도 불리는 중국 명나라 이지(李贄, 1527~1602)와 비슷한 부분이 많다고 하겠다. 이지는 주자학을 비판하고, 기존 양명학과 색깔을 달리한 저술과 행적을 남겼다. 결국 살아서는 관계와 주류 학계의 비판을 받았으며 결국 자결할 수밖에 없는 처지로 내몰렸다. 그러나 여성을 제자로 두고 가르침을 주었으며 이슬람 사상을 끌어안는 등 열린 학문을 함으로써 우리 실학자들에게는 큰 영향을 준 인물이었다. 앞으로 이하연이 울산의 이탁오 선생으로 평가받을 수 있었으면 좋겠다.

그들이 본 도산성전투

정유재란 최대의 육상전투가 울산에서 벌어졌다. 지금의 학성공원(울산왜성)에서 일어난 도산성전투이다. 『조선왕조실록』을 검색해 보면 울산 관련 기사의 1/3 정도가 임진왜란에 집중되어 있고, 이 중 1/3이 도산성전투 기간의 기사이다. 특히 대부분이 이때의 사건에 관한 이야기이다. 이때 유성룡, 이덕형, 권율, 김응서, 선거이, 이운룡, 김태허, 김충선 등 정유재란 당시 한국사에 이름을 남긴 쟁쟁한 인물들이 울산에 총출동했다. 명나라에서는 양호, 마귀, 파새, 모국기, 오유충 등 경험 많은 장수들이 대거 참전했다. 일본에서는 가토오 기요마사, 아사노 나가마사, 모리 히데모토, 나베시마 나오시게 등이 수비를 했다.

1차 도산성전투는 명나라 양호 장군과 조선 권율 장군이 연합하여 겨울(음력 1597.12.22.~1598.1.4.) 공성전을 벌였고, 2차는 명나라 마귀 장군과 조선 김응서 장군이 연합하여 다음 가을(음력 1598.9.22.~9.25.)에 싸웠다. 이 전투는 수적으로 압도했던 조명연합군이 끝내 함락에 실패한 전투였다. 조·명 연합군 5만여 명, 일본군 1만여 군사가 대치한 1차 전투 마지막에는 일본이 도산성 안에서 녹아내릴 정도로 피를 말리며 버티다가 절묘한 시점에 영남 각지에서 달려온 일본의 1만여 지원군들이 협공을 하는 바람에 연합군이 후퇴를 하는 과정에서 수천 명의 사상자를 냈다. 관군은 물론 영남의 의병들이 총 연합하여 치른 전투라 훗날 울산이 도호부로 승격하는 포상이 주어지기는 했지만 전방과 후방 모두에서 치른 희생이 그만큼 컸다.

 울산 도산성전투에 대해서는 누가 승리를 했고, 누가 패배를 했는가 하는 평가와 함께 그 역사적 의의를 둘러싸고 의견이 분분하다. 국내외 전문가는 물론 지역에서도 학술대회를 열며 계속적으로 조명하고 있는 상황이다. 이에 대해 몇몇 국내외 역사가들의 직·간접적인 평가를 소개해 보고자 한다.

 김시덕은 2012년 『그들이 본 임진왜란』을 냈다. 이 책은 일본은 자신들이 도산성전투에서 승리를 했다고 평가한다고 전했다. 곧 그들은 임진왜란, 정유재란을 분로쿠(文禄)·게이초(慶長)의 역(役)이라고 부르는데, 일본은 이때의 3대첩으로 1593년 벽제관(고양) 전투, 1597년 울산(도산성) 전투, 1598년 사천(선진성) 전투를 꼽는다는 것이다.

 중국의 입장은 어떨까? 『그들이 본 임진왜란』과 비슷한 시기에 지금은 중국의 베스트셀러 작가가 된 마보용(马伯庸)이 왜란을 연구한 작품을 공개했다. 『제국 최후의 영요(帝国最后的荣耀)』이다. 그는 이 작품에서 도산성전투를 울산혈전으로 표현하며 총 23장 중에서 2장을 할애하여 자세히 묘사하였다. 결론은 승리자가 없는 전투라고 평가했다. 아쉽게도 이 책은 중국에서 흥행에 실패한 듯하고 우리나라에는 번역조차 되지 않았다. 한편 중국의 한 전쟁다큐 매체에서 3D 애니메이션 20분 정도의 분량으로 울산전쟁을 그려 놓아 매우 흥미롭다. 유튜브(Youtube)에는 「전면전쟁다큐멘터리: 울산전투(全面战争纪录片 : 蔚山之战)」라는 제목으로 올라와 있다.

〈제국 최후의 영요〉(일부)

(서문) 명조 만력 20년에 발생한 임진전쟁은 중국사상 한인 황조 최후의 해외 파병이다. 대명의 명장들과 철기병들이 일본 전국시기 맹장들과 조선전장에서 창칼을 겨루었다. 이 전쟁은 사람들에 의해 경시되거나 왜곡된 점이 있는데 거의 400년 동안 국제전쟁이었다는 진상이 숨겨져 왔다. 임진전쟁은 일본이 아시아 패권을 노린 전쟁으로서 이후 300년 동안 국제 정치와 전략구조에 실로 엄청난 영향을 미친 대전이었다.

이 작품은 한중일 삼국 칠년 전쟁사의 역사 저서와 작자가 4년간 채집한 한국과 일본 소장 300만여 자에 달하는 사료를 새롭게 고증했다. 그중에는 국내에 발표되지 않은 자료와 서적들이 다량 있는데 명조 만력 년간 칠년의 '원조평왜지전(援朝平倭之战)'을 완전하게 재현하고 있다. 이 자료들은 시간의 안개에 가려지고 사람들이 왜곡한 역사의 진상을 싣고 있다.

(울산전쟁 결론) 당연히 전쟁의 승패는 손실 숫자만 가지고는 판단할 수 없다. 명군 입장에서는 일차적으로 철저히 실패했다. 그들은 일군의 방어체계를 깨뜨리지 못했다. 반대로 명군 주력이 붕괴했다. 손실물자는 매우 컸다. 반년 정도를 쉰 후 다시 공격을 개시했다. 일본 입장에서는 비참한 승리였다. 도산성을 지키기 위해 일본군은 제1군단을 대부분 잃었다. 이로써 진공 능력을 철저히 상실하게 되었다. 이후로 일본군은 굳은 의지라고는 한 점도 남김없이 없어졌다. 단지 일본으로 가급적 빨리 철군하고 싶은 마음만 남았다. 그래서 울산전쟁은 승리자가 없는 전쟁이다.

임진왜란에 대해서는 영미권의 관심도 제법 있는 듯하다. 캐나다 작가 사무엘 하울리(Samuel Hawley)는 2005년 「임진왜란(The Imjin War)」을 써서 발표했고 최근에는 유튜브에 영상들을 제작해 올렸다. 한국에서 나서 자라고, 일을 한 경험이 있기 때문에 서양의 관점을 순수하게 갖지는 못했겠지만 그래도 한중일 사이에서 나름 객관성을 유지할 수는 있었을 것이다. 그는 일단 임진왜란을 일본이 중국을 정복하기 위해 한국을 침공한 전쟁으로 규정하고 있다. 도산성전투에 대해서는 "일본군에게는 가장 참혹한 전투였다. 이미 땅 끝 한곳을 차지하고 유지하기에도 벅찬 상태였음을 말해 주었다. 가토오 기요마사는 이겼지만 또 패배했다"라고 평가하고 있다. 그의 유튜브 채널에 「임진왜란-제22화: 도산성 전투, 히데요시의 죽음(The Imjin War-episode 22: Battle of Tosan, Death of Hodeyoshi)」이라는 영상이 있다.

앞서 영국 해군에 몸담고 있던 발라드(G. A. Ballard, 1862~1948) 제독은 일본의 해전사를 연구하며, 그들의 시각으로 이순신 장군을 재조명한 바 있다. 1921년 발표한 「일본 정치사에서의 바다의 영향(The Influence of the Sea on the Political History of Japan)」이다. 하지만 이 논문은 본질적으로 지일(知日) 또는 친일(親日)적이다. 일본이 여몽연합군을 이긴 것은 태풍 덕이었는데, 이후 조선의 이순신과 미국의 페리에게는 패하고 말았다. 패배를 교훈 삼아 해군을 일으켜 청일전쟁과 러일전쟁에서 승리해 결국 강대국이 되었다는 스토리이다. 우리에게는 그다지 알려져 있지 않다.

도산성전투에 대한 해외의 관심에 비해 울산의 우리는 얼마나 알고 있을까? 그동안 산업과 환경에 역량을 집중하느라 역사를 되돌아보는 노력은 부족했을 것이다. 하지만 조금만 찾아보면 이미 앞서 매우 디테일한 내용까지 연구를 진행한 성과들을 볼 수 있다. 특히 이유수 선생은 『울산향토사연구논총』에 「임진·정유왜란사(壬辰丁酉倭亂史), 한자 삭제」를 2장에 걸쳐 남겼다. 임진왜란과 정유재란 전쟁 전개과정 대신 울산에서의 전황과 전투과정을 자세하게 연구했다. 선생은 도산성전투의 승패에 있어서는 "중국인들 특유의 여유에 찬 싸움수법이 도산성전투 승리를 눈앞에 두고 놓쳐 버린 천추의 한을 남겼다"라고 결론지었다. 패배라는 직접적인 표현은 하지 않았지만 승리를 하지 못했다는 여운을 남긴 것이다. 이유수 선생 이후 많은 전문연구가 있었고, 관련 문화재발굴조사가 진행되었다. 그 결과 임진정유왜란사와 도산성전투에 대한 역사적 사실 검증과 재평가가 있을 수는 있으나 큰 틀에서는 이유수 선생이 가장 쉽게 핵심을 말한 것으로 판단된다. 참고로 선생의 정리를 요약해 소개한다.

> 참고

이유수 울산향토사연구논총(도산성전투)

十三. 울산의 임진·정유왜란사(壬辰丁酉倭亂史)

25. 도산성(島山城) 전투

1596년 3월 왜의 14만 대군이 상륙하여 동래, 기장, 울산을 점령하며 정유재란 시작됨. 1597년 7월 적은 칠천량해전을 이기고 전라도까지 갔으나 연합군 반격으로 후퇴. 가토오 기요마사는 영주, 경주를 거쳐 선조 30년(1597) 10월 3일 서생포와 울산으로 후퇴

1) 도산성 축성

도산성은 가토오가 설계하고 부장 등 1만 6천 명이 오오다(太田一吉) 감독으로 축성. 성벽(長堤)은 길이 109칸(間) 25, 폭 7~8칸(間). 적은 축성을 하며 읍성과 병영성을 헐고 돌을 가져가 쌓음

제1본성은 높이 50m, 동서 100m, 남북 600m, 면적 1,209평 95

제2본성은 동서 10m, 남북 40m, 면적 400평 02

제3본성은 동서 40m, 남북 100m, 면적 599평 38

2) 1차 전투

① 피아의 병력

1597년 12월 21일 양호(楊鎬), 마귀(麻貴), 그리고 동정군(東征軍) 4만 여 군사가 문경새재를 넘어 경주까지 진출. 조선은 도원수 권율, 별장

김응서, 경상좌수사 이운룡, 울산군수 김태허 등 1만 명. 적군은 가토오 기요마사(加藤淸正), 아사노 나가마사(淺田長慶) 등 1만 명

② 언양싸움

동정군이 군을 갈라 한편은 언양에서 부산의 적에 대비하고, 한편은 아사노를 침

12월 22일 아사노의 5백 군사가 죽고 아사노는 겨우 도망쳐 가토오에게로 감

③ 공성

12월 23일 마귀 제독과 선봉장 파새(擺賽), 권율과 정기룡이 적군 460여 명을 유인·섬멸함. 아사노가 서생포에 상황을 보고하자 가토오는 부산에 원군을 청하고 울산성에 입성. (가토오가 입성한 날짜를 우리는 24일, 일본은 26일로 다르게 기록)

12월 24일 유격장 모국기(茅國器)의 절강(浙江) 정병 3천 명과 유격장 진인(陳寅)이 총공격. 서생포 원군이 배 20~30척을 타고 오후 2시경 성 밑으로 접근. 절강 부대가 저지해 성에 못 들고 염포에 투박함

12월 25일 화포와 화전을 주고받으며 서로 싸워 쌍방 간에 큰 사상자를 냄. 김응서는 일대를 데리고 성남쪽에 있는 급수로를 차단

12월 26일 이덕형의 제의로 우리 전 병력이 적성 밑으로 접근했으나 많은 사상자를 냄. 언양 주둔 명 오유충이 적을 도망가게 한 다음 매복해 치자고 했으나 양호가 반대함. 이때 일본 기록에 식량과 물이 떨어진 지 5일이나 되어 상하 모두 초췌하였다 함

12월 27일 비가 오는데 거짓 항복한 적이 있어 양호가 다시 항복을 권하며 돌려보냄. 김응서 별장은 물을 길으러 오는 적 100명을 매복해 생포함. 항왜인 능선(能善)이 급수하러 오는 적을 밤마다 불러내어 공을 세워 류성룡이 천거함

12월 28일 양호가 지쳐 이덕형에게 후일을 도모하자 했으나 접반사 이덕형이 반대함

12월 29일 비가 이어져 화전이 모두 실패하고 동상으로 손가락이 떨어

지는 병사도 발생

12월 30일 가토오가 샘을 팠으나 물이 안 나오고, 말의 피와 소변을 마시는 참변. 일본 자료에는 종이와 벽토, 우마(牛馬)를 먹고, 시체로 핏물이 든 성 밖의 못물을 마셨다고 함

1598년 1월 1일 왜군들이 울산의 급보를 받고 구원병을 이끌고 서생포성으로 모여듦

1월 2일 서생포와 부산포에서 온 왜군의 배가 염포 앞바다에 수백 척 집결. 서생포 모리 히데모토(毛利秀元)가 1만 3천 명을 이끌고 40리 하창(下倉, 청량)까지 북상

1월 3일 양호와 가토오가 회담하기로 했으나 가토오가 구원병을 믿고 나오지 않음. 양산의 구로다, 순천의 고니시, 부산의 우기다 등 일본 구원병이 울산으로 몰려옴

1월 4일 양호가 새벽에 총공격을 가했으나 실패하고, 해가 밝자 왜선 90여 척이 상륙함. 육지의 왜군이 우리 군을 배후에서 퇴로를 차단하려 하여 정세가 급변함. 밤에 양호, 권율, 우병사 정기룡이 경주로 퇴각하였으나 희생자가 많이 발생함. 전탄(箭灘, 성 동쪽의 살내, 동천과 태화강이 만나는 곳)을 지키던 절강 군사는 전멸함

④ 피아손실

연려실기, 이덕형의 보고, 류성룡의 기록, 일본 측 기록 모두 큰 차이가 있음. 적 구원군이 성중으로 들어가니 1만 명 대부분이 빈사상태이고 기백명만 버팀.

양호는 총독 형개(邢玠)와 승리로 허위보고했으나 명 정응태가 진상을 보고해 삭탈관직 됨. 1차 패전 원인은 적의 많은 구원병, 기후 불순과 추위, 공성준비 부족과 전략 실패임

3) 2차 전투

도요토미는 1차 전투 이후 도산성 재수를 명하고 가토오 1만 군사로 해

지키게 함

1598년 2월 좌병사 성윤문, 방어사 고언백 등이 성황당에 오가는 적을 공격함

9월 21일 총병 마귀가 부총병 해생(解生)과 함께 울산에 진을 침. 별장 김응서는 동래 온정(溫井)을 격파, 적의 부산~울산간 연락을 차단시킴. 제독 마귀는 약사동 평산 부평역(병영성 서편)에 병영을 설치하여 주둔

9월 22일 마귀는 2만을 이끌고 도산성을 공격해 적을 성에 몰아넣었으나 진입하지는 못함

9월 25일 마귀는 경주로 돌아가서 10월 6일 다시 영천으로 후퇴하고 말았음

11월 18일 도요토미의 죽음(8월 18일)을 알게 된 가토오는 도산성채를 불태우고 퇴각, 마귀는 성에 입성하고 추격

28. 전후의 처리

1) 창표당(蒼表堂) 건립

마귀는 왜적이 퇴각하자 추격해 서생포왜성, 임랑포 작곡성, 양산, 동래를 침. 마귀는 다음 해 1599년 10월 19일 서생포성에 입성하고 43명을 초청해 주연을 가짐

참가자들은 창표당안을 마련하고 초려(草廬) 네 칸을 세우고 창표당이라 함. 창표당 이름은 '상앙창황, 하표단충(上仰蒼皇, 下表丹忠: 위로는 황제를 우러르고, 아래로 충성을 표창함)'에서 따온 이름임. 이 창표당은 일제 때 허물어지고 지금은 터가 밭으로 변해 버렸음

2) 경주 포상 잔치

1599년 영남을 보고 온 안무어사(按撫御使) 이상신은 울산, 경주 의사들 공로 위로 건의. 12월 27일 왕이 관찰사 한준겸, 선유어사(宣諭御使) 윤휘에게 잔치를 지시

경주는 절충장군 황희안 등 215명, 울산은 절충장군 박봉수 등 165명

이 참석함. 이때 곽재우(절충장군守좌도병마절도사) 울산도호부사, 이시발 수(守)경주부윤 등이 참석

3) 도호부로의 승격
    울산의사들의 분전상이 조정에 비춰진 것은 여러 차례인데 선조실록에 기록됨
    영의정 류성룡이 안동에서 "경주와 울산 군사들의 수많은 전투에서의 노고가 다른 곳의 배가 되고도 남음이 있다(慶州蔚山之軍百戰之餘勞苦倍也)"라는 장계를 올림
    김태허 울산군수도 "밤낮으로 혈전을 벌여 적을 벤 것이 매우 많다(晝夜血戰斬級甚多)"라는 공로로 승진의 영전을 받은 것으로 기록
    선조 31년 12월 울산이 도호부로 승격하는 영예를 안음
    영조 25년 『학성지』는 박홍춘(박계숙의 부, 박취문 조부) 등의 공로라 함
    정조 10년 『울산부여지도신편읍지(蔚山府輿地圖新編邑誌)』에서는 "울산읍 사람들이 의병을 일으켜 싸워 적을 토벌한 전공이 가장 많다(邑人奮義討賊戰功最多)"라고 평가
    광해군 9년에 종3품 전임 도호부사를 두었는데 목사 다음가는 제4급 지방관이었음

4) 논공행상
    선조38년(1605) 선무공신, 호성공신, 정난(이몽학의 반란 평정)공신, 선무원종공신 확정
    선무원종공신은 전국적으로 9,060명에 달함(※ 울산 충의사에는 177위를 모심)

29. 맺는말

서생포왜성이 도적들의 본성(本城), 도산성은 지성(枝城)이라 서생포왜성에 창표당을 세움. 창표당을 세운 것은 날뛰던 도적들 기운을 짓눌러 압승하려는 깊은 배려. 도산성 옛 터에 충혼탑을 세웠음도 천만세에 적국의 기운을 압승하려는 것

일제하 없어진 창표당을 다시 세우고 도산성에 전적탑을 세워 의사들의 넋을 달래야. (창표당은 2016년 복원되었으며, 매년 임란 공신 추모 제례를 지냄)

十四. 속(續) 울산의 임진·정유왜란사(壬辰丁酉倭亂史)

1. 머리말

울산에서 임진왜란은 일시 점령당한 한성 등과 달라 7년 내내 대치상태에 있었음. 백성들의 희생이란 상상 이상으로 임란을 대하는 태도에 남다른 관심이 필요

2. 도산싸움

화의가 깨지자 도요토미는 다시 진격을 명령, 명(明)이 개입하면 자신이 나가겠다고 엄명. 가토오 기요마사, 나베시마 나오시게(鍋島直茂)가 바다를 건너 1597년 1월 13일 서생포성에 입성

인질과 할지를 요구하자 유정(惟政)이 3월 21일 서생포 담판을 했으나 피차 양보 없이 끝남. 왜적들은 남부 연해 각지에 축성을 하며 수비를 했는데 이는 영구지배 계략이었음

1) 축성공사
1597년 10월 중순부터 1만 6천 병력이 가혹한 돌관작업, 작업이 둔한 자

는 효수되기도 함. 새벽에 시작해 별을 보며 내려오는데 의병들이 공격해 죽이기도 해 비참하게 공사 진행

2) 또 하나 천추의 한
12월 3일 도산성으로 남하한 양호의 명군 44,800명과 권율의 조선군 12,500명이 대치함
12월 18일 이덕형은 항왜인 여여문(呂余文)에게 왜복을 입혀 울산성에 밀정으로 보냄
12월 19일 밀정은 도산성 약도와 아직 수비진이 미완성임을 보고
12월 23일 새벽 왜적은 방비가 되지 않은 사이 명군 파새의 기병 기습을 받아 130여 명이 죽음. 저녁에 조명 연합군이 도착, 건너편 고(古)학성산에 본영을 설치했는데 공격을 늦춰 실기함. 왜적의 수가 3천 명이라는 주장이 있는데, 실제 1만 명을 수용할 수 있는 면적인지 의문

3) 왜적의 구원군
1598년 1월 2일 구원병 편대가 갖춰지는데 죽도, 창녕, 양산, 남해 등 도합 1만 3천 명. 구원군은 1월 3일 도산성 남쪽 한 고지에 포진함

4) 후퇴 중에 입은 타격
1월 4일 아침 7시 왜선 90여 척과 왜의 구원군이 올라오자 양호와 마귀는 10시 철군을 명령
모리 히데모토(毛利秀元)의 유격장 깃카와 히로이에(吉川廣家)가 태화강 건너 명군 붕괴시킴
왜적이 20리를 추격하다 돌아와 입성하니 버려진 시체가 1만이 넘음(기록마다 숫자 다름)

3. 새로이 찾은 선무원종공신

종전까지 울산지방 선무원종공신은 81인. 경주 위로잔치에는 165인 참석. 당시 선무원종공신녹권에는 관향이 없어 동명이인이 많았음. 『학성금신록(鶴城衿紳錄)』에 공신의 대강을 간추려 전해 옴

광해1년(1609) 작성된 호적대장과 이후 호적대장에 선무원종공신이란 신분 표시. 그 결과 선무원종공신은 총 94인(일등 7인 / 이등 34인 / 삼등 53인). 그러나 이 호적대장들에도 일부 마을의 결장이 있는 등 불완전함

4. 항왜(降倭)의 정착

1597년 10월 포로가 된 후쿠다 간스케(福田勘介)는 "걸을 수 있는 자는 잡아가서 경작을 시키며, 일본 경작인은 병사로 삼아, 계속 침입해서 명나라로 간다"라는 작전방향을 자백

선조27년 왕명으로 항왜 살해를 금지하고 포로의 특기를 살리는 방향을 취하도록 조치. 전쟁이 장기화되고 식량이 부족해지자 투항하는 총수가 1만 명에 육박한다는 설도 있음

도산성에서 가토오와 우키다의 부하 오카모토 에치고(岡本越後), 다하라 시치자에몬(田原七左衛門)은 농성군에 항복을 권유

능선(能善)은 급수하러 온 왜인을 사로잡는 데 큰 공을 세움. 김응서 아래에서 단수작전에 공을 세운 사야카(沙也可)는 김충선(金忠善)임

광해 1년 호적대장을 보면 항왜인 11명이 범서, 청량, 온양, 웅촌 등에서 관직을 가지고 정착

5. 맺는말

중국인들 특유의 여유에 찬 싸움수법이 도산성전투 승리를 눈앞에 두고 놓쳐 버린 천추의 한을 남김

임진왜란 울산 3장사와 3대 의병장

 임진왜란 공신들 중에 이순신, 권율, 김시민 등 선무공신급은 아니더라도 전국적으로 인지도가 높은 인물들로는 임진 4충신이 있다. 바로 고경명, 김천일, 조헌 그리고 곽재우이다.

〈임진 4충신〉

고경명(髙敬命, 1533~1592): 호남
- 임진왜란 전 울산군수 역임
- 1591년 동래부사 사직 낙향
- 1차 금산전투 전사
- 선무원종공신 1등

김천일(金千鎰, 1537~1593): 호남
- 경상도 도사, 임실현감, 수원부사 등
- 2차 진주성전투 전사

조헌(趙憲, 1544~1592): 호서
- 1581년 공조좌랑, 1582년 보은현감
- 2차 금산전투 전사

곽재우(郭再祐, 1552~1617): 영남
- 34세 문과 합격 취소
- 정암진전투
- 경상좌도병마절도사 겸 울산부사
- 의령 출생, 창녕 사망, 달성 선산 묘소

그리고 경상도에는 1~2차 진주성 전투에서 크게 활약한 진주 3장사, 경상 3대 의병장이 유명하다. 일부 위인은 중복되어 거론되기도 한다. 진주성에 있는 창렬사에서 충무공 김시민 장군과 진주 3장사의 신위를 모시고 있다.

〈진주 3장사〉

경상우도 병마사 최경회(崔慶會, 1532~1593)
창의사 김천일(金千鎰, 1537~1593)
충청도 병마사 황진(黃進, 1550~1593)

〈경상 3대 의병장〉

합천의 내암 정인홍(鄭仁弘, 1535~1624)
- 조식의 수제자, 남명학파 지도자
- 1573년 황간현감, 광해군 때 영의정

고령의 송암 김면(金沔, 1541~1593)
- 퇴계 이황, 남명 조식의 제자
- 합천군수, 경상우도 병마절도사

의령의 망우당 곽재우(郭再祐, 1552~1617)
• 남명 조식의 외손녀사위
• 경상좌도병마절도사 겸 울산부사

그럼 울산에서 힘써 싸운 장군들과 의병들의 공적은 왜 인지도가 그다지 높지 않을까? 조선시대엔 조정에 기댈 곳이 없었고 관찰사는 멀리 있었기 때문일까? 울산부사나 병마사들의 임기가 너무 짧아 미처 조정에 힘쓸 여유가 없었기 때문일까? 급제를 먼저 하고 싸웠거나, 끝까지 살아남아 출세를 한 분들에 비해 입지가 불리해서 그럴까? 현대에 와서도 실업에 힘쓰느라 명예엔 큰 뜻을 두지 않아서일까? 그럼 앞으로 누가 정당하게 평가해 줄 것인가?

진주 3장사와 경상 3대 의병장을 패러디해서 울산 3장사와 울산 3대 의병장을 꼽아 본다. 사실 장수들과 의병장들에 대한 평가는 조정과 고을이 다르고, 과거와 현대가 다르며, 집안과 개인이 모두 다르다. 이순신 장군만은 시대, 지역을 가리지 않고 국민들 모두의 평가가 일치하니 지극히 예외적인 경우이다. 임란 의병장들과 이들과 함께 싸운 수많은 의병들의 충의정신을 울산 충의사에서 기리고 있다.

울산 3장사

경상좌병사이던 이각(李珏)과 같이 불명예스러운 최후를 맞은 장수가 있었지만, 관군을 잘 이끌며 왜적과 대적해 싸워 낸 장수들이 많았다. 김응서, 김태허 그리고 박홍춘 장군이다. 김응서는 논란이 있지만 전국적인 인물이며, 김태허는 비판이 없는 영남의 인물이다. 박홍춘은

대를 이어 자랑스러운 울산의 인물이 되었다.

김응서(金應瑞, 1564~1624)
1차 도산성전투에서 별장으로 출전하고,
2차 도산성전투에서 조선군을 이끌었다.

김태허(金太虛, 1555~1620)
울산군수로 의병장들과 연합하며, 도산성전투에서 힘껏 싸웠다.
진주성에 포루를 설치하기도 했다.
밀양에 노후를 보낸 박연정이 남아 있다.

박홍춘(朴弘春, 1537~1602)
언양현감을 지냈고, 2차 도산성전투에 출전하였다.
아들 박계숙과 손자 박치문이 대를 이어 나라를 지켰고
『부북일기』라는 귀중한 기록을 남겼다.
적을 베던 환도를 남겨 문화재가 되었다.

울산 3대 의병장

곽재우의 의병 봉기보다 빨랐다는 주장이 있을 정도로 울산 의병장들의 창의는 빨랐으며 전공이 그에 못지않다 할 정도로 활약이 뛰어났다. 선조와 조정대신들의 당시 평가가 그러했고, 의병장들이 남긴 기록이 증명해 주고 있다. 대표적으로 박봉수, 이경연 그리고 류정이 있다. 그러나 이상하게도 또 유감스럽게도 세 사람의 공신 등급이 다르다. 선조 37년(1604) 결정된 선무공신(宣武功臣) 등급에 대해 당시에 공정하지 않다는 불만이 있었는데, 다음 해 선무원종공신(宣武原從功臣)을 선정하고 등급을 정할 때에도 마찬가지였다. 『울산의 충의정신』 등을 참고해 울산 3대 의병장을 간략하게 소개해 본다.

〈선무원종(1등)공신: 박봉수 『대장공실기』〉

박봉수(朴鳳壽, 1554~?). 자는 문경(文慶). 본관은 밀성. 고려 시중 밀성부원군 언부(彦孚)의 후손 참판 덕희(德熙)의 아들로 명종 9년(1554) 울산시 반구동에서 태어났다. 선조 때 무과에 급제하여 부호군 겸 우림위장을 거쳐 가리포첨사와 봉화현감을 역임했다.
선조 25년(1592) 4월 임진왜란이 일어나자 황희안, 전응충, 이경연, 서인충, 고처겸 등과 의병을 일으켰다. 6월 9일 문천(蚊川)회맹에 참가하였고, 동년 8, 9월 양차에 걸친 경주성수복전에 참전하여 읍성을 회복하였다. 이듬해 4월 이견대 전투에서 서인충, 이눌 등 의장과 합세하여 해상으로 침입하는 적을 무찔렀다. 동 30년(1597) 정유재란이 일어나자 도산성으로 달려가 서생포 등지에서 준동하는 적을 격파하였다.
동 32년(1599) 12월 27일 전란이 평정된 후 국왕이 선유어사 윤휘(尹暉, 영의정 두수의 아들)를 경주객관에 보내 선무위로연에 여러 의사들과 더불어 울산 의병의 수장으로 초대하였다.
이러한 전공으로 동 38년(1605) 훈련원정으로 선무원종1등공신에 녹훈되고 김해부사, 경상좌수사, 함경도북병사, 오위도총부 총관, 포도대장 등을 역임하였다. 『대장공실기(大將公實紀)』(1972)와 교지가 전한다. 묘소는 울산시 북구 농소3동 달천리에 있다.

〈선무원종(2등)공신: 이경연 『제월당실기』〉

이경연(李景淵, 1565~1643). 자는 여징(汝澄). 호는 제월당(霽月堂). 본관은 학성. 국초의 지중추원사 충숙공 예(藝)의 후손으로 수군절도사 종실(宗實)의 현손이다. 증(贈) 공조참의 학(鶴)의 막내아들로 명종 20년(1565) 지금의 울산시 북구 강동 월곡리 주렴(珠簾)에서 태어났다. 일찍이 조호익, 장현광 등의 문하에 종유했다.

선조 25년(1592) 4월 14일 임진왜란이 일어나자 의병을 모집하여 6월 5일 언양으로부터 침입하는 적을 그 길목인 금오산 자락에 매복해 있다가 경주군과 합세하여 무찔렀다. 6월 9일에는 문천(蚊川)회맹에 참가하였다. 이듬해 7월에는 문경의 당교(唐橋)전투를 비롯한 태화강전투와 공암(孔巖)전투에 참전하여 적을 격파하였다. 동 27년(1594) 1월 월성(月城), 문천(蚊川), 양천교(楊川郊) 등의 전투에 참전하여 분전하였고 그해 4월에는 무과에 급제하였다. 이어 5월의 울산 도산전투와 7월의 영천 창암(蒼巖)전투에도 참전하여 적을 무찔렀다. 동 29년(1596) 3월 3일 팔공산회맹에 참가하였고, 이듬해 정유재란 때는 7월 21일 방어사 곽재우 장군이 지휘하는 화왕산(火旺山)회맹에 참가하여 여러 고을 의사들과 함께 성을 굳게 지켰다. 이와 같은 전공으로 동 31년(1598) 10월 훈련원주부에 제수되고 동년 12월에 경성(鏡城)판관을 역임했다. 동 38년(1605) 선무원종2등공신에 녹훈되고, 인조 14년(1636)에 가선대부 동지중추부사로 승진되었다. 묘소는 울산시 북구 농소동 동화산(東華山) 선영하에 있다. 묘비명은 향산(響山) 이만도가, 묘지명은 척암(拓庵) 김도화가 지었다. 그 후 후손들에 의해 공의 유고를 모은 『제월당실기』가 간행되었다.

〈선무원종(3등)공신: 류정 『송호유집』〉

류정(柳汀, 1537~1597). 자는 여원(汝元)이요 호는 송호(松壕)이며 본관은 문화이다. 단종 때 절신 사헌부감찰 자미(自湄)의 증손이며 형조참판 만풍정(晚楓亭) 광선(光先)의 둘째 아들이다. 중종 32년(1537) 한양에서 출생하였고 부친의 유배(1547) 길을 따라 울산에 정착하였다. 선조 20년(1587) 경주 심원으로 옮겨 정사를 짓고 유생들과 함께 시국을 걱정하며 교유하였다.

선조 25년(1592) 4월 임진왜란이 일어났다는 소식을 듣고 아들 영춘, 조카 백춘·득춘 등과 더불어 의병을 일으켰다. 곧 박인국, 이여량, 심희대 등과 함께 동천에 진을 치니 부윤 윤인함이 글을 보내 영장으로 임명했다. 이에 의병군을 이끌고 울산으로 내려가 개운포, 연포, 백련암 등지에서 적을 물리치고 공암으로 진을 옮겼다.

동년 6월 문천회맹에 참가하고 9월에는 광제원으로 진을 옮겼다가 울산 개운포 전투에 참전하였다. 경주에서 벌어진 선도산, 주사산, 작령, 금척 등지의 전투에서 적을 무찔렀다. 11월과 12월에는 불국사, 원원사 등지를 오가며 승려 찬홍, 지홍 등의 지원을 받아 군비를 조달하기도 했다.

동 26년(1593) 2월 태화강에서 적을 격파하고 이듬해 10월에는 영천 참암에서 격전 중에 군량미를 운반하던 아들 영춘이 순절하는 참변을 당했다. 동 28년(1595) 2월 영지에서 적을 무찌르고 이듬해 3월에는 팔공산 전투에 참전하여 여러 의장들과 함께 회맹을 맺었다. 동 30년(1597) 9월 박인국, 김중원과 함께 팔공산으로 진군하여 격전을 치르다가 동월 23일 적탄을 맞고 순절하니 향년 61세였다. 이때 김중원도 함께 순절했다.

이러한 공으로 선공감 부정(副正)에 제수되었으며, 동 38년(1605) 선무원종3등공신에 녹훈되고 헌종 1년(1835) 양산 산막동 칠현사에 봉향되었다. 인조 15년(1637)『송호유집』, 1911년『사의사실기(四義士實記)』, 1939년『칠현사지』가 간행되었다. 여기서 4의사란 유정, 유영춘 부자와 조카 유백춘, 유득춘을 지칭한다. 실묘하여 울주군 청량면 율리 망해산에 단소(壇所)를 설치하였다. 행장은 유광목이, 단비명은 김홍락이, 유허비문은 손후익이 각각 지었다.

학의 하늘, 고래의 바다

울산은 신라말기 계변성에 커다란 학이 날아왔다 해서 이후 학성(鶴城)이란 별호로 불리었다. 조선시대에도 여전했는지 많은 시인들이 태화강에서 읊은 시에 담았다. 지금 태화강에는 학은 보이지 않은 채, 백로들로 가득하고 가끔씩 고니 몇 마리가 찾아온다. 아니 두루미는 겨울 철새이니 겨울에는 떼까마귀가 몰려온다. 그렇다. 학은 두루미이고, 백조가 고니이다.

학과 인문학

봉황과 용은 참으로 신비롭지만 세상에 없는 동물이다. 반면 비슷하다고 할 수 있는 학과 고래는 같은 하늘 아래 있다. 둘 모두 워낙 매력적인 존재라 신선들이 고래를 타고, 학을 타고 하늘을 난다는 전설이 전하고 그것을 그림으로 남겼다. 그중 학이 사람처럼 땅을 밟고 사는 생명이면서 그 자태가 화려한 관계로 더욱 다양한 인문학적 자취를 남겼다.

『산해경(山海經)』에 나오는 비익조(比翼鳥)는 단정학과 사뭇 비슷하다. 이상스럽게도 실제로 학은 평생 일부일처제란다. 중국 장강변의 황학루(黃鶴樓)에서는 신선이 학을 타고 오고 갔다. 분명 고구려 장수왕의 안학궁(安鶴宮)에도 학의 전설과 그림이 있었을 것이다. 북송 소동파는 적벽부에서 학을 만났다. 조선 권상일 울산부사도 태화강에 배 띄우고 학을 만났다고 자랑했다. 조선시대 함남 안변에 학성관과 가학루가 있었다. 그곳의 학이 울산 학성의 가학루를 오고 갔을지 누가 아는가? 태화루는 물론이고 사찰 등 많은 건물에는 쌍학 그림이 들어 있다. 우리나라 곳곳에서는 학춤을 추고, 러시아는 백학 노래를 부른다.

학과 함께하는 것이 굳이 고매한 문화인 것만도 아니다. 심지어 술에는 무학이 있고, 화투의 솔광에는 학이 있다. 학은 이름이 다른 사물에까지 옮겨졌다. 두루미 별자리, 두루미 바위, 두루미 꽃이 생겼다. 게다가 우리 주머니 속에는 500원 동전이 있다. 날아가는 학을 새겨 넣었는데 1982년 첫 주조할 때의 의미가 제2의 경제 도약, 국제 사회에서 도약하는 대한민국이라고 한다. 지금 와서 다시 새긴다면 환경복원과 평화통일이라고 해도 좋겠다.

이전에 학에 관한 모든 것이 몸과 마음에 이입되어 있다는 울산철새 홍보관장 김성수 박사를 찾은 적이 있다. 처음 본 자리에서 두루미에 대해 물으니, 천고임조비(天高任鳥飛, 하늘은 높아 새가 맘껏 날아다닌다), 준조불서림(俊鳥不棲林, 뛰어난 새는 나무에만 깃들이지 않는다)이라는 글이 있다며 가르쳐 주었다. 그 당시에는 깊이 생각하지 않았는데, 학의 생태를 알아 갈수록 보다 적절한 표현을 찾기란 어렵다는 것을 알게 되었다. 그는 평생을 마음에 학을 품었다. 몸으로 학춤을 추고, 학의 걸음걸이를 흉내 내며, 입으로 뚜루루 소리를 내는데 영락없이 학이다. 심지어 글로는 학설(鶴說)을 푸는데 학성(鶴城) 시민들이 얼마나 관심을 기울이는지 짐작하기는 어렵다.

우리 선조들은 단정학(丹頂鶴)을 으뜸으로 쳤다. 사람처럼 두루미도 나이가 들면 머리가 빠져 대머리가 되는데, 정수리 피부가 빨갛게 되는 것이다. 소동파가 적벽부에서 묘사한 호의현상(縞衣玄裳)에다 머리에는 붉은 모자를 쓰고 있으니 절묘한 패션이다. 이런 매력 때문에 대갓집에서는 요즘의 반려견처럼 단정학을 키웠다. 김홍도의 풍속화인 삼공불환도(三公不換圖), 취후간화도(醉後看花圖)에 잘 나타나 있다. 김홍도는 영조52년(1776)에 울산감목관을 지냈다. 그의 작품 중에 학과 말을 소재로 한 작품이 있음에도 울산의 학과 말을 그린 것은 남아 있지 않아 안타까울 따름이다. 한편 울산 선비들은 또 대곡천 포은대와 태화강 내오산에 학천(鶴天)이란 글과 함께 학 그림을 바위에 새겼다.

대곡천 포은대 학 그림

학이 떠난 울산

그렇던 학이 우리나라 거의 전역에서 사라졌다. 학이 월동을 할 얕은 물이 있는 습지는 도시와 산업단지로 변해 버렸다. 마음껏 날고자 하나 철탑과 전주가 가득하다. 지금은 좋아졌지만 산업화를 거치면서 전국의 강물과 먹이는 위험한 불량식품이 되었다. 자연스레 학이 남쪽을 찾아 주길 바라는 것이 염치없던 시절이었다. 고래가 또 그렇다. 고래보다 수십, 수백 배 더 큰 선박이 밤낮으로 오가는 울산항에 어떻게 귀신고래가 돌아오겠는가? 이제 우리나라에서 자연스럽게 학을 볼 수 있는 곳은 철원 DMZ, 순천만, 창원 주남저수지 등 극히 일부 지역에 불과하다. 그렇지만 그나마 천만다행이다. 특히 겨울철 철원에 찾아오는 단정학 무리의 춤사위는 화면으로 보더라도 너무나 고혹적이다. 황순원은 1953년 단편소설 「학(鶴)」에서 학을 통해 민족의 화해와 동질성 회복을 기원했는데 DMZ의 학들이 언젠가 전국으로 흩어져 통일 소식을 전할 수 있을지 모를 일이다.

단정학 삼국지

한·중·일 삼국은 늘 군사 삼국지, 경제 삼국지, 문화 삼국지를 쓰고 있다. 여기에 단정학 삼국지가 합세해 볼만하다. 아쉽게도 한국이 아직은 가장 열세이다. 물론 자연적인 한계이지만, 그게 다는 아니다.

중국의 단정학은 겨울엔 남방의 장쑤성 옌청(盐城) 자연보호구, 여름엔 북방의 헤이룽장성 치치하얼(齊齊哈爾) 자롱(扎龍) 자연보호구를 오간다. 하늘과 들판을 뒤덮는 무리를 보면 우리나라와는 스케일부터가 다르다. 자연의 힘이다. 옌청은 두루미박물관과 번식센터까지 갖추며 북방에서의 자연번식과 동시에 남방에서의 인공번식에 엄청난 투자를 하고 있다.

스케일로만 승부를 할 일은 아닌 듯하다. 일본은 철원 같은 자연번식지로는 홋카이도 쿠시로(釧路) 습지가 유명하다. 한편 오카야마의 고라쿠엔(後楽園)에서는 사육을 한다. 특별한 날에는 두루미들을 야외로 데려 나와서 하늘을 날게 한다. 이때 방문한 시민들도 두루미의 비행을 함께 즐긴다. 이 모습은 인터넷에 공유되는 영상을 통해서 볼 수 있다. 고라쿠엔 앞 아사히강 건너편에는 오카야마성이 있다. 오카야마성은 옛날에 까마귀가 많았는지 까마귀성(烏城)이라고도 했다. 하지만 지금은 고라쿠엔 두루미 덕분에 학성이 된 셈이다. 얄궂다. 반대로 울산은 학성이었는데 이제 세계적인 까마귀도시가 되었다.

머나먼 학 복원

울산에도 학이 있어야 한다는 지적이 오래전부터 있어 왔다. 김성수 박사 등 여러 학 전문가와 아마추어 학치(鶴痴)들이 있고, 울산연구원과 울산박물관도 함께 연구결과를 내놓고 있다. (사)그린울산포럼은 이들과 함께 몇 차례 포럼을 개최했다. 그런데 막상 학을 실제로 복원하자니 간단치가 않다.

학이 태화강을 스스로 찾기를 바라는 것은 아직 기대하기 어렵다. 오는 길이 너무 위험천만하다. 그럼 어딘가에서 학 한 쌍을 기증받아 큰 케이지에 넣어 와서 다시 큰 새장에서 키우는 것은 쉬울까? 분명코 돌고래를 키우는 만큼이나 어려운 작업이다. 우선 천연기념물이라 문화재청과 환경부 승인이 필요하다. 또 겨울철새라 피서를 시켜 줘야 한다. 물새라 둥지와 먹이를 가려야 하고, 많이 먹으니 먹이 값이 만만치 않다. 워낙 커서 새장도 커야 하고, 날 수 있게 하려면 서울대공원처럼 높고 넓은 큰물새장이 필요하다. 학명십리(鶴鳴十里)라는 말이 있는데 울음소리가 커서 주택지 근처에 있으면 자는 아기를 깨울 수 있다. 이러니 비용이 많이 들고 초기에는 어쩌면 두루미보다 돌보는 사람이 더 많이 필요할 수 있는 것이다.

하지만 방법이 없지는 않다. 다른 지역 여러 곳에서 이미 두루미를 돌보고 있는 것이 사실이다. 서울대공원, 에버랜드는 물론 고양, 삼척, 대구, 청주 등 지자체들이 사육을 하고 있다. 구미 조류생태환경연구소는 두루미 연구와 전국적인 보급 확산에 기여하고 있다.

울산은 돌고래 전시를 하면서 한때 많은 시민들로부터 환영을 받은 적이 있다. 하지만 최근에는 우려의 목소리가 높아가고 있다. 정부가 반대 입장으로 기울어지고 있어 장생포에서 돌고래가 사라지는 것은 시간문제로 보인다. 다른 나라에서는 살아 있는 고래가 아니라 디지털 아쿠아리움을 운영하는 경우가 늘고 있다. 심지어 로봇 돌고래를 개발하기도 한단다. 그렇지만 생명과의 교감은 어려운 일이다. 대신에 학을 키운다고 하면 어떻게 될까? 동물보호단체가 뒷짐을 지고 있을까? 이것도 결사반대할까? 전국적인 상황을 보면 아직까지 고래만큼은 민감하게 반응하지 않는 분위기이다. 어쨌든 고래처럼 야생에서 잡아 오는 것이 아니고, 오히려 인공번식을 통해 개체수를 늘리는 일이다.

결론적으로 학은 울산과 떼려야 뗄 수 없는 관계이다. 안타깝게도 태화강 하구 이수삼산(二水三山) 습지가 도시와 산업단지가 되고 학이 우리 눈앞에서 사라지니 학인지 백로인지, 황새인지 두루미인지 구분하지 못하는 사람이 태반이다. 기후변화도 문제이다. 태화강은 이제 얼음조차 좀체 얼지 않는다. 단정했던 학들은 가고, 즐거운 까마귀들만 찾고 있다.

학은 울산의 신화이자 꿈이다. 울산의 신화이던 고래는 부활했지만 학은 아직 귀향하지 않았다. 그러나 끈기 있게 기다리는 많은 사람들이 있다. 춤을 추며, 글을 쓰며, 그림을 그리며, 사진을 찍으며 기다린다. 기후변화 시계가 거꾸로 가기를 바랄 수는 없다. 여러 학 팬들의 끈기 있는 지지와 열정이 필요하다. 고래 사육이 논란이 된 적이 있듯이 학 복원에 대한 반대도 있을 수 있다. 그러나 고래와 학을 대할 때는 같은 것은 같게, 다른 것은 다르게 접근해야 한다. 아직 장애물을 넘기에는 많은 연구와 토론이 더 필요하다.

한옥 카페 작천정의 로맨스
(네이버 블로그 「은월봉 샌님의 책상별곡」, 2019. 5.)

그 옛날 난정 이후 작천정이 제일이라
千古蘭亭後 酌川第一樓.
* 구소 이호경, 작천정 시 중에서

꽃이 피려 할 때에 달도 둥글어지려 하네.
花欲開時月欲圓.
* 구소 이호경, 김승지 추전과 함께 읊다

부산에 사시는 처가 어른들을 모시고 봄이 온 작괘천(酌掛川)과 작천정(酌川亭)을 잠시 들렀다. 말로만 듣던 곳인데 직접 와서 정자에 올라 보았다고 너무 좋아하시니 나도 기뻤다. 그런데 이전에 몇 번이나 들른 곳이었건만 제대로 설명을 드리지 못해 송구스러웠다. 돌아와 반성하며 관련 기사를 검색해 보고 나중에 다시 설명드릴 요량으로 정리를 해 보니 태화루에 못지않은 풍부한 스토리를 품고 있었다. 아니 북구남작(北龜南酌)이라 했으니 반구정(盤龜亭)이라고도 불렸던 집청정(集淸亭)과 비교해야 할까?

작괘천은 무척이나 너른 옥석 같은 바위에 신선이 술잔을 걸어 둠직

한 구멍들이 있다 해서 붙여진 이름이다. 언양에 유배를 와 있던 포은 정몽주가 10리가 채 되지 않는 이곳으로 자주 책을 읽으러 왔던 모양이다. 요즘 사람들도 주말에 책을 들고 카페를 찾듯이 말이다. 이곳 별 칭이자 바위에 글까지 크게 새겨진 '모은대(慕隱臺)'라는 이름은 '포은 선생을 앙모한다' 해서 붙여진 이름이다.

「작천정기(酌川亭記)」 등 기록을 종합해 보면 작천정 건립은 지역 숙원사업이었다. 1895년 언양군수 정긍조가 지역 시인들의 요청을 받아 '헌산시사(巘山詩社)'를 결성하는 한편 정자 건립 구상에 착수하였다. 이를 이어 1898년 최시명 군수 때 착공한 듯한데 1900년에 시작했다는 기록도 있다. 「작천정상량문」을 보면 1902년 7월에 상량식을 했는데 이해 가을에 최종 완성을 본 듯하다. 당시 군수는 이인성이었고 그도 이때 시 한 수를 남겼다.

그런데 「작천정기」들을 보면 1904년 6월에 남긴 글들이다. 상량식과 2년이 차이가 난다. 아마도 상량식을 하고 나서 최종 완성과 개방까지 시간이 제법 더 걸렸을 수도 있고, 개방 후 누구의 「작천정기」를 채택해 걸지에 대해 논의를 하느라 두 해가 걸렸을 수도 있다. 2015년 울산대 성범중 교수가 「작괘천과 작천정 관련 시문의 내용과 의미」라는 논고를 남겼다. 이분이 작천정에 관한 최고 전문가일 것 같다.

작천정은 가로 세로 3칸으로 크지는 않지만 주변 경관에 딱 들어맞는다. 몇 번의 중수를 거치며 정자에는 여러 편액들이 추가로 걸렸다. 정자의 현재 모습은 2005년 중수한 것이라 단청이 아직 제법 화사한 느낌이다.

태화루는 가로 7칸, 세로 4칸의 큰 누각이다. 작은 정자인 작천정은 규모로 보면 태화루의 1/3이다. 조선의 관리들은 태화루를 그 위엄과 풍광에 있어 영남 3루 중 하나로 평가했지만, 울산의 시인들은 작천정을 서성(書聖) 왕희지의 난정(蘭亭)과 비교했다. 그렇다면 현대 울산 사람들은 태화루보다 작천정에 오히려 더 자긍심을 가지는 것이 맞지 않을지.

작천정이 건립되던 때를 생각해 보면 시절이 구한말이라 중앙 조정과 지방 관아, 관민(官民) 어느 곳 할 것 없이 정치적으로 또 경제적으로 아주 어려웠을 때이다. 이만한 정자 하나 만드는 데도 수령은 안팎으로 얼마나 많은 눈치를 보았을까?

실무를 맡았던 오병선(성범중 교수에 따르면 소설가 오영수의 조부)은 아마도 하급관리였던 듯한데, 그도 부담스러워 조카에게 공사 감독을 맡겼다고 「작천정기」에 기록하고 있다. 백성을 깨우치는 계몽을 위한 일도, 제국주의에 시달리던 나라를 구하기 위한 사업도 아니었으니 늦어진 데는 그만한 이유가 있었을 것이다. 당시 그보다 훨씬 큰 태화루는 복원 이야기를 꺼내지도 못했고 2014년에서야 복원되었다.

생각해 보면 한 고을을 다스린다는 것은 중요하고 시급한 한 가지 일만 하는 것이 아니니 이 정자 하나를 짓는 데도 짬짬이 시간을 내었을 것이고, 관민이 물심양면으로 힘을 합쳤을 것이다. 나라에서도 고을의 살림을 감시했을 테니 관아는 지역 문인들의 극진한 요구가 있어 마지못해 도와주었다 했을 것이고, 선비들은 수령들의 관심과 지원을 이끌어 내고자 말로 읍소하고 글로 협박하며 등을 떠밀었을 것이다.

과정이야 어찌되었던 덕분에 울산은 아름다운 작괘천의 화룡점정이라 할 수 있는 작천정을 가지게 되었다. 아마도 몇 년만 늦었어도 영원히 세워질 수 없었을 것이다. 나라는 빼앗겼고, 시는 한시에서 신체시로 바뀌었으니 말이다. 공교롭게도 이런 이곳이 언양 3.1운동 중심지 역할을 했으니 구한말 혼란 속에서도 애써 힘을 모아 건립한 보람이 있었다고 해야 할 듯하다.

현판을 생각해 보면 아쉬움이 크다. 서예가 김성근이 썼다는 기록이 있는데, 위키피디아를 찾아보니 시기를 보면 이분이 아닌가 싶다. 김성근(金聲根, 1835~1919). 그는 서재필의 외삼촌으로서 홍문관 학사를 지낸 서예가이기도 했다. 하지만 동학과 개화파를 억압했고, 나중에는 뚜렷한 친일행적을 보인다. 이분이 그분이 맞을까? 누가 어떤 인연으로 이 사람에게 현판을 맡겼을까? 중수하는 과정에서 혹시 현판 자체를 바꾸지는 않았을까? 아직 그대로라면 언젠가 다른 사람의 필체로 바꾸는 것이 맞을까? 그대로 두는 것이 맞을까? 어려운 문제이다.

반면에 상량문과 작천정기, 중수기, 한시들은 매력적이고 흥미롭다. 언제 작성한 것인지 모르지만 작천정보존회가 모두 해석해 놓았다. 이 구소의 한시에서는 유상곡수(流觴曲水)로 유명한 중국 저장성 소흥의 난정과 비교하며 작천정의 아름다움을 노래했다. 당시 「난정집서(蘭亭集序)」에 필적해 보려는 도전들이 더 있었을 것이다. 이구소의 스승 오병선을 포함해 「작천정기」를 같은 시기에 네 명이 동시에 남겼다. 네 가지 버전을 모두 읽어 본 결과 오인선의 글이 가장 마음에 든다.

〈오인선의 「작천정기」 중에서〉

산과 물과 바위의 아름다움은
정자의 아름다움에 있고,

정자의 아름다움은 사람이
아름답게 여기는 데 있는 것입니다.

山水與石之美而亭之美, 在人之爲美也.

그런데 왕희지의 난정인들 무슨 선경(仙境)처럼 생겼을까? 이들이 중국 소흥 난정에 가 보았더라면 작천정이 난정보다 빼어났다고 하지 않았을까? 다만 지금 소흥 난정 일대는 시, 서예, 미술이 중심이 된 복합 공간으로 발전한 데 반해, 작천정 일대는 시와 문학이 사라진 채 정자만 외로이 남아 버티어 내고 있는 것이 아쉬운 일이다.

간단하나마 어렵게 공부를 마치니 2015년 대곡박물관(신형석 관장)이 발간한 『울산 작괘천 작천정에서 꽃핀 한문학』이란 책이 검색되어 다시 살펴보았다. 덕분에 공부가 길어졌지만 깊이가 더해졌다.

여기에는 헌산시사 135명의 명단, 200여 명의 석각 이름, 청사대, 선무원종공신비, 인내천(人乃天) 바위의 내역이 상세하게 실려 있다. 인내천 바위의 글씨는 춘사(春史) 김영걸(金永杰, 1876~1927)이 쓴 글씨를 1915년 삼남면 석공 함유성(어떤 자료에는 함석헌이라 되어 있다)이 새겼다고 전해진다고 되어 있다.

무엇보다 흥미로운 것은 작천정에서 볼 수 있는 문인들의 로맨스이다. 작천정 약간 아래쪽 바위에 추전(秋田) 김홍조(金弘祚, 1868~1922)와 구소(九簫) 이호경(李護卿, 1894~1991)의 이름이 새겨져 있다. 김홍조는 바위 윗면에 다른 이름들과 같은 크기로 새겨져 있다. 이구소의 이름은 김홍조 이름 바로 아래 바위 전면에 훨씬 크게 새겨져 있다.

　이 석각을 보고 있노라니 참 많은 의문이 생긴다. 그들은 이름을 언제 새겨 넣었을까? 이구소는 무슨 생각으로 남편보다 자신의 이름을 더 크게 새겼을까? 추전은 반구동 출신이고, 자신은 언양 사람이니 텃세를 부린 것일까? 시재(詩才)가 구소가 뛰어나니 추전이 양보를 한 것일까? 아니면 남편이 먼저 죽자 다른 사람 이름을 새겨 넣지 못하게 자신의 이름으로 자리를 다 차지해 버린 걸까? 작천정은 김홍조가 이구소에게 유산으로 주었고, 이후 다시 구소가 마을에 돌려주었다는 설이 있다. 그러면 자신의 소유일 때 주인 이름을 큼직하게 새긴 것일까? 그런데 정자를 지을 때는 군수까지 나서서 도와준 사업인데 어떻게 작천정이 개인 소유가 되어 버렸던 것일까? 그 사연을 아는 사람은 누구일까?

　추전 김홍조는 반구동 출신 구한말 인물이다. 실업인으로서 애국계몽운동에도 기여하였다. 아직 그에 대한 역사적인 평가는 끝나지 않은 모양이다. 1922년 세상을 떠나 학성공원에 묻혔다가 남구 옥동공원 묘원으로 옮겨졌다고 한다. 김홍조가 말년에 사랑한 이호경은 언양 출신의 여류 시인이다. 초명은 이봉선이며 모계를 따라 기녀가 된 것으로 추정된다. 젊은 시절 지은 시들을 87세가 되어서야 『봉선화』라는 한시집에 실었다. 2012년에도 후손들이 『구소한시집』을 발간했다. 묘소는 부산영락공원에 있다. 구소 이호경에 대한 생애와 작품세계는 2014년 장성운의 『구소 이호경』에 자세히 소개되어 있다. 저자에 따르면 현재 조계종 종정인 성파스님이 "구소야말로 울산이 낳은 허난설헌이다"라고 평가를 했다 한다.

이구소의 시 중에서 「승지 김추전 영감과 함께 작천정에서 읊다」라는 시가 있다. 비록 나이 차이, 신분 차이가 있는 남녀 간의 사랑이었지만 사랑과 존경의 마음을 담은 진솔한 노래이다. 김홍조의 나이가 많았다고는 하지만 그가 54세에 세상을 떴으니 구소와의 인연은 내 나이쯤인 40대 후반이 아니었을까?

특히 "꽃이 피려 할 때에 달도 둥글어지려 하네(花欲開時月欲圓)"라는 구절을 보니 몇 년 전에 본 중국드라마 「꽃 피던 그 해 달빛(那年花開月正圓)」이 생각난다. 원래 뜻은 "그해 꽃은 피어나고 달은 둥글었네!" 정도라고 할까? 그것이 무슨 뜻인가 한참 고민했었는데 이제야 의문이 풀렸다.

〈승지 김추전 영감과 함께 작천정에서 읊다(金承旨秋田令共吟酌川亭)〉
* 구소 이효경, 『봉선화』, 『울산 작괘천 작천정에서 꽃핀 한문학』

나를 시 벗이라 부르며 억지로 먼저 안부를 물어서
표연(飄然)히 몸은 물과 구름의 땅에 이르렀네.
사람의 정은 흡사 꽃과 달을 보는 것 같아서
꽃이 피려 할 때에 달도 둥글어지려 하네.

봄바람 속에 돌아가는 말은 각기 동서로 향하는데
덧없는 봄의 풍광은 흘러가는 물과 같네.
수없이 서로 그리워해도 한을 떨치기 어려우니
겹겹이 둘러싼 모습이 천 개의 봉우리를 압도하네.

술과 꽃이 가득한 천지에 달마저 막 오르는데
인연 찾아 다시 찾아오니 서로 서먹하지 않네.

다만 바라건대, 한평생이 오늘과 같아서
시를 논하고 그림을 살피며 한가로이 살고 싶네.

사랑하며 바라보면 사물마다 모두 사람과 연관되어
바위는 벗이 되고 냇물은 이웃이 될 수 있네.
아득한 하늘이 멀리 눈 속에 비치는데
푸른 나무에는 꽃이 피고 나비는 봄을 자랑하네.

꾸불꾸불한 길 하나가 무성한 숲을 뚫고 지나는데
동쪽으로 문수산(文殊山)을 바라보니 바다와 떨어져 있네.
이미 내 삶은 모두 정해져 있음을 믿거늘
내일 아침에는 각기 어디에 있을지 판단하기 어렵네.

하늘에 운무가 개니 어지러운 봉우리가 비꼈는데
새벽을 알리는 종소리에 또 고향이 생각나네.
이름난 선비의 모습은 늙은 학과 같거니와
흠뻑 적신 붓 아래로 구슬 꽃이 떨어지네.

(원문 생략)

    처가 어른들과 함께 작천정에 오른 날 점심시간. 영남알프스가 바라보이는 근처 한옥 카페에서 비빔밥을 먹었다. 그런 곳이다. 커피도 마셨다. 카페 마당을 두른 한옥 담장 너머로 산등성이를 덮은 안개가 기슭까지 내려온 것이 보였다. 아주 운치 있는 날이었다. 생각해 보니 그렇다. 그 옛날 김홍조와 이효경에게는 작천정이 로맨스를 키운 곳이자 시를 읊고 세상에 관해 담소를 나눈 공간이었다. 그렇다면 작천정은 한옥 카페로다!

울산의 경승들(8경·9경·12경)

　한 지역의 절경을 꼽을 때 팔경(八景)을 선정하는 전통은 북송 이성(李成)이 소상팔경도(瀟湘八景圖)를 남기면서부터라고 한다. 울산의 경우 고려 정포가 울주팔영(蔚州八詠)을 정해서 시를 지은 후부터 이 전통이 이어졌다. 주로 태화강 하류의 절경을 꼽았는데, 조선후기와 근현대로 넘어오면서 대상 지역은 넓어지고 경치가 다양해졌다. 『세종실록지리지』, 『학성지』에 기록이 있으며, 조선후기 다양한 선비들이 읊은 팔경들은 송수환 교수의 『울산경승한시선집』에 잘 소개되어 있다.

　일부 지역의 팔경들은 최초의 유래와 출처가 명확하지 않지만 한석근의 『방어진 향토사 연구』 등 문화원 관계 향토사학자들의 자료, (읍)면지 등을 통해 전해지고 있으며 나름의 의의가 충분히 있다. 전해지는 과정에서 정확한 소재와 선정 이유를 알 수 없고, 순서나 단어에 변이가 조금씩 있어 혼란스러운 부분이 있다. 한자의 경우도 이설이 있을 수 있는데, 차분히 생각해 가며 바로잡아 갈 필요가 있다고 본다.

　현재의 울산 12경에 대해 팔경의 전통을 강조하며 맞지 않다고 하시는 분들이 계시다. 일리가 있다. 하지만 자세히 보면 울산 12경 중 8경은 원래의 자연이며, 4경은 울산이 새롭게 만들어 가는 풍경들이다. 울산대공원, 울산대교 전망대 야경, 장생포 고래문화마을, 외고산 옹기

마을이 그렇다. 최근에 일부 지역에서 선정한 9경은 재미있게 '구경'을 하자는 뜻이니 8경이 아니라고 해서 굳이 싸우려고 들 필요가 없다. 9경, 12경이 문제라면 4언이 아닌 7언도 문제인가?

북송 이성의 소상팔경

산시청람(山市晴嵐) 산촌의 맑은 아지랑이

연사모종(煙寺暮鐘) 안개 속에 들려오는 절간의 저녁 종소리

원포귀범(遠浦歸帆) 먼 포구로 돌아가는 배

어촌석조(漁村夕照) 어촌의 저녁놀

소상야우(瀟湘夜雨) 소수와 상강의 밤비

동정추월(洞庭秋月) 동정호에 뜬 가을 달

평사낙안(平沙落雁) 모래사장에 내려앉는 기러기

강천모설(江天暮雪) 강마을의 저물녘 눈 내리는 광경

정포의 울주팔영

태화루(太和樓)

평원각(平遠閣)

장춘오(藏春塢)

망해대(望海臺)

벽파정(碧波亭)

백련암(白蓮巖)

개운포(開雲浦)

은월봉(隱月峯)

울산팔경(『세종실록지리지』)

성루화각(城樓畵角) 병영성 누각 뿔피리소리
전함홍기(戰艦紅旗) 개운포 수영 전함의 붉은 깃발
동봉일출(東峯日出) 동대산의 해돋이
남포명월(南浦明月) 개운포에서 바라보는 밝은 달
산사송풍(山寺松風) 백양사의 솔바람소리
강정매설(江亭梅雪) 강정마을에 피어난 눈 속의 매화
조대소우(釣臺疎雨) 태화강 낚시터에 내리는 비
염촌담연(鹽村淡烟) 염포마을의 소금 굽는 연기

이동영의 이휴정팔경

화강야월(和江夜月) 태화강 달밤
월봉조하(月峰朝霞) 은월봉 아침노을
이수로화(二水蘆花) 이수 갈대꽃
삼산낙조(三山落照) 삼산 저녁노을
양사모종(揚寺暮鍾) 백양사 저녁 종소리
연포귀범(蓮浦歸帆) 연포(염포)에 돌아오는 돛단배
염시청연(鹽市靑烟) 소금시장 푸른 연기
학성청풍(鶴城晴風) 학성 맑은 바람

심원열의 울산팔경

학성조운(鶴城朝雲) 학성의 아침 운무
구정모우(鷗亭暮雨) 저녁 무렵 반구정에 내리는 비
양사만종(楊寺晚鐘) 백양사 저녁 종소리
화강귀범(和江歸帆) 태화강에 돌아오는 돛단배

삼산낙조(三山落照) 삼산의 저녁노을
이수구로(二水鷗鷺) 태화강과 동천의 갈매기와 해오라기
어풍조성(御風潮聲) 어풍대의 파도소리
오산월색(鰲山月色) 내오산에 비치는 달빛

이인중의 산수팔경

응봉효일(鷹峯曉日) 응봉 아침 해
학성모운(鶴城暮雲) 학성 저녁구름
삼산자연(三山煮煙) 삼산 염전 연기
이수어선(二水漁船) 이수 고깃배
구미석봉(龜尾夕烽) 구미 봉홧불
저두만하(猪頭晚霞) 저두산 저녁노을
남성각어(南城角語) 병영성 화각소리
동암종성(東庵鐘聲) 동축사 종소리

이회명의 신정팔영

은월춘풍(月峰春風) 은월봉 봄바람
화강하우(和江夏雨) 태화강 여름 비
양사추운(楊寺秋雲) 백양사 가을 구름
문산동설(文山冬雪) 문수산에 내린 눈
동고효월(東皐曉月) 동쪽 언덕 새벽달
남정오음(南亭午陰) 남정 한낮 그림자
궁현석연(弓峴夕烟) 활고개 저녁 안개
선암야월(仙巖夜月) 선암에 뜨는 달

강동팔경(추보당팔경시)

정포어범(亭浦漁帆) 정자포구의 고깃배 돛
분곡초가(粉谷樵歌) 분두곡의 나무꾼 노랫소리
구담명월(龜潭明月) 구남 못 위에 뜬 밝은 달
용산서운(龍山瑞雲) 무룡산에 낀 상서로운 구름
궁현낙조(弓峴落照) 달현재(달령)에 지는 해
옥봉청하(玉峯晴霞) 옥녀봉의 맑은 노을
방천회란(舫川回瀾) 대방내의 휘도는 물결
밀수삼송(密峀森松) 밀양산 청수골의 우거진 소나무 숲

김창숙의 울주함월산팔영

양사모종(楊寺暮鐘) 백양사 저녁 종소리
무산은월(巫山隱月) 무산 은월봉
학성귀운(鶴城歸雲) 학성에 돌아오는 구름
구강소우(鷗江疎雨) 구강에 내리는 비
삼산자연(三山煮烟) 삼산 염전연기
어풍만조(御風晚潮) 어풍대 저녁 밀물소리
선암낙조(仙巖落照) 선암 저녁노을
염포귀범(鹽浦歸帆) 염포에 돌아오는 돛배

광복 전 구전된 언양팔경

서광모설고헌산(瑞光暮雪高巚山) 저녁 눈발 날리는 고헌산
구곡청절반구대(九曲靑節盤龜臺) 아홉 구비 푸른 절개 반구대
조망하무화장산(眺望下霧花藏山) 안개 내려다보는 화장산
고생창연언양성(古色蒼然彦陽城) 고색창연한 언양읍성

수석침류작천정(漱石枕流酌川亭) 바위로 양치하고 물로 베개 삼는 작천정
춘록추홍석남사(春綠秋紅石南寺) 봄 신록 가을 단풍 석남사
요림비폭파래소(瑤林飛瀑波來沼) 숲속에 물방울 날리는 파래소
석양낙조간월봉(夕陽落照肝月峰) 석양에 노을 지는 간월산 봉우리

광복 후 구전된 신울산팔경

염포귀범(鹽浦歸帆) 염포로 돌아오는 돛단배
서생모설(西生暮雪) 저녁 무렵 서생포에 내리는 눈
문수낙조(文殊落照) 문수산의 저녁노을
삼산낙안(三山落雁) 삼산에 내려앉는 기러기 떼
태화어간(太和漁竿) 태화강에 낚싯대를 드리운 모습
무룡산조(舞龍山朝) 무룡산의 해 뜨는 풍경
학성세우(鶴城細雨) 학성에 내리는 보슬비
백양효종(白楊曉鐘) 백양사의 새벽 종소리

김병식의 동면팔경

축암효종(竺菴曉鐘) 동축사의 새벽 종소리
옥류춘창(玉流春漲) 옥류천의 봄비에 불어난 물
※『방어진향토사연구』에는 '춘장(春張)'이지만 '춘창(春漲)'이 적절해 보임
섬암상풍(蟾岩霜楓) 마골산 두꺼비바위 단풍
만승폭포(萬勝瀑布) 남목 서쪽 불당골의 만승폭포의 절경
안산망해(案山望海) 안산에서 바라본 미포 앞바다 풍경
낙화백사(落花白沙) 낙화암의 하얀 모래사장
유정만선(楡亭晚蟬) 미포의 느릅나무 원두막 매미소리
촉산락조(矗山落照) 동축사 관일대 아래 촉산의 낙조

역사도시 울산의 문화 이야기 • 137

동면(신)팔경

축암효종(竺菴曉鐘) 동축사의 새벽 종소리
옥류춘창(玉流春漲) 옥류천의 봄비에 불어난 물
섬암낙조(蟾岩落照) 마골산 두꺼비바위에서 바라본 저녁놀
만승폭포(萬勝瀑布) 남목 서쪽 불당골 만승폭포의 절경
안산망해(案山望海) 안산에서 바라본 미포 앞바다 풍경
낙화백사(落花白沙) 낙화암의 하얀 모래사장
어풍귀범(御風歸帆) 어풍대로 돌아오는 돛단배
용추모우(龍湫暮雨) 용추암의 저녁 무렵 내리는 부슬비

김선묵의 방어진 12경

화암만조(花巖晚潮) 꽃바위의 저녁 조수 위에 내려앉은 석양
슬도명파(瑟島鳴波) 슬도(瑟島)와 하얗게 부서지며 내는 파도소리
마성방초(馬城芳草) 대왕암 소바위산 주변 목장 들풀
용추모우(龍湫暮雨) 대왕암에 저물녘에 내리는 비
어풍귀범(御風歸帆) 어풍대로 돌아오는 돛단배
안헌창송(案巚蒼松) 안산의 푸르고 무성한 소나무
※『방어진향토사연구』에는 '안헌(案獻)'이지만 '안헌(案巚)'이 적절해 보임
유정만선(楡亭晚蟬) 옥류천, 제기천 버드나무의 매미소리
촉산락조(矗山落照) 남목 촉산 저녁노을
섬암모운(蟾巖暮雲) 동축사 뒷산 두꺼비바위 석양
옥동청류(玉洞淸流) 남목 옥류천 맑은 물소리
승동청화(勝洞晴花) 불당골 만승폭포의 소리와 꽃
망양조하(望洋朝霞) 태화강 하류 염포의 아침노을

김덕석의 방어진 12경

화암만조(花巖晚潮) 꽃바위의 저녁 조수 위에 내려앉은 석양
슬도명파(瑟島鳴波) 슬도(瑟島)와 하얗게 부서지며 내는 파도소리
마성방초(馬城芳草) 대왕암 소바위산 주변 목장 들풀
용추모우(龍湫暮雨) 대왕암에 저물녘에 내리는 비
어풍귀범(御風歸帆) 어풍대로 돌아오는 돛단배
안산창송(案山蒼松) 안산의 푸르고 무성한 소나무
옥동청류(玉洞淸流) 남목 옥류천 맑은 물소리
촉산락조(矗山落照) 남목 촉산 저녁노을
축사신종(竺寺晨鐘) 동축사의 새벽 종소리
유정만선(楡亭晚蟬) 옥류천, 제기천 버드나무의 매미소리
동대효돈(東臺曉暾) 동대(관일대)의 일출
섬암상풍(蟾巖霜楓) 섬암(두꺼비바위)에서 바라보는 단풍

서생팔경

증성낙조(甑城落照) 시루성에 비친 노을
선도귀범(仙島歸帆) 명선도로 돌아오는 돛단배
성암모종(聖庵暮鍾) 인성암의 저녁 종소리
폭포비설(瀑布飛雪) 눈같이 흐르는 해운 폭포
대암초가(臺岩樵歌) 대바위에 노래하는 초동들의 노랫소리
승강어적(勝江漁笛) 일승강 어부들의 피리 부는 소리
층대명월(層臺明月) 대산 위에 뜬 밝은 달
도독숙무(都督宿霧) 도독동에 잠자는 짙은 안개

서생신팔경

간절욱조조반도(良絶旭肇早半島)
　　간절곶에 해가 떠야 한반도에 새벽이 온다.

선도포청려진수(仙島包淸麗鎭水)
　　명선도가 감싸 주어 맑고 아름다운 진하해수욕장

무룡잠월파은린(舞龍潛月波銀鱗)
　　물밑에서 춤추는 용의 물결 위에 달빛이 비쳐 은빛 고기비늘처럼 빛나는
　　화산저수지

증성개모천하광(甑城蓋暮天霞光)
　　저녁노을을 받아 환상적인 시루성(서생성)

신암숙무선녀정(神巖宿霧仙女精)
　　선녀의 넋이 서린 안개가 드리우고 있는 신선암

일승강아영야경(日勝江娥影夜景)
　　달빛이 요요히 비쳐 정겨운 일승강의 밤경치

태봉장성절토성(胎峰藏聖節土城)
　　왕자의 탄생과 토성의 얼이 서린 태봉산

이화만릉부춘광(梨花滿陵複春光)
　　능선마다 만발한 배꽃 위에 따사로운 햇볕이 내리쬐어 더욱 화사한 과수원

울산 12경(2002년)

가지산 사계
간절곶 일출
강동·주전해안 자갈밭
대왕암송림
대운산 내원암 계곡
무룡산에서 본 울산공단 야경

울산체육공원
반구대
신불산 억새평원
작괘천
태화강선바위와 십리대밭
파래소 폭포

새로 뽑은 울산 12경(2016년)

태화강 국가정원 십리대숲(바람이 묻고 숲이 대답하는 시간)
대왕암공원(천년을 건너는 시간의 풍경)
가지산 사계(자연 교향곡 4악장)
신불산 억새평원(저 너머의 세상을 향하여)
간절곶 일출(그리움의 남쪽, 해 오름의 동쪽)
반구대암각화와 천전리 각석(풍경이 역사를 말한다)
강동주전 몽돌해변(바다가 들린다)
울산대공원(도시에서 뛰놀다)
울산대교 전망대에서 바라본 야경(내일이 오는 다리에 서면)
장생포 고래문화마을(천년을 건너는 시간의 풍경)
외고산 옹기마을(옛사람들의 삼시세끼)
대운산 내원암 계곡(계절의 발견)

울산 동구 소리 9경(2012년)

동축사 새벽종소리(축암효종)
마골산 숲 사이로 흐르는 바람소리
옥류천 계곡 물소리(옥동청류)

현대중공업 엔진소리
출항 뱃고동 소리
울기등대 무산소리(바닷가 안개를 뚫고 퍼지는 등대 경적소리)
대왕암 몽돌 물 흐르는 소리
슬도 파도소리(슬도명파)
주전해변 몽돌 파도소리

울산 북구 12경(2021년)

강동 화암 주상절리
달천철장
당사해양 낚시공원
매곡천 야경
명촌 억새 군락지
무룡로 벚꽃길
무룡산에서 바라본 전경
송정 박상진 호수공원

울산 남구 9경(2022년)

선암호수공원 4계
궁거랑 벚꽃길
장생포고래문화마을 오색수국정원
남산12봉 가을풍경
울산체육공원 가을단풍
태화강둔치 억새물결
삼호철새공원 떼까마귀 군무

울산공단 야경
장생포문화창고 저녁노을

3

산업수도 울산의 사회 이야기

목도에서 바라본 온산국가산업단지

울산공업센터는
한 번 만남에서 정해지지 않았다

울산은 1962년 울산공업센터가 지정되기 전부터 2차 산업 생산기지로서의 역량과 잠재력을 갖춘 곳이었다. 멀게는 고대 염철(鹽鐵) 생산부터 가깝게는 조선석유와 삼양사가 그 가능성을 보여 주었다.

삼한시대에서 조선시대까지 울산의 염전과 철장이 국가의 경제에 큰 기여를 하였다. 염전은 태화강, 여천강 그리고 외황강 하구 등지에 발달했었다. 소금은 농도를 진하게 만든 바닷물을 다시 끓여 만드는 자염(煮鹽)이었다. 여기서 생산된 소금은 소금길을 거쳐 전국으로 팔려 나갔다. 1930년대까지 염전이 있었다. 어떻게 보면 이 지역들이 지금의 자동차와 석유화학산업 부지를 차지하고 있었다. 2021년 9월 북구 염포동에 소금포역사관이 문을 열었다.

달천철장도 삼한시대부터 시작되었다. 조선시대 구충당(求忠堂) 이의립(李義立, 1621~1694) 선생에 의해 중흥을 맞았다가 2001년에야 완전 폐장을 한 2천 년 역사를 자랑하는 유산이다. 이의립 선생은 『구충당문집』을 남겼으며 국역이 되어 있다. 성범중 교수는 『한시속의 울산산책』에서 삼보(三寶, 무쇠와 유황 및 비상)를 찾아 조선팔도를 헤맨

선각자로 평가했다. 300년 후 정주영 회장이 현대의 삼보(건설과 자동차 그리고 조선)를 일구었으니 기시감이 있다.

경주평야와 풍산평야(안동)를 보노라면 호남에 비해 평야랄 것이 없지만, 영남에 이런 곡창지가 있나 할 정도로 들이 넓다. 농업생산력은 지금처럼 경주가 울산보다 못할 게 없겠지만 소금과 철, 그리고 어업 생산력은 울산이 월등했을 것이다. 신라는 국가 성립 초기에 울산을 수도권으로 흡수함으로써 결국 삼국통일을 이루는 물적 토대를 갖추었다고 본다. 천년왕국 신라의 뒤에는 천년 경기(京畿) 울산이 있었다.

구한말~일제강점기 포경산업은 수산업이긴 하지만 생산액이 크고 전후방 연관산업이 많아 지금으로 치면 주력산업이나 마찬가지였다. 근대 들어 한·러, 한·일 최초의 국제 경제협력 사업이 포경이었다. 주민들은 포경을 배우며 러시아인, 노르웨이인, 일본인, 미국인 등 많은 외국인들과 교류협력하면서 개방적인 마인드를 가지게 되었을 것이다.

울산의 농수산업이 지금도 만만치 않지만 공업화 이전에는 정말로 대단한 규모였던 것 같다. 1917년 신문기사(부산일보, 1917. 9. 24.~12. 10. 총 10회)에 따르면 김철정(『친일인명사전』에 등재되어 있다) 군수 시절에 '제2회 울산군 농수산물품평회'가 열렸다. 5일(12. 1.~12. 5.) 동안 지금의 시립미술관 위치에 있던 울산공립보통학교에서 개최되었다. 품평회에서는 원예품, 축산품, 수산품 등 총 4천여 점에 달하는 농수산물이 전시되었다. 부대행사로는 줄다리기, 가장행렬, 제등행렬, 불꽃놀이가 개최되었다. 품평회 대회장은 군수였고, 추전 김홍조가 부회장을 맡았다. 김홍조의 역할이 행사에 상당한 영향을 미쳤을 것으로 짐작된다. 품평회는 울산군 내 행사였는데도 내빈용 안내서인 『울산안내』를 발행함으로써 당시의 울산 상황을 대내·외에 알렸다. 품평회 자체는 식민지 식산흥업 정책의 일환이었지만 이때의 기록은 울산의 경제사회적 여건을 엿볼 수 있는 중요한 자료이다.

『울산안내』에는 공업에 대한 설명이 포함되어 있다. 당시 공업은 양조(釀造)품, 고래 기름 등 대부분 농수산물을 원료로 한 물품들이라 특기할 만한 것은 없었다. 향후 공업발전 요건으로 태화강의 수력은 주시했지만, 울산항의 가능성은 주목하지 않았다. 그나마 눈여겨볼 만한 것은 승입(繩叺, 새끼·가마니) 생산방식이다. 이때 새끼·가마니 공산조합을 구성해 농한기 노동력을 조직적으로 이용했다고 한다. 이것이 우리나라 전통의 계(契)와는 다른 사회적 경제 조직의 시초가 아닐까?

1920년대부터 산업 측면에서 울산의 본격적인 초기 근대화가 시작되었다. 1921년에는 철도가 깔리고, 1927년에는 방어진항이 축항되었으며, 1928년에는 삼산비행장이 들어섰다. 마침내 고등어 어업을 하던 나카베 이쿠지로(中部 幾次郞)가 1929년 방어진철공조선을 창립하며 근대조선업이 시작되었다. 30년대 말에는 이 조선소에서 200명에 가까운 근로자가 일했다. 이후 청구조선, INP중공업, 세광중공업으로 이어지며 명맥을 유지하다 2012년 역사 속으로 사라졌다.

1940년을 전후해서는 울산의 가능성을 본 이케다 사다오(池田佑忠) 등 일본의 기업가와 엔지니어들이 무역항 축항과 대규모 공업시설 건설계획을 구상하기 시작했다. 이런 계획을 훗날 울산공업센터 건설본부장이 되는 안경모(安京模)와도 논의를 했다고 한다. 해방 직전인 1944년에는 원산의 조선석유가 울산공장 건설을 추진했으나 완성을 하지 못했다.

조선석유 울산공장은 해방 후에도 6.25전쟁, 정치적 혼란과 재정 부족 등으로 복구가 되지 못하다가 1962년에야 대한석유공사가 설립되며 본격적으로 운영되었다. 한편 전후 1955년대에는 삼양사가 설탕공장을 세웠다. 울산김씨 김연수 회장이 울산을 택했다. 그래서 울산 최초의 대기업은 SK에너지(1962년 대한석유공사) 또는 현대자동차가 아니라 삼양사이다.

옹기를 지금은 무형문화유산으로 인식하지만, 사실 옹기는 광업이자 제조업이다. 『울산안내』를 보면 예전부터 대운산 일대에서 생산한 옹기를 부산까지 공급했다. 그러던 것이 1957년 영덕 출신 옹기장인 허덕만과 지인들이 온양 고산리로 옮겨 와 옹기점을 일으키면서 대규모 옹기마을이 형성되었다. 원료인 점토가 좋고 바로 근처 도보거리에 남창역이 있어 부산, 대구, 서울로의 물류가 뛰어난 곳이다. 수출까지 한 제품이었다 하니 당시로 보면 적지 않은 산업이었을 것이다. 그러나 이후 울산에서 만든 플라스틱으로 찍은 용기가 옹기산업을 쇠퇴시켰다. 비디오가 라디오 스타를 죽인 것처럼.

1962년 마침내 울산공업센터가 지정되었다. 박정희 전기를 쓴 조갑제 기자는 울산공업센터 기공 50주년을 맞이해 의미 있는 글(chogabje.com, 2012. 2. 4.)을 남겼다. 여기서 그는, "안경모의 증언에 따르면 이병철 삼성물산 사장이 회장으로 있던 한국경제인협회(전경련의 전신)도 울산을 공단 적지로 추천했다고 한다. 1962년 1월 2일 박정희 의장은 부산 해운대에서 이병철, 李庭林(이정림), 鄭載護(정재호), 南宮鍊(남궁련), 金周仁(김주인) 등 기업인들과 만나 대규모 공업단지 건설계획을 토의했다. 이 자리에서 울산이 團地(단지)로 확정되었다. 당시 정보부 경제담당 고문이던 金龍泰(김용태·뒤에 공화당 원내총무 역임)도 기업인들을 만나고 다니면서 울산공단 건설에 관계한 인물이다"라고 적고 있다. 박정희 한 사람이 결단하고, 기업가들이 한번 모여 확정되었다고 해석될 여지가 있다. 그러나 예나 지금이나 정책은 그렇게 쉽게 결정되지 않는다.

울산공업센터 지정 이면에는 울산의 자연적인 입지적 이점 이외에도 위에서 살펴본 울산의 오랜 상공업적 전통과 육상·해상 물류 인프라, 기업가의 인맥과 경험 있는 노동인력, 개방적인 지역 분위기 등 종합적인 고려가 있었을 것이다. 그래서 지정 이후 전개된 다양한 분야에 걸친 개발 사업들이 주민들의 협력 아래 빠르게 추진될 수 있었을 것이다.

물론 울산이 한국 최초의 특정공업지구로 결정된 가장 확실한 이유는 자연적 요건이었다. 초기 유치가 결정된 산업 이외에도 후속해서 다른 대형 산업들이 계속 울산으로 오게 된 것을 보면 알 수 있다. 무엇이 그토록 울산을 매력적으로 만들었을까?

첫째는 항만 조건을 꼽는다. 수심은 깊고 조수간만의 차가 거의 없다는 것이다. 수년 전에 외국 크루즈선이 울산항에 들어왔기에 환영행사에 가서 선장과 인사하며 울산에 대한 인상이 어떠냐고 물었다. 경치를 물었던 것인데, 대답은 조수간만 차이가 거의 없어 항행과 정박이 쉽다며 너무 좋다는 것이다. 역시 누구나 자기 입장에서 보고 듣고 이야기하는 법이다.

둘째, 기후조건이다. 비와 눈이 내리거나 안개가 끼는 날이 적다. 다른 산업보다 야외 작업이 많은 조선산업에 가장 중요한 요소이다. 화학산업 입장에서는 해풍이 나쁜 대기가 정체되는 것을 방지해 주기 때문에 유리하다.

셋째, 군사적 관점에서도 울산의 위치가 탁월하다. 일단 휴전선에서 멀다. 6.25 때는 낙동강 방어선 안쪽이라 끝까지 방어가 된 곳이다. 주민들은 시가전이 아니라 오히려 국민보도연맹사건으로 더 많은 희생을 치렀다. 지금도 울산은 적의 전투기가 오더라도 공단 주변에 높은 산이 있어 유사시 대공포를 운용하기에 용이하다. 박정희, 오원철을 포함해 초기 산업정책 결정자들 대부분이 6.25전쟁에서 장교로 작전을 펼친 경험들이 있다. 도면을 보면 바로 감을 잡을 수 있는 사람들이었다. 원자력발전소가 울산 주변에 모여 있는 배경에는 지각 구조나 냉각수 문제 이외에 이런 고려가 있지 않았을까?

지금은 이런 조건들 외에도 다양한 산업들이 모여 있는 것 자체가 입지적 장점을 강화시키고 있다. 예를 들어 KCC는 석유화학산업에서 원료를 공급받아 정밀화학 제품인 페인트를 만들어 자동차와 조선 업체에 공급한다. 무게는 작고 부피가 큰 자동차 플라스틱 부품 공장은 울산에 입지하고 있다.

2015년 울산박물관에서 60~70년대 현장에서 활약한 울산 근로자 생활상을 조명하는 '별 보고 출근하고 달 보고 퇴근하고-울산공업화 1세대 이야기' 특별전을 개최했다. 숫자로만 보면 수백~수천 명에 그쳤겠지만 그 이전 세대의 노동자들은 어떤 삶을 살았을까? 염전과 철장, 철공소와 옹기점, 포경선을 전전하지 않았을까? 어느 작업장이 가장 월급이 많았을까? 확실한 것은 모든 곳이 극한직업이었다는 점이다.

울산공업센터와 공업탑

 울산이란 도시 이름이 들어간 법률이 지금까지 세 가지가 있다. 울산의 과거 영광을 만드는 주춧돌이 되었고, 다가올 희망의 내일을 만들 법들이다. 첫 번째는 『울산개발위원회 및 울산개발계획본부설치법』으로 1962. 5. 31. 제정·시행되었다. 다음 해 폐지되었지만, 그때 생긴 건설부 울산특별건설국이 1976년까지 울산공단의 기초를 닦았다. 두 번째는 『울산광역시설치등에관한법률』이다. 1996. 12. 31. 제정되어, 다음 해인 1997. 7. 15. 울산은 광역시가 되었다. 세 번째는 『국립대학법인 울산과학기술대학교 설립·운영에 관한 법률』로서 2007. 4. 6. 제정되었다. 현재는 『울산과학기술원법』이 대체하고 있다. 울산 유일의 국립대학이 이에 따라 설치될 수 있었다.

 이 중 첫 번째 법률이 두 번째와 세 번째 법률까지 이어지게 하는 계기가 되었다. 조만간 네 번째 법률이 생겨나 울산의 미래를 한 단계 더 밝혔으면 하고 바란다. 다른 지역의 사례를 보면 큰 국제행사 개최나 국가기관 유치, 자치구 명칭 변경에 따라 지역 이름을 법률명에 넣는 경우가 많은데, 울산의 경우는 어떨지 아직 추측하기 어렵다.

 2022년은 울산특정공업지구 지정 60주년이다. 1962. 1. 27. 지정되었다. 이후 울산공업센터 조성과 도시계획 수립 등 일련의 개발과정이 있었다. 이 이야기들은 2022년 6월 울산광역시가 발간한 『울산의 기억과 기록』에 상세하게 실려 있다. 한편 울산공업센터 개발은 표면적으로는 산업단지를 개발하는 것이지만, 이면에는 해외 투자유치 계획과 광역 수자원 개발계획이 함께 이루어졌다. 이들 계획들의 내용과 공업탑 이야기를 간단하게 살펴보자.

울산공업센터 건설을 위한 기술평가보고서

울산특정공업지구 지정 직후 정부는 미국 국제개발처 차관도입을 모색했다. 그래서 전체적인 개발계획을 잡고 사업별 타당성을 입증하기 위해 울산공업센터 건설 기술평가 용역을 시행했다. 용역의 핵심은 이전부터 개별적으로 검토해 왔던 제철공장, 비료공장, 정유공장 사업을 재검토하고 발전소 등 인프라의 기술적 타당성을 검토하는 것이었다.

지역의 관점에서 보면 여기에는 공장시설 이외에도 발전소, 항만, 용수, 철도, 통신, 주택, 비행장 등 주요 인프라가 망라되어 있어 그 의미가 매우 크다. 대부분 계획대로 추진되었다. 그런데 이 보고서에서는 비행장은 당시 대구와 부산에 있어 필요성이 의문시된다고 평가를 했다. 하지만 이후 상공계의 요구로 1969년까지 결국 비행장이 건설되었다.

한편 이때까지만 해도 울산에는 제철과 비료, 정유공장에 한해 검토가 이루어졌던 것 같다. 석유화학단지조차 60년대 후반에 입지가 결정되었다. 그리고 자동차와 조선은 언급조차 없는데, 이 부분은 정부가 이후 기업이 직접 투자해서 할 수 있도록 전략을 세워 지원해 주었다.

나머지는 제철소인데, 1967년 정부는 제철소 입지를 포항으로 결정해 추진했다. 그 결과 부지가 남은 울산에는 대신 자동차공장과 조선소가 발전할 수 있었다. 이후 울산에 제2제철소 유치 움직임이 있긴 했지만 거대한 산업 하나를 더 품기에는 땅이 부족한 것이 확실했다. 지금 다시 시민들이 선택을 할 수 있다면 제철일까, 자동차 조선일까?

이 기술평가 용역은 울산개발계획본부가 발주하고 미국 회사인 데이앤짐머만(Day&Zimmermann)이 수행했다. 인터넷 홈페이지(www.dayzim.com)를 보면 이 회사는 1901년 설립된 회사로서 지금도 필라델피아에 본사가 있으며, 전 세계 150개 지소에 2만 4천 명의 직원을 두고 있다고 한다. 당시 용역보고서는 얼마 남아 있지 않다. 2008년 박맹우 시장 재임 시절 당시 최상철 국가균형발전회 위원장이 울산을 방문해 한 부를 기증했다. 지금은 울산박물관이 소장하고 있다.

낙동강 유역 토지 및 수자원 개발계획

울산특정공업지구를 지원하기 위해 선암댐과 사연댐, 대암댐을 건설함과 동시에 정부는 낙동강 유역 전체에 대한 수자원계획을 수립했다. 바로 1971년 한국수자원개발공사(낙동강유역조사단)가 작성한 『낙동강 유역 토지 및 수자원 개발계획』이다. 당시는 우리나라가 경험이 부족했던 상황이라 국제연합 식량농업기구(FAO)의 지원이 있었다고 한다. 이 보고서를 보면 앞서 1966년부터 낙동강 유역에 대한 조사가 시작되었다. 여러 단계와 부문별 조사를 거쳐 지금 낙동강 유역의 큰 물그릇인 안동댐, 임하댐, 합천댐이 계획되었다. 아울러 포항과 울산, 마산 등 공업도시의 공업용수 수요를 추정하고 투자계획을 마련하였다.

이후 1977년 양산에 낙동강 원동취수시설이 준공되면서 울산은 태화강 물뿐만 아니라 낙동강 유역에서 공업용수를 안정적으로 공급받아 산업이 더욱 확대될 수 있는 기반을 마련하게 된다. 1994년에는 2단계 취수시설과 도수관로를 추가로 건설했다. 물과 관련해 울산이 양산으로부터 수혜를 받는 것만은 아니다. 울산이 양산 웅상 지역의 하수처리를 담당해 주고 있다. 하수처리를 해 주지 않으면 이 지역의 도시개발은 불가능하다. 결국 상생이다.

울산 공업탑 건립

경제개발5개년계획이 어느 정도 성과를 보이고 울산특정공업지구 조성이 탄력을 받게 되자 그 자신감을 살려 1967. 4. 20. 공업탑을 세웠다. 현재 공업탑은 분수대와 화단에 둘러싸여 있는데 그 안에 청동 남성군상과 여성상이 있다. 그중 남성군상에는 비문이 네 개가 있다. 울산공업센터 기공식 치사문(1962. 2. 3.), 울산공업센터 지정선언문(1962. 2. 3.), 기념탑건립취지문(1967. 4. 20.), 그리고 울산공업센터 건립기념탑 설명문이다. 설명문은 기념탑을 제작한 박칠성(朴七星) 조각가가 2010년 공업탑을 정비할 때 추가한 것이다.

이 중 일반적으로 가장 많이 알려진 것이 "四千年(사천년) 貧困(빈곤)의 歷史(역사)를 씻고"로 시작되는 치사문이다. 지금의 정서와는 잘 맞지 않은 부분이 있는 것은 사실이다. 특히 "第2次 産業(제2차 산업)의 우렁찬 建設(건설)의 수레소리가 東海(동해)를 震動(진동)하고, 工業生産(공업생산)의 검은 연기가 大氣(대기)속에 뻗어 나가는 그날엔" 하는 부분은 환경에 대한 고려가 부족했던 당시의 상황을 고백해 주고 있다. 하지만 그 시대 국민들과 시민들의 공감을 얻었던 것은 확실하다. 그에 앞서 독일을 초월하고 신라를 재현하려는 목표는 듣기만 해도 가슴 벅찬 비전이었을 것이다.

 그럼 지금 우리나라는, 울산의 산업은 루르의 奇蹟(기적)을 超越(초월)했을까? 그리고 문화적으로는 新羅(신라)의 榮盛(번영)을 再現(재현)했을까? 공업탑 유산에 대해서는 외국인들에게도 그 내용을 널리 알리면 좋지 않나 싶다. 다행히 이 네 가지 비문을 영어, 중국어, 일본어로 번역한 자료가 있다. 울산연구원의 『산업관광 콘텐츠 개발 및 운영방안 연구(2014)』에 실려 있다. 원문은 국한문 혼용이 되어 있는데 현대 맞춤법에 따라 약간 수정해 소개해 본다.

참고

1963 울산특정공업지구 배치도

(울산공업센터 건설을 위한 기술평가보고서)

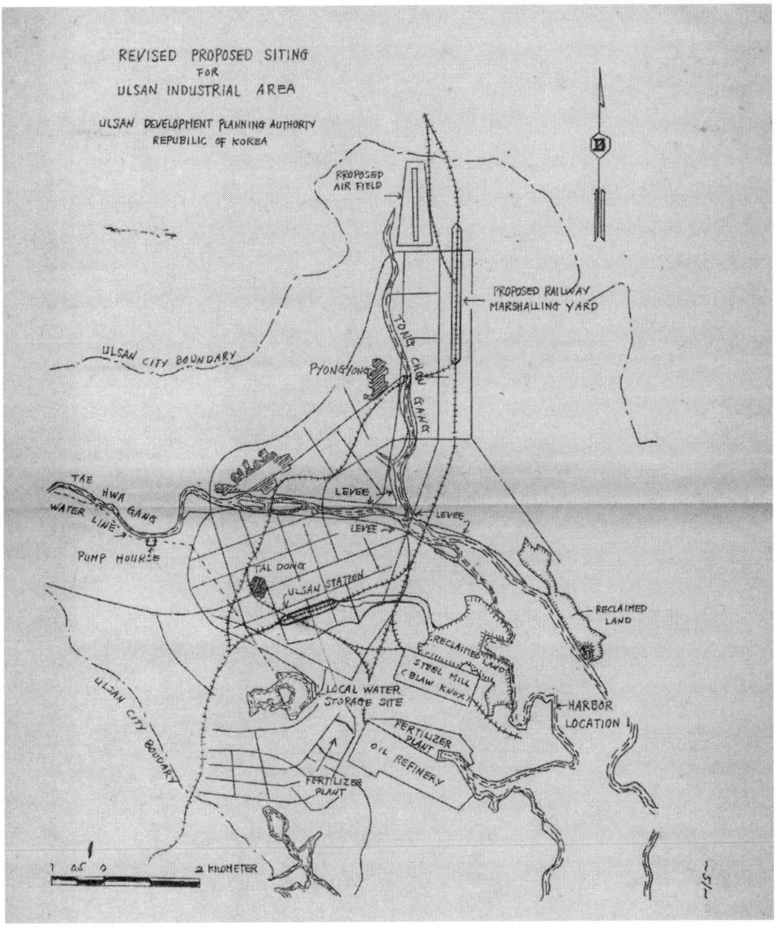

> 참고

울산공업센터 기공식 치사문(한·영·중·일)

蔚山工業센터 起工式 致辞文

四千年 貧困의 歷史를 씻고 民族宿願의 富貴를 마련하기 爲하여 우리는 이곳 蔚山을 찾아 여기에 新工業都市를 建設하기로 하였습니다. 루르의 奇蹟을 超越하고 新羅의 榮盛을 再現하려는 民族的 慾求를 이곳 蔚山에서 實現하려는 것이니 이것은 民族再興의 터전을 닦는 것이고, 國家百年大計의 寶庫를 마련하는 것이며, 子孫萬代의 繁榮을 約束하는 民族的 蹶起인 것입니다. 第2次 産業의 우렁찬 建設의 수레소리가 東海를 震動하고, 工業生産의 검은 연기가 大氣 속에 뻗어나가는 그날엔 國家民族의 希望과 發展이 눈앞에 到來하였음을 알 수 있는 것입니다. 貧困에 허덕이는 겨레 여러분! 5·16革命 眞意는 어떤 政權에 對한 野慾이나 政体의 變造에도 그 目的이 있었던 것은 아니었으며, 오로지 이 겨레로부터 貧困을 驅逐하고 子孫萬代를 위한 永遠한 民族的 繁榮과 福祉를 마련할 經濟再建을 成就하여야 되겠다는 崇高한 使命感에서 蹶起했던 것입니다. 이 蔚山 工業都市 建設이야말로 革命政府의 總力을 다할 象徵的 雄圖이며, 其 成敗는 民族貧富의 판가름이 될 것이니 온 國民은 새로운 覺醒과 奮發 그리고 協同으로서 이 世紀的 課業의 成功의 完遂를 爲하여 奮起努力해 주시기 바라 마지않습니다.

1962年 2月 3日
國家再建最高會議議長 陸軍大將 朴 正 熙

Congratulatory note on the groundbreaking ceremony for the Ulsan Industrial Center

We have gathered here in Ulsan to build a new industrial city through which we aspire to end the 4,000-year history of poverty in our nation and achieve long-hoped-for national wealth. We are determined to make our dreams of transcending the miracle of Ruhr and reviving the glory of Silla become reality in Ulsan based on our firm commitment to establishing the foundation for national rehabilitation, devising and pursuing long-range national projects, and realizing the promise of prosperity through the generations.

The day when the roaring of the wheels of construction resonates across the nation and the smoke from the chimneys of industrial production sites whirls through the air is the day our national hope for development has been realized.

My fellow citizens in hardship,
The May 16 Revolution was not for any political greed or change in political beliefs but solely for the lofty mission of ending poverty and achieving economic rehabilitation towards national prosperity and eternal social welfare. The construction of an industrial city in Ulsan is, in itself, a symbol of the revolutionary government's determination to do its utmost to achieve this mission. This government's success or failure will decide the economic status of the nation, and it is

my sincere hope that the Korean people, in this knowledge, will do their best for the successful completion of this task of the century by channeling patriotism, pursuing aspirations, and embracing cooperation.

February 3, 1962

Army general, Jung-Hee Park,
Chairman of the Supreme Council for National Reconstruction

蔚山工业中心开工典礼致辞

为了摆脱四千年贫困的历史,实现国家富强的民族宿愿,我们决定在蔚山建设新工业城市。在这里,我们将超越德国鲁尔工业区的奇迹,重现新罗时期的繁荣鼎盛,实现民族千百年来的殷殷期盼,这是奠定民族伟大复兴之基础,建设国家百年大计之宝库,是保证子孙万代繁荣昌盛的民族之崛起。当第二产业建设的隆隆车轮声响彻东海,当工业生产的滚滚黑烟冲向云霄,我们将看到国家和民族的未来希望与发展。饱受贫困煎熬的同胞们,5.16革命的真意并不是篡政谋权或改造政体,而是为了将同胞们从贫困中解救出来,通过重建经济,造福子孙万代,实现民族永远的繁荣富强,正是这一崇高的使命感让我们奋发图强。蔚山工业城市的建设将是革命政府倾尽全力的具有象征意义的宏伟蓝图,其成败将决定民族的富强或贫弱,衷心希望全国人民以新的觉悟发挥奋斗与协同精神,为顺利完成这一跨世纪的伟大事业而奋发努力。

1962年 2月 3日
国家再建最高会议议长 陆军大将 朴正熙

蔚山工業センター起工式挨拶文

　四千年に及ぶ貧困から脱却し、民族宿願の豊かさを築くため、我々は、ここ蔚山に新工業都市を建設するに至りました。ルール（ドイツ）の奇跡を超え、新羅の繁栄を再現しようとする民族の念願を果たすためで、これは、民族再興の基盤を築き、国家百年大計の宝庫を創るものであり、子孫万代の繁栄を約束する民族的な決起です。第2次産業の構築に向けた荷車の力強い音が東海に響き渡り、工業生産の黒煙が大気の中をあがっていくその日に、国家民族の希望と発展が目の前に到来したことを知ることになるでしょう。貧困にあえぐ同胞各位、5・16革命の真意は、政権に対する野心や政体の変造にその目的があったのではなく、ひたすら同胞から貧困を駆逐し、子孫万代のための永遠な民族的繁栄と福祉を築く経済再建を成し遂げなければならないという崇高な使命感から決起したものです。この蔚山工業都市の建設こそ、革命政府が総力を尽くす象徴的な計画で、その成敗が民族の貧富の分かれ目となるものであり、国民においては、新しい覚醒と発奮、そして協力によって、この世紀の課業の成功・完遂を目指し、奮起努力することを願ってやみません。

　　　　　　　　　　1962年 2月 3日
　　　　　　　国家再建最高会議議長 陸軍大将 朴 正 熙

산업수도 울산의 운명

울산은 아직 산업수도인가?

산업수도 울산의 위상은 계속될까? 산업변방으로 전락할 우려는 없는가? 아니면 이미 지방의 한 산업도시에 불과한가? 하기야 산업수도라는 말도 IT와 금융, 서비스산업을 제외한 제조업에 한정되어 의미가 있는 명칭이다. 울산의 일인당총생산은 아직 1위를 유지하고 있지만 경제성장률은 중하위로 떨어진 지 오래되었다. 주력산업은 애써 버티고 있지만 좋은 일자리가 더 늘어날 기미가 없다. 국내에서 독과점 지위를 누리는 대기업들이 세계 수준의 완전경쟁시장에서는 고전하고 있다. 바닥으로의 경쟁(Race to the Bottom)은 계속되고 비정규직 일자리 비중이 늘고 있다. 노동·환경규제를 강화하니 또 부작용이 심하다고 난리다. 아직 균형점이 잡히지 않았다. 인구가 감소하며 어느새 쇠퇴지역이 늘어나 곳곳에서 도시재생사업이 진행되고 있다. 계속 성장을 외쳐야겠지만 한편으로는 축소도시를 준비할 수밖에 없는 상황이다.

울산 시정을 책임지고 있는 정치인들은 허업(虛業)을 하는 줄 알면서도 실업(實業)에 골몰하는 노사(勞使)를 돕는다고 바쁘다. "너네 시장 뭐 하시노?"라는 시민들의 다그침이 싫어 공직자들은 부지런히 손과

발을 움직인다. 광역시 승격 이후 손에 꼽을 수 없을 만큼 얼마나 많은 인프라가 생겼는가? 국립대학교라 할 수 있는 울산과학기술원이 생겼다. 국가산단 이외에 일반산단이 20여 개 늘었다. 울산테크노파크를 비롯해 한국화학연구원 울산본부 등 다양한 연구지원기관들이 생겨나고 이미 제자리를 잡았다. 울산박물관, 울산도서관, 울산미술관, 울단전시컨벤션센터(UECO) 등 문화시설 종합세트가 이제 다 갖추어졌다. 울산 서부권에는 KTX가 울산역에 멈추고, 동부권에는 동해남부선을 따라 태화강역에서 부산을 오갈 수 있다. 동해고속도로와 이예로를 통해 부산, 양산, 울산, 경주, 포항이 모두 반나절 생활권이 되었다. 울주에서 밀양까지는 고속도로가 개통되었고 또한 긴 국도 터널이 뚫렸다. 안으로는 남구에서 동구로 울산대교가 걸렸다.

그런데도 여전히 힘들다. 크게 늘지 않은 인구는 다시 줄어들고 있다. 산업계는 여전히 못해먹겠다며 애로를 토로한다. 어쩌란 말인가? 이 공직 생활이란 것이 참 마음 편히 있기 힘든 일이다. 사회란 것이 멈추면 자전거처럼 쓰러진다. 산업수도 노동자들은 대부분 극한직업을 가지고 있다. 이곳의 공직자로 사는 것도 극한직업이다.

상황이 어려울 때마다 답답한 현상타개를 위해 해야 할 일이야 얼마나 많겠는가? 하지만 주어진 여건에서 제한된 자원을 가지고 할 수 있는 가장 **효율적**이고 **효과적**인 정답을 누가 내놓을 수 있단 말인가? 그저 울산이 지나온 길을 더듬어 보고 앞으로 풀어야 할 문제집을 들여다보자. 산업적으로다가.

외환위기 이전의 울산

1960년대 전반 석유화학산업이 태동했다. 1962년 울산공업센터 건설이라는 팡파르를 울리고 나서 1964년 정유공장(당시 대한석유공사)이 가동되기 시작했다. 이어 1968년 3월 22일 정유공장과 연계해 석유화학단지 건설에 착수하게 된다. 이날이 2006년 제정된 울산 주력산업의 날 중 하나인 화학의 날이다. 당초에는 소재 국산화가 목표였는데 규모의 경제가 있어야 롱런할 수 있다고 판단한 오원철 등 산업정책가들이 낙동강 물까지 끌어오고, 스팀과 전기까지 맞춤으로 제공하면서 키우는 바람에 수출산업이 되었다. 현대적인 의미에서의 자동차는 수도권, 조선은 부산과 경남에서 시작한 산업인 데 비해 정유~나프타분해(NCC)~석유화학~정밀화학이라는 제대로 된 계열을 갖춘 석유화학 콤비나트는 울산이 모태이고 지금도 한국에서 가장 완성된 모델이기 때문에 그만큼 의미가 크다.

1960년대 후반에는 현대자동차가 공장 건설에 착수했다. 당초 자동차산업에 식견이 있던 정주영 회장이 어음 거래가 많은 건설보다 현금회전이 좋은 자동차 제조업이 낫다며 자동차 산업에 진출하게 된다. 당시 정부도 자동차산업이 경쟁력 없이 중구난방으로 난립하자 합리화를 통해 품질을 높이는 정책을 추진하면서 현대자동차에게는 위기이자 기회로 작용하게 되었다. 정주영 회장이 『이 땅에 태어나서』에서 증언하고 있는 바에 따르면 포드와의 협상문제, 부지 보상을 위한 주민과의 갈등, 태풍과 홍수 극복, 열악한 도로 인프라, 완성된 차량의 품질문제 등 그야말로 엄청난 시련을 겪으며 추진되었다. 1968년 5월 착공해 6개월 만인 11월 울산 1공장에서 첫 차인 포드 코티나(Cortina)를 조립했다. 당시 정 회장은 고속도로를 건설하면서 이 길을 달릴 자동차를 만들 공장을 동시에 지은 셈인데, 정세영 회장이 처음 생산된 차를 타고 고속도로 건설현장에 있는 형을 찾았다고 한다. 울산~언양 고속도로는 1969년 12월 준공되었고, 경부고속도로는 이보다 늦은 1970년 7월 준공되었다. 언양·봉계 한우 불고기가 유명해진 것도 이 즈음이다. 이후 현대차는 미쓰비시의 엔진기술을 제휴 받고, 이탈리아 디자인을 접목해 1975년 12월 고유 모델인 포니를 생산했다. 그렇게 처음엔 23만 ㎡ 정도로 시작한 공장이 지금은 520만 ㎡에 달하는 메가팩토리가 되었다. 신의 한 수로 나타난 것이 바닷가라서 공사는 힘들었지만, 일단 조성된 후에는 생산현장과 붙어 있는 울산항 부두에서 바로 선적해 수출을 할 수 있는 이점이 확연하게 드러났다. 한편 정부의 강력한 제안이었는지, 정주영 회장의 혜안이었는지 1969년 울산공과대학이 인가되고 이듬해 개교를 하였다. 울산 자동차의 날은 1999년 5월 12일이다. 자동차 수출 누계 1천만 대를 돌파한 날이다. 2013년 2월 26일 현대자동차 울산공장에서 세계 최초로 수소전기차를 양산하기 시작했다. 이날을 기념해 2020년 울산 수소산업의 날이 따로 지정되었다.

1970년대에는 미포만의 기적이 일어났다. 울산국가산업단지는 울산미포국가산업단지가 되었다. 자동차보다 조선소를 짓는 게 더 어려웠다고 한다. 정주영 회장의 증언에 따르면 자동차와 달리 앞서 포항제철 건설에 착수한 박정희 대통령의 강력한 요청에 못 이겨 시작했다고 한다. 1970년 영국 바클레이 은행과 그리스 리바노스를 찾아가서 거북선이 그려진 500원 지폐와 미포만 사진 등을 보여 주며 은행 차관 추천서를 받고, 선박 2척을 발주받은 일화가 유명하다. 이후 자동차공장과는 비교가 되지 않을 정도의 넓은 땅에 고속도로 건설에서 썼던 장비들을 긁어모아 기초공사를 진행시켰다. 마침내 1972년 3월 23일 박정희 대통령 참석하에 조선소를 착공했다. 대통령은 민원을 의식해 특별히 주민들의 협조를 당부했다고 한다. 이어 1973년 현대건설에서 분리된 독립회사가 설립되었다. 1974년 6월 28일에는 조선소 1단계 준공과 함께 26만 톤급 초대형 선박 2척(애틀랜틱 배런, 애틀랜틱 배러니스)에 대한 명명식이 있었다. 이날이 울산 조선해양의 날이다. 이후 1975년 현대미포조선이 분사하면서 쌍끌이를 했다. 사실 원래 미포(尾浦)는 지금의 현대중공업 본사 앞 해변이었고, 지금의 현대미포조선 자리는 옛날 애전(艾田, 쑥밭)마을이었다. 정주영 회장은 조선업이 건설업과 공정이 비슷해서 가능하지 않겠느냐며 시작했다는데, 불과 수년 만에 그 차원을 뛰어넘어 버렸다. 그야말로 불굴의 의지이다.

한편 1974년 온산공단이 두 번째 국가산업단지로 추가 지정되었다. 1974년 LS-니꼬동제련, 1978년 고려아연, 1980년 풍산금속 등 굴지의 기업들이 들어서면서 국내 최대의 비철금속단지로 발전했다. 한편 석유화학산업도 계속 성장했다. SK에너지에 이어 1976년 에스오일이 오면서 울산에는 4대 정유사 중 2곳이 입지하게 되었다. SK에너지는 울산대공원을, 에스오일은 태화루를 지어 기부한 기업이다.

그렇게 1970년대 산업성장에 따라 울산의 도시도 놀라운 성장률을 기록했다. 한 해 인구증가율이 1974년 16%, 1978년 14%를 기록했는데 지금은 상상을 할 수 없는 수치이다. 이런 상황에서 행정이 모든 법을 제대로 적용해 가며 도시를 관리한다는 것은 애당초 불가능한 일이다. 내가 동장 시절 함께 근무한 사무장은 당신이 20대에 동에서 근무할 때 SK에너지(당시 유공)가 공작물에 해당하는 대형 플랜트 설치를 동에 신고하면 화학이 뭔지도 모르는 자신이 수리해 주었다고 웃으며 얘기했다. 그런데 지금 이와 비슷한 것이 바퀴가 달린 조선소 대조립공장동이다. 모든 지자체에서 이것을 제대로 된 건축물이 아닌 가설 건축물로 간편하게 설치할 수 있게 하고 있다.

1980년대는 전자산업까지 합세했다. 1986년 삼성SDI가 울주군 삼남지역에 브라운관 공장을 세웠다. 회사 전화 지역번호는 경남의 055를 쓰고, 주소는 울산에 둔 이상한 위치이다. 브라운관 생산을 중단하면서 한때 8천여 명에 달했던 근로자는 거의 다 흩어졌다. 이후 PDP 디스플레이를 생산하기도 했지만, 지금은 ESS(대용량 에너지 저장 장치)와 2차 전지 생산에 전념하며 미래를 대비하고 있다. 울산으로서는 전자산업이 추가로 확대되지 못한 것이 참 아쉬운 점이고 지금까지도 울산 경제의 가장 큰 약점이다.

1990년대를 거치며 울산의 산업은 계속 확장했다. SK에너지 울산공장은 여의도 면적 세 배에 달하는 단일공장 면적 세계 최대가 되었다. 현대차 울산공장은 한 해 140만 대의 생산능력을 갖춘 세계 최대 규모의 완성차 단일공장이다. 현대중공업 울산조선소는 생산량과 품질 양면에서 조선해양산업 글로벌 리더로 발돋움했다. 이들 주력산업 대기업들은 전국의 중소 부품소재업체들과 협력체계를 갖추며 울산을 명실상부한 산업수도의 반열에 올려놓았다. 특히 자동차산업은 1~3차 밴드라는 공식이 있어 대부분의 1차 밴드는 울산에, 2~3차 밴드는 부산·양산, 경주·대구 등 원거리 지역에 두었다.

한국이 그렇듯이 급격한 경제성장에는 명암이 있었다. 1986년 시민들은 언론과 함께 민주화를 요구했고, 1987년 노동자들은 노조를 만들어 생존권을 부르짖었다. 복잡한 노사정 간의 합의를 때로는 말로 받고, 때로는 실력으로 충돌해 가며 울산은 산업민주화를 이루어 냈다. 광주와 같은 비극이 재현되지 않은 것이 중앙정부의 양심 때문인지, 지방정부의 재치 덕분인지, 노조의 실력 때문인지 모를 일이다.

도시와 댐들이 마을과 들판을 삼키며 문화재의 현상들을 급격하게 변경시켰다. 대곡댐에는 신라의 원류일 수도 있는 문명의 흔적이 있었다. 사연댐으로 인해 반구대암각화는 해마다 고생이고, 공직자들은 물 문제로 매일이 골치다. 산업과 항만 시설들은 해안의 경승들을 하나씩 지웠다. 일산해수욕장보다 모래사장이 길고 부드러웠던 미포 명사십리 자리에는 조선소 도크가 들어섰다. 온산 바닷가에는 간절곶보다 아름다웠던 해변이 가득했었단다.

살아남은 마을마저 환경공해로 해안마을을 떠나 도시로 이주를 해야 했다. 그렇게 고향을 떠난 이주민이 세운 옛터비 또는 망향비가 곳곳에 지천이다. 남구에는 용연, 용잠, 남화, 성암이 대표적이다. 온산의 화산공원에는 19개 마을 망향비가 있다. 울산·미포(4,844만 ㎡) 및 온산(2,594만 ㎡) 국가산업단지에 있던 해안마을들이 수십 년에 걸쳐 차례차례 없어진 배경에는 지금의 산업단지와는 다른 초기 국가산업단지 개발방식에 있다. 지금은 개발계획을 먼저 세워서 정해진 곳을 보상하고 용도를 정해 분양한다. 그런데 울산의 두 거대한 국가산단은 실수요자 개발방식이라고 해서 국가는 테두리만 정해 주고 실제 개발은 대기업들이 담당하게 했다. 이주민이 생긴 곳은 산업단지 이외에 대곡댐, KTX울산역 등 이루 셀 수가 없다. 울산의 산업사와 환경사, 정치사 사이에 중복되는 영역이 있다면 바로 이주사일 것이다. 이 부분은 울산문화원연합회의 『산업도시 울산의 이주사』와 김진곤 선생의 「울산 남구 해안 마을 주민들의 이주사」를 꼭 한번 읽어 보길 추천한다.

하여튼 이런 역경들까지 자의반 타의반 주민들이 양보해 가며 울산은 계속 성장했다. 정말 빛나는 시절이었다. 울산의 도금시대(The Gilded Age)라 해야 할까? 1990년대 들어 시민들은 발전에 감격해 하며 자신감을 가지는 한편 지난 고통을 보상해 달라며 광역시 승격을 요청했다. 1996년 정부와 경남도는 여러 우여곡절이 있긴 했지만 선뜻 환태평양시대의 산업주역이 되어 달라며 결단해 주었다. 1997년 울산은 드디어 광역시가 되었다. 그러나 느닷없이 IMF 외환위기가 닥쳤다.

지역주도형 산업육성전략

울산은 다행히 IMF 위기를 비교적 원만하게 극복했다. 가장 큰 타격을 입은 금융과 건설은 원래부터 울산의 주력이 아니었다. 대우자동차와 기아자동차가 고비를 넘기지 못한 반면에 현대자동차는 승자독식(winner-takes-all)의 기회를 맞이했다. IMF 위기에 큰 타격을 본 건 오히려 향토기업이었다. 주리원, 아트리움 등 지역백화점들이 현대백화점 등에 넘어갔다.

IMF 이후에는 완전히 새로운 산업을 추가하기보다는 내실을 다지는 것이 주요한 정책방향이었다. 이미 웬만한 큰 산업들은 어딘가에 자리를 잡아 새롭게 유치할 것이 없었고, 외환위기 이후에는 기업들도 쉽게 신규 투자를 꺼렸다. 그래서 울산은 산업구조 다변화를 목표로 '주력산업의 고도화, 미래 신산업 육성'이라는 구호를 외쳤다. 쉽게 말하면 살찐 집토끼들을 잘 지키고, 산토끼는 어린 것이라도 한 마리 더 잡아 키워 내자는 이야기이다. 어렵게 말하면 기존 3대 주력산업의 연구개발 역량과 생산경쟁력을 높이고 전략산업으로서 자동차부품, 정밀화학 등 연관산업을 육성하는 것이 골자였다. 이후 산학연 협력체계가 빠른 속도로 강화되었고, 최근까지 크고 작은 산업시설들과 공장들이 확장되고 개량되었다. 덕분에 최근에는 HLB(현대라이프보트), 덕산하이메탈, 클리노믹스 등 신산업 분야 기업들이 성장해 크게 활약하고 있다.

하지만 외환위기 이전에 형성된 대형 산업 수준의 완전히 새로운 분야를 육성했다고 할 정도는 아니다. 그런 산업을 굳이 꼽아 본다면 고리 원전이 확장되어 신고리 원전이 울산까지 온 정도일 것이다. 2001년 사업계획이 확정되었으니 벌써 20년이 넘었다. 이후 2019년 3·4호기가 준공되었고 2024년까지는 5·6호기를 가동할 계획으로 있다. 교육연구시설이 함께 들어서고 있다. 한국수력원자력의 원자력교육원, 한국전력의 KINGS(국제원자력대학원대학교)에 이어 원전해체기술센터 건립, 소형모듈원전(SMR) 개발사업 등을 추진 중이다. 사실상 또 하나의 산업클러스터가 구축되고 있는 셈이다.

나는 2006년부터 지역산업 육성 업무에 참여하며 산학연 전문가들의 이야기를 들을 수 있었다. 당장의 산업 실적은 나쁘지 않았지만, 미래는 보장할 수 없다는 분위기였다. 21세기에 접어들며 울산의 당시 상황은 매우 좋지 않았다. SK에너지의 울산연구소는 대덕연구단지로 가 버렸고, 현대자동차 울산공장의 연구기능들도 경기도 남양연구소로 대부분 보내 버린 상황이었다. 그야말로 지역에는 생산기능만 남게 되었다. 현대중공업 R&D 기능이 그때까지는 여전히 울산에 남아 있었지만 조선산업은 자동차나 화학만큼 산학연 네트워킹이 활발한 산업은 아니었다.

당시 노무현 정부(2003~2008) 아래에서의 산업정책 환경은 울산이 가야 할 상황과 정확히 맞아떨어졌다. 박정희 정부 때는 경제개발5개년계획과 경제사회발전5개년계획을 추진했는데, 이때는 국가균형발전 5개년계획을 추진했다. 키워드는 클러스터, 산업혁신, 전략산업, 균형발전 등이었다. 울산은 이미 3대 주력산업이 클러스터를 이루고 있었다. 그리고 생산 기능에 연구개발 역량 보완을 위한 산업혁신이 꼭 필요했다. 자동차부품소재와 정밀화학 육성이라는 전략산업을 선정하는 데 큰 이견이 없었다. 게다가 정부의 균형발전 이니시어티브에 따라 울산은 국립대와 혁신도시를 유치하게 되었다.

오토밸리, 테크노파크, 테크노산단

이런 우호적 정책여건 속에서 울산이 정부나 경남도의 기획이 아닌 스스로 자기주도형 산업정책을 세워 추진한 첫 사업이 2001년 시작된 오토밸리(Auto Valley) 프로젝트이다. 이 프로젝트는 울산 자동차산업을 '세계 4대 자동차 클러스터'로 육성한다는 비전을 가지고 만든 종합계획이었다. 당초 계획은 "먼저 현대자동차 울산공장 출고장에서 경주 경계까지 산업로와 분리된 물류도로인 오토밸리로를 뚫어 완성차 공장의 적시생산(Just-in-time)을 돕는다. 도로를 따라 모듈화산업단지, 오토프라자(전시컨벤션센터), 부품소재단지, 자동차부품연구시설을 입지시킨다. 한편 부족한 연구인력을 양성하기 위해 자동차기술대학원을 운영한다"였다.

이 사업은 광역시 승격 이전부터 산업육성 업무를 담당해 오던 실무사무관들의 제안에서 시작되어 부서 내 공감을 얻고 심완구 시장의 재가를 받아 추진하게 되었다고 한다. 이후 전시컨벤션센터 위치가 변경되었지만 거의 원래 구상대로 추진되었다. 지금까지 산업단지와 연구지원시설은 당초 계획보다 몇 배나 확대되었다. 지금 생각해도 포석을 제대로 둔 계획이었다. 지역의 산업정책이 도시를 바꾸어 나간 것이다.

오토밸리라는 이름이 또 근사하다. 당시 실리콘밸리를 시작으로 전세계 산업클러스터에 밸리라는 접미어를 붙이는 게 유행이었다. 이탈리아 에밀리아-로마냐에서 온 방문객이 기억나는데 그곳에도 오토밸리가 있다고 했다. 울산이 시작한 오토밸리 이름이 매력적인지 지금은 서산 오토밸리, 인천항 스마트 오토밸리 등 아류가 여럿 생겼다. 사실 명산의 대명사, 알프스라는 이름이 그렇다. 1970년대 영남알프스라는 말이 생겼는데 지금은 충북알프스, 강원알프스 등 곳곳에 붙이고 있다.

울산시의 지역주도형 산업정책 집행을 뒷받침한 것은 2003년 설립된 (재)울산테크노파크였다. 테크노파크(Technopark, 산업기술단지)는 원래 산학연관이 협력을 통해 과학과 산업기술을 혁신하기 위해 조성한 토지·건물·시설 등의 집합체를 말한다. 당시 정부와 지자체는 국가연구기관이나 지방대가 아닌 지역주도형 산업정책을 추진할 새로 만든 연구지원기관들을 시·도별로 설치한 (재)테크노파크 아래에 두었다. 울산은 그동안 국립대와 공공연구기관이 없던 터라 이후 이 기관의 활동에 힘입어 많은 기업지원공간과 시험연구장비를 구축하게 되었다. 그리고 지역 내외의 산학연관과 네트워킹을 통해 화학연구원, 생산기술연구원, 에너지기술연구원, 조선해양기자재연구원 등 국가 연구시설들을 성공적으로 유치할 수 있었다. (재)울산테크노파크는 초기에는 중소기업의 자동차부품과 정밀화학 연구지원에서 시작해 지금은 스마트모빌리티, 이차전지, 스타트업 창업 등 영역을 넓혀 가고 있다.

울산 산학연관 협력체계의 큰 틀이 완성된 것은 UNIST가 개교하고, KTX가 개통된 후 혁신도시 공공기관 이전이 마무리된 2014년 전후가 아닐까 한다. UNIST의 역할로 울산의 과학과 산업기술은 세계적인 주목을 받게 되었다. 혁신도시 산학연 클러스터 부지에는 테크노파크에 맞먹는 다양한 혁신시설들이 입주할 수 있게 되었다. 이로써 산업수도 위상에는 다소 미흡하지만 광역시에 걸맞은 산학연관의 기본을 갖추게 된 것이다.

오토밸리에 버금가는 지역 주도의 산업정책은 2013년 시작된 테크노산업단지 조성사업이다. 오토밸리처럼 첨단 산업단지 조성, 연구시설 집적화, 인력 양성기관(산학융합지구) 유치, 교통체계 및 정주여건 확보 등을 담은 종합계획이었다. 산학일체형 미래 신성장 동력 거점 조성을 목표로 했으며, 테크노파크·대학교·지방이전 공공기관 등이 소재한 혁신지구와 기존 국가산단의 중간지점(남구 두왕동)에 조성했다. 실무 공직자들이 산학연과 긴밀하게 소통하며 끈질기게 정책에 반영해 나간 결과물이다. 이곳에서는 지금 2016년 개원한 (재)정보산업진흥원이 본부를 두고 3D 프린팅 등 융합형 ICT와 문화콘텐츠산업 분야에서 활약하고 있다. 아울러 (재)울산테크노파크는 울산을 수소에너지산업 메카로 만들기 위해 전념하고 있다.

광역시 승격 이후 산업기술 혁신과 병행하여 중소기업의 경영과 수출 지원, 투자유치에도 많은 힘을 쏟았다. 2000년 개원한 울산신용보증재단과 2002년 개원한 울산경제진흥원은 중소기업과 소상공인의 경영자금과 수출을 지원했다. 2008년에는 신산업단지에 관세유보지역인 자유무역지역이 지정되어 수출기업들에게 큰 힘이 되었다. 2015년에는 울산창조경제혁신센터를 설치해 조선해양과 3D 프린팅 분야 창업을 집중 지원했다. 조선해양 산업위기에 따른 피해지역 집중지원 분위기에 힘입어 2015년에는 부산중소기업청 울산사무소의 울산지방중소(벤처)기업청 승격이 확정되었다. 이로써 울산중소기업진흥공단, 무역협회 울산사무소 등 정부 공공기관과의 협력이 더욱 원활하게 이루어졌다. 2016년에는 울산지방노동위원회 직제까지 확정되었다. 그리고 가장 최근인 2020년에는 울산경제자유구역이 지정되고 다음 해 개청을 하게 되었다. 현재 수소산업 육성과 친환경 자동차 부품 클러스터 조성을 위한 투자유치에 총력을 기울이고 있다.

산업도시 울산에 대한 평가

산업도시 울산과 울산의 산업계를 어떻게 평가해야 할까? 제대로 된 주력산업 하나 없는 대부분의 도시들은 산업클러스터를 3~4개씩 가진 울산을 부러워한다. 한편 연구역량을 강조하는 입장에서는 그저 생산단지일 뿐이라며 저평가하기도 한다. 계속 혁신을 해야 하는 우리 스스로가 더 그렇게 생각한다. 하지만 그런 자기반성이 지나쳐 연구역량 확충에 지나친 투자를 하는 것도 경계해야 된다. 자동차나 조선 부품소재는 글로벌 소싱을 하고 있다. 부품소재만 그럴까? 기술까지 그렇다. 그래서 현대자동차가 보스턴 다이내믹스를 인수한 것이다. 생산처럼 기술도 국가 간은 물론 국내 지역 간에 분업이 있을 수밖에 없다. 울산의 자동차와 조선은 최종 조립 단계 산업체이기 때문에 부품, 소재, 기술, 인력을 골라서 적정 원가에 생산을 하면 된다. 기술의 경우 생산에 채택되지 않는 연구결과는 사장될 수밖에 없다. 의약과 의료기술이 아무리 좋아도 의사가 처방을 하지 않거나 수술현장에 적용하기 어려우면 가치를 평가하기 어렵다.

대형 산업 클러스터를 유지해 나가기 위해서는 저렴한 생산용지와 물류시스템이 구축되어야 하고, 생산현장의 뿌리기술과 응용기술이 좋아야 한다. 게다가 지역사회와의 소통과 사회갈등 조정기술이 있어야 하고, 노사협상 기술이 뒷받침되어야 한다. 이런 것들이 다른 도시와 다른 울산은 자산이다. 다른 기술은 서울과 대전을 비롯해 전 세계에 아웃소싱을 하는 것이다. 많은 고등교육기관이 포진하고 기업 중앙 연구원들이 자리를 잡아 연구 인력이 수천에서 수만 명에 이르면 더할 나위 없겠지만 모두를 가질 수는 없는 일이다. 그럼에도 종합대학교가 절대 부족하다는 현실을 아무도 부정하지 않는다.

그럼 지역의 산업정책은 제대로 되고 있고 지원은 충분한가? 누구도 자신 있게 말할 수 없을 것이다. 하지만 지역 산업정책을 평가하는 국가기관 소속 여러 전문가들이 울산의 산업정책을 높이 평가하는 이야기를 수차례 들은 일이 있다. 확실한 것은 광역시 승격을 하지 않았다면 울산의 산업이 이 정도로 버틸 수 있었겠는가 하는 것이다. 아마도 많은 부품소재업체들이 타 지역으로 옮겨 갔을 것이다. 그리고 산업수도의 위상은 더 빨리 더 큰 진동으로 흔들렸을 것이다.

2015년경부터 시작된 조선해양산업 위기가 워낙 커서 그렇지 위기의식은 외환위기 이후 줄곧 있어 왔다. 2000년대 들어서는 중국의 제조업이 워낙 빠른 속도로 치고 올라왔고, 일본과의 기술격차는 극복하지 못해 밀리는 '넛 크래커(nutcracker·호두 까는 기계)' 상황이었다. 10여 년이 지나자 중국의 기술이 우리를 따라잡고 일본은 경쟁력 있는 임금수준과 엔저로 무장하였다고 해서 '역(逆) 넛 크래커' 형국이라 불렀었다.

중국이 울산의 제조업을 따라 잡기 위해 총력을 벌인 것은 확실하다. 특히 자동차산업에 대한 관심이 높았다. 2009년 내가 근무하고 있던 시청 기획팀 앞으로 스페인의 어느 컨설팅사로부터 협조요청이 왔다. 2010년 상하이 엑스포에 선보일 글로벌도시 소개 영상을 제작하는 프로젝트를 맡았다며 울산의 자료를 제공해 달라는 것이었다. 정치는 워싱턴, 문화는 파리, 제조업은 울산을 모델로 선정해 영상에 담는다고 했다. 다행히 그해 시정 홍보영상 제작을 위해 촬영한 디지털 자료가 있어 필요한 부분을 편집해 흔쾌히 제공했다. 다음 해에 확인해 보니 실제 엑스포에서 소개가 되었다. 엑스포를 가 보지는 못한 게 아쉬웠다. 참고로 2015년 밀라노 엑스포 한국관은 '한식, 미래를 향한 제안: 음식이 곧 생명이다'라는 주제로 대형 옹기가 전시되었다.

내가 승진을 하고 교육부서에서 일하던 2011년에는 한국의 어느 교육기관에서 원고를 요청해 왔다. 중국 교육기관에서 교과서에 자동차도시 울산을 소개하고 싶다고 한다는 것이었다. 동료와 의논해서 간단한 소개글과 사진들을 보냈다. 2015년에 현대자동차 울산공장 지인에게 부탁해 북경공장을 통해 수소문을 해 달라 하니 해당 글이 실린

2012년도 교과서를 보내왔다. 중국 의무교육 교과서 7학년(중학교 1학년) 상권 『역사와 사회』 교과서였다. 울산박물관에 보내 공유하고 보관을 부탁했다. 내용을 첨부해 둔다.

15년 전 산업육성 업무를 시작하던 당시 3대 주력산업 중 가장 먼저 중국에 추월당해서 위험해질 산업이 무엇일까에 대해 공직 선배들에게 의견을 물어본 일이 있다. 대답들이 다양했다. 공직자는 담당하는 업무마다 달랐고, 기업 출신 인사들은 자신들이 몸담고 있는 산업이 가장 위험하다고 했다.

먼저 자동차는 정말 다양한 기술축적과 긴밀한 부품소재 협력체계가 필요해 중국이 한동안 따라잡지 못할 것이라는 의견이 있었다. 그러나 그때 이미 하이브리드카는 인기였고, 전기차와 수소차는 상용화를 준비 중에 있었다. 지금 생각해 보면 중국은 이미 어려운 내연기관보다 전기차를 집중 공략했다. 내연기관은 볼보자동차, 쌍용자동차 등 기술이 앞선 선발 메이커를 인수하여 추격했다. 한편 기업 경영자 출신 전문가는 노사문제에 따른 생산성 저하로 도요타에 5년 안에 인수합병될 거라 악담하는 경우도 있었다. 진심은 아니었을 것이고 워낙 노사관계로 마음고생을 한 탓이었을 것이다.

조선해양산업을 걱정하는 사람은 드물었다. 그때만 해도 밀려드는 주문에 조선블록 생산 부지를 구하지 못해 난리였다. 울산은 조선산업용지를 확보하기 위해 온산 앞바다를 메워 가며 산업단지를 확장했고, 기업들은 온산, 용연, 장생포에 선박블록 공장을 계속 지었다. 심지어 군산에 현대중공업 조선소 도크가 생겼다. STX 등 일부 업체들은 해외에까지 손을 뻗었고, 정부 일각에서는 북한과의 경협 대상으로 조선소 블록공장 운영을 언급하기도 했다. 기술은 얼마나 빨리 발전하는지 텐덤침수공법, 육상건조공법 등 해마다 새로운 기술이 소개되었다.

그런데 딱 한 분만 조선해양이 제일 문제라고 하는 분이 있었다. 이 산업은 엄밀하게 말해 장치산업도 아니고, 기술집약적인 산업도 아니라 어떻게 보면 성격이 조금은 다른 조립산업이기 때문에 중국이 따라오기에 가장 쉽다는 것이었다. 우리가 유럽과 일본을 추월했듯이. 그래서 일자리 수를 유지하기 위해서는 다른 조립산업을 빨리 만들어야 한다는 주장이었다. 그때는 황당하다고 생각했다. 그리고 이미 당시는 노동집약적인 전자제품 조립라인이 사라지던 상황이라 어디서 수만 명이 일할 조립산업을 유치한단 말인가 반문했었다. 그런데 15년이 지난 지금 한국고용정보원에 따르면 2021년 기준 우리나라 플랫폼 노동자가 220만 명이라고 한다. 그들은 지금 부활하고 있는 조선해양산업으로 돌아오지 않고 있다.

석유화학산업이 제일 위기라는 의견이 가장 많았었다. 수년 이내에 수출길이 막힐 거라고도 했다. 중국과 중동에서 매머드급 석유화학플랜트 프로젝트를 셀 수 없을 만큼 추진하던 때였다. 그래서 울산은 이제 정밀화학과 에너지산업으로 가야 한다고 했다. 여러 우려에도 불구하고 다행히 업계가 고부가가치제품 비중을 늘리고 공정을 고도화해가면서, 반도체처럼 세계로 뻗어 나가지는 못하지만, 현재의 위치를 지키고는 있다. 심지어 외국기업의 직접투자는 계속되고 있다. 연관 산업과 지원시설들의 배치가 울산만큼 매력적인 곳이 드물기 때문이다.

그런데 딱 한 명만 줄곧 세 개 산업 모두 걱정 없다, 모두 잘될 거라는 분이 있었다. 근거는 다양했지만 보장이 되는 건 아니었다. 그보다는 늘 긍정적이었고, 잘 되기 위해 필요한 사업들을 먼저 챙기고 추진하는 스타일이었다. 그런 그가 테크노산업단지 조성 실무를 앞장서 담당했다.

현실에서의 위기는 산업마다 차례를 번갈아 가며 다가왔다. 유가, 환율, 리콜사태, 핵심 부품소재 수급문제와 함께 기업 리더십 위기, 노사관계 악화, 외교통상 마찰 등 원인이 다양했다. 가장 큰 위기는 역시 2015년 조선해양 위기였다. 계속 신경이 쓰이던 중국의 도전도 도전이지만 국내 경쟁업체 간의 해양플랜트 출혈경쟁이 더해져 조선해양 위기가 증폭되었다는 시각이 많다. 다행히 지금은 조선수주를 회복해 나가고 있다. 빅 사이클이 있는 건 맞는 듯하다. 일자리를 생각하면 선박을 너무 빠르게 너무 효율적으로 만드는 것이 좋은 것만은 아니다. 수요는 일정한데 같은 시설과 인력을 가지고 두 배로 건조할 기술이 있으면 절반의 인력은 필요 없다는 계산이다.

러스트 벨트 vs. 스마트산업도시

과거 울산의 자동차산업이 약간만 흔들려도 미국 디트로이트의 전철을 밟을 거라며 수군거렸다. 조선해양산업이 흔들리면 2002년 현대중공업이 들여온 코쿰스 크레인을 떠올리며 말뫼의 몰락을 얘기했다. 2015년 조선해양산업 위기를 맞으며 진짜로 러스트 벨트(Rust-Belt)가 되는 것 아니냐는 이야기가 있었다.

하지만 최근 외국의 러스트 벨트로 치부되던 다른 많은 도시들은 오히려 부활했다. 미국 디트로이트는 노사가 힘을 합쳐 미래차 산업으로 전환하는 한편 도시재생을 과감하게 추진했다. 스웨덴 말뫼는 덴마크

수도 코펜하겐과 외레순대교로 연결되며 사실상 이웃 나라의 수도권에 편입되었다. 코펜하겐 국제공항과 차로 1시간이 걸리지 않는다. 덕분에 이제는 문화관광도시, 친환경도시로 부활했다. 바로 인근 차로 20분 거리에 있는 룬드는 룬드대학교를 중심으로 이데온(Edeon) 사이언스 파크를 가동시키면서 북유럽을 대표하는 스타트업의 산실이 되었다.

울산이 그렇게 가려 하고 있다. 가야 할 방향에 대한 공감대는 충분히 형성되어 있다. 미국의 러스트 벨트처럼 추락하지도 않았으니 빠르게 성장률을 회복해야 한다. 산업과 도시를 더욱 스마트하게 진화시켜야 한다. 50~60년 전에 탄생된 국가산업단지들은 대개조가 필요하다. 2008년 지정된 자유무역지역과 2020년 출발한 경제자유구역을 확장시켜 나가야 한다. 오토밸리와 테크노산단에 이은 지역산업정책 성공 사례를 다시 만들어야 한다.

도시를 업그레이드해야 한다. 가덕도 신공항, 동남권 광역철도, 울산 도심철도가 빨리 건설되어야 한다. 문화강국 한국의 매력과 산업수도 울산의 필요를 강점으로 새로운 유형의 종합대학을 유치해야 한다. 쇠퇴지역 주거상업시설들을 새롭게 재탄생시켜야 한다.

기후변화 대응, 특히 탄소중립을 위한 국제협력에 보조를 맞춰야 한다. 울산뿐만 아니라 국가 발전의 핵심 자원인 에너지를 확보해야 한다. 원자력 발전이 계속 필요하다면 안전한 시설을 빨리 짓고 대신 노후화되어 위험해진 시설은 적기를 놓치지 말고 해체해야 한다. 그래야 시민들이 안전할 수 있다. 육상발전만으로 에너지를 안정적으로 공급 가능한지 잘 살펴야 한다. 많은 국가들이 원자력을 유지하는 이유가 있다면 적지 않은 다른 국가들이 부유식 해상풍력을 추진하는 데는 이유가 있을 것이다. 원전 대신 풍력이 아니라 화석연료 대신 풍력이다. 잘하면 울산대교 전망대에서 밤이면 반딧불처럼 빛나는 부유식 해상풍력발전단지를 맨눈으로 볼 수 있을지 모를 일이다. 다만 지금 조선해양산업에서 보듯이 이 극한직업에서 얼마나 많은 사람들이 일하기를 원할지 걱정된다.

전기 수요는 계속 늘어날 것이다. 역사 기록에도 막대한 전력이 소모된다. 과거의 역사는 중요한 내용을 글로 적었기 때문에 공간만 있으면 보관이 가능했지만, 미래의 역사는 다르다. 국민이 움직이고 생각하는 24시간의 기록이 글과 사진, 영상 등 디지털 데이터로 남는 것이 일상이 되었다. 모든 국가와 국민의 역사는 전기에너지가 있어야 컴퓨터에 보관하고 읽어 볼 수 있다.

코로나19 팬데믹의 교훈을 잊지 말았으면 좋겠다. 현대자동차와 현대중공업 등 대형 사업장들이 바이러스 감염으로 수차례 가동이 중지되는 사태를 겪었다. 근로자들의 건강이 무너지면 산업이 지속될 수 없다. 병원은 의료기관이면서 또 혁신기관이다. 세계 최강의 AI는 생명을 다루려 하고 있다. 구글 딥마인드의 AI, 알파폴드(AlphaFold)는 이미 생명의 기원을 밝히기 일보 직전이며, 불로초를 만들어 세상을 구할 채비를 하고 있다. 이게 무슨 의미인지 나는 아직 공공의료기관의 전문가로부터 어떤 의견도 듣지 못했다. 물어볼 곳이 없다. 서울이나 부산도 그럴까?

중국이 울산을 배운 역사는 정말이지 짧았다. 이미 옛말이다. 반도체와 K-컬처 이외에 중국이 한국을 아직도 진지하게 배우고 있는 분야가 얼마나 남아 있을까? BYD 전기차 공장, 상하이자동차 수소차 공장에게 현대자동차 울산공장은 어떤 의미를 가질까?

전쟁이 일어났다. 우크라이나-러시아 전쟁의 결과와 영향, 향후 강대국들의 군사·외교적 관계가 한중일 산업경쟁에 어떤 방식으로든 영향을 미칠 것이다. 셰일 가스 때문에 역(逆)오일쇼크가 왔다고 호들갑을 떨던 게 엊그제 같은데, 이제 오일쇼크 때 같은 스태그플레이션이 온다고 난리다. 다시 위기이고 기회이다. 그러나 이 또한 지나갈 것이다.

세상은 너무 빨리 변하고 있다. 쉽게 예측 가능한 산업의 미래는 없다. 하지만 산업수도 울산의 산학연관이 힘을 모으면 울산과 대한민국, 인류를 구할 기술개발을 할 수 있다고 믿는다. 울산이 계속 성장할 것인지, 그만 추락할 것인지는 노사민정이 뜻을 모으기에 달렸다. 최근 현대자동차가 노사합의에 따라 내년부터 전기차 공장을 울산에 짓기로 결정했다. 4차 산업혁명의 물결 속에서 한국 자동차산업 환경이 바뀔지 기대된다. 산업의 큰 물줄기는 역사의 흐름처럼 우연도 필연도 없다. 산업수도 울산, 러스트 벨트를 무정차 통과하고 스마트 산업도시로 직행하자!

> 참고

자동차 도시: 울산(2012년 중국교과서)

『역사와 사회』, 2012년 7학년, 인민교육출판사
제4단원 문명의 중심 – 도시
제1과 미국 정치의 심장: 워싱턴
제2과 문화예술의 도시: 파리
제3과 IT 신도시: 벵갈루루
제4과 자동차 도시: 울산
제5과 도시계획의 모범: 브라질리아

사람들이 잘 모를 수도 있지만 세계 최고 생산능력을 가진 자동차 제조공장은 구미도 일본도 아닌 한국 울산시에 위치해 있다. 반세기도 안 되는 기간에 울산은 독일의 슈투트가르트 및 일본의 도요타와 어깨를 나란히 하는 자동차 도시로 거듭났다.

〈울산의 위치〉

울산은 한국 최대 항만도시 부산과 인접해 있다. 부산항을 통해 울산의 화물을 세계 각 주요도시로 빠르게 수송할 수 있다. 2011년 울산신항 건설 완료 후 동북아 중요한 화물 중계항구로 거듭나고 있다.

한국은 중국의 이웃나라로 산동반도와 바다를 사이에 두고 서로 마주 보고 있다. 울산시는 한국의 동남부에 위치해 있다. 이곳에는 세계 최대 조선소, 한국 최대 석유화학 공장 등 중견 기업들이 모여 있으며 더욱이 자동차 생산능력으로 유명하다.

1960년대 초, 한국 정부는 빠른 경제 발전을 위해 전국 각지에서 산업단지를 건설할 것을 제시했다. 1962년 울산은 한국 최초 특별 산업단지로 지정되었다. 반세기의 건설을 통해 울산은 한국 최대 산업도시로 거듭났으며 인구는 100만 명을 초과했다.

세계 최대 규모의 단일 자동차 공장이 바로 울산시에 위치해 있다. 울산 자동차 공장은 5개 독립된 공장으로 구성되며 3만여 명의 임직원을 보유하고 있고 연간 생산능력은 160만 대에 달한다.

깨끗한 작업장에 들어서면 끝이 안 보이며 수많은 로봇들이 바쁘게 작업하고 있으며 마지막 조립공정에서만 일부 작업자들을 볼 수 있다. 모든 생산라인에 전자시스템이 설치돼 있어 제품 품질을 모니터링하고 있다. 이전 공정의 품질 문제를 발견한 경우 다음 공정의 빨간색 램프가 점등하고 생산라인이 자동으로 정지하게 된다.

〈수출 선적 대기 중인 자동차〉

울산 자동차 공장은 5만 톤 선박 3척이 동시에 정박할 수 있는 전용 수출용 부두를 보유하고 있으며 선박당 약 6천 대 자동차를 선적할 수 있다. 수출용 차고에 세계 각지로 수출할 자동차들이 구획별로 집중되어 있다. 매일 완성차들이 작업장에서 연이어 끊임없이 부두로 나가고 있다. 부두에는 수출

대기 중인 자동차들이 정렬되어 있어 마치 자동차 박람회를 여는 것과 같다.

울산은 한국 최대 자동차 생산 집산지이기도 하다. 모든 자동차 생산 부품 공장이 이곳에 운집해 있다. 이곳에는 자동차 원자재, 부품의 생산 공급 및 완성차 생산, 판매 및 A/S 등 업체가 모여 있어 한국 자동차 산업에 중요한 역할을 하고 있다.

〈울산 자동차 산업 현황〉

2000년부터 울산의 자동차 산업은 (매출액, 기업체수, 근로자수 등 모든 면에서) 줄곧 안정적인 성장세를 유지하고 있으며, 현지의 경제에 거대한 영향력을 미치고 있다.

울산은 한국의 자동차 제조 및 거래 중심이자 자동차 연구 개발의 중심지이다. 울산은 한국 최초 연료전지 자동차 및 전기자동차 연구 기지로 현재 환경 자동차를 적극 연구개발 중이다. 그들은 울산대학을 투자 설립하고 자동차 제조업체와 대학을 연계하여 산업의 기술 수준을 지속적으로 향상하고 있다.

짧은 수십 년 간 울산은 무명의 작은 어촌에서 세계적으로 유명한 자동차 도시로 발전했으며, 이로써 도시 발전을 촉진하는 공업의 강력한 힘을 보여 주었다.

〈녹색 자동차 도시〉

울산 자동차 공장은 환경 보존을 위해 고효율 오폐수 처리장 조성, 첨단 환경설비 설치 등 여러 선진 시설을 보유하고 있다. 또한 공장 구역 내에 수십만 그루의 가로수를 식수하였다. 감탄할 만한 것은 이런 초대규모의 산업도시에서 눈에 들어오는 것은 오히려 질서정연하고 청결한 거리, 맑디맑은 하늘과 짙푸른 바다이다.

울산형 경제건설: 창조경제적 어프로치
(울산매일, 2015. 3. 20.)

> 울산의 화학산업은 설탕과 비료, 정유에서 시작했다.
> 그러나 의약품과 화장품, 전자소재의 헤게모니는 놓쳤다.
> 화학은 세상의 원리이고, 화학산업은 중심산업이다.
> 수소와 미래화학을 통해 산업의 중심은 계속 울산이어야 한다.

벚꽃이 피기 시작했다. 1968년 벚꽃이 피던 3월 22일, 당시 박정희 대통령 참석하에 울산석유화학단지 합동기공식이 거행되었다. 정부가 대한석유공사(현 SK에너지)의 정유과정에서 나오는 나프타를 활용해 당시로서는 첨단 고부가가치 제품이었던 PE, PP, BTX, TPA, 카프로락탐 등을 생산하기 위해 첫 삽을 뜬 것이다. 이날을 기념한 것이 2006년 지정한 '울산 화학의 날'이다. 울산으로서는 대한석유공사와 한국비료공업, 현대자동차 공장 건설에 이은 큰 도약이었다.

박정희 대통령 시절 오원철 전 경제수석은 제철과 석유화학은 20세기 산업의 꽃으로서 제철이 중공업의 자주독립을 의미한다면, 석유화학은 경공업의 자주독립을 의미한다고 평가했다. 그리고 정부가 앞장서서 석유화학제품의 가격 경쟁력을 확보하기 위해 관세와 조세 감면 이외에도 석유화학지원공단을 만드는 등 스팀, 전기, 용수 등 유틸리티의 안정적이고 저렴한 공급을 위해 모든 정책수단을 동원했다고 증언하고 있다. 경쟁지역도 있었다고 한다.

당시 경제기획원은 근거 없이 울산이 용수가 부족하다며 인천을 지지했지만 상공부가 기존 인프라가 잘 갖추어져 있는 울산을 지지해 울산이 최종적으로 결정되었다. 만일 인천에 건설되었다면 오늘날 울산을 중심으로 한 한국의 화학 산업이 이만큼 발전할 수는 없었을 것이다. 자동차와 조선과의 융합기술발전도 기대할 수 없었을 것이다.

최근 한국의 화학 산업계에는 위기가 닥쳤다. 유가 폭락으로 인한 수익률 감소, 중국의 석유화학 수입 대체, 범용제품의 수요 침체 등이 원인이다. 그 결과 수출액과 생산액이 급감하고 있다. 한편 기후변화 대응으로 인해 탄소배출이 제한되고 있다. 화학물질 안전 규제는 강화되고 있다. 사면초가인 셈이다.

화학 산업 르네상스를 위한 울산의 정책적 노력은 이미 다방면에 걸쳐 추진되고 있다. 하지만 이제 엔지니어링 어프로치에서 나아가 창조경제를 접목해야 할 시점이다. 단순히 시설과 장비투자만을 늘려서는 충분하지 않다.

정유와 석유화학 산업 인프라 경쟁력을 위해 당장 필요한 것이 국가산단을 혁신산단으로 업그레이드하고 통합 파이프랙을 설치하는 것이다. 아울러 오일허브를 조기 건설하고 신항만 진입도로를 통해 물류를 혁신해야 한다. 테크노파크를 중심으로 해 오던 연구개발은 이제 울산형 창조경제의 모델이 될 테크노산업단지를 통해 한층 강화할 계획이다. 여기에 산학융합지구, 한국에너지기술연구원 울산분원, 석유화학공정기술교육센터, 수소연료전지 실증화단지, 석유화학단지 통합지원센터 등이 입지하게 된다.

무엇보다 과기원 전환을 앞두고 있는 UNIST의 활약이 기대된다.

UNIST가 앞으로 많은 중소혁신기업을 지역에서 이끌어 내 주기를 바란다. 이미 플렉서블 이차전지 전극소재와 그래핀 대량생산 기술을 지역기업에 이전하는 등 가능성이 현실화되고 있다. 이제 바이오메디컬 산업에 대한 도전이 시작되고 있어 앞으로 그 성과가 기대된다.

사실 셰일가스 덕분에 오일 피크의 도래가 연기되고 유가가 많이 떨어지긴 했지만 기후변화를 생각한다면 그것이 화석연료를 물 쓰듯 쓰라는 얘기는 아니다. 더 적은 자원으로 더 많은 에너지와 소재, 더 가치 있는 물질을 친환경적으로 만들어 내야 하는 것이 향후 화학 산업계의 과제이다. 셰일가스로 촉발된 역오일쇼크가 당장은 산유도시인 울산에 어려움을 주겠지만 인류에게 좋은 소식이 대한민국과 울산에 나쁜 소식일 수는 없다. 단지 되도록이면 빨리 적응해야 하는 새로운 환경일 뿐이다.

특히 우리나라는 중동과 러시아와 산업구조가 다르며, 울산의 화학기업들도 수십 년간 시설들을 효율화해 가고 다양한 화학소재들을 개발하는 등 다양한 환경에 대응해 왔다.

우리는 지금 50년 동안 피땀 흘려 구축한 울산화학단지를 애물덩어리로 만드느냐 보물단지로 만드느냐 하는 기로에 서 있다. 과거 정부는 울산의 미래가 대한민국의 미래라는 것을 믿고 투자했고, 지금은 연간 20조 원에 달하는 국세를 징수하며 그 과실을 걷어 들이고 있다. 그런데 지금은 정부가 너무 많은 짐을 지역과 기업에 지우려 하고 있다. 통합 파이프랙, 오일 허브 등 기본 인프라조차 민간에 맡기려 한다면 미래 화학 산업 경쟁력을 어떻게 확보해 나가겠는가? 정부의 전략적인 통 큰 투자가 필요하다.

울산시와 기업, 근로자들도 화학산업을 발전시켜 나가는 데 힘을 합쳐 석유화학을 시작했던 박정희 대통령과 오원철 경제수석 등의 정책 결정자, 당시의 국내외 기업가, 지역 상공계 그리고 많은 엔지니어들을 비롯한 근로자들에게 부끄럽지 않은 후진들이 되어야 한다. 그래야 울산 화학 산업계에 봄이 온다.

울산 전통시장 노래

고대에는 시장(市場)이 곧 도시였다. 그 시장은 현대로 오면서 백화점과 대형마트 등 깔끔한 신식 상가에 밀렸다. 그런데도 우리나라는 물론 선진국 곳곳에는 전통시장이 살아 있다. 작은 중소도시뿐만 아니라 대도시에도 마찬가지다.

울산에는 크고 작은 전통시장과 상점가들이 수십 곳에 흩어져 있다. 서쪽으로 영남알프스가 있고 동쪽으로 동해바다가 펼쳐져 있어 물산이 다양하고 풍부해 시장마다 크기는 작지만 특색들이 무척이나 다양하다. 아직까지 제법 인기가 살아 있는 5일장들이 곳곳에 있어 전통을 계속 유지해 나가야 할 필요가 있다. 그런데 5일장은 날짜를 잘 기억해야 한다. 소비자들은 가까운 시장이 가장 편하겠지만 시장마다 특성이 있으니 목적에 맞게 가야 한다. 시장 이름과 날짜를 연결하는 연상기억법을 통해 마음으로 외우기 쉽게 만들어 보았다.

〈울산 전통시장 노래〉

값싸고 즐거운 울산 전통시장 갑시다.
알뜰하게 살림하며 지역경제 살립시다.

5일장은 날마다 오는 것이 아니니
날짜를 기억해 장 서는 날 갑시다.

호랑이와 곰은 차와 배처럼 빨리 달려 일등하니
호계(虎溪)·웅촌(熊村)·문현(門峴)에는 1일·6일 갑시다.

덕 있는 뭍 선비 둘이 거닐던 정자바닷가이니
덕하(德下)·언양(彦陽)·정자(亭子)에는 2일·7일 갑시다.

옹기장인 삼대가 철길 옆에 창고를 지으니
남창(南倉)에는 3일·8일 갑시다.

봉황새는 한우와 달리 죽지 않고 오래 사니
봉계(鳳溪)에는 4일·9일 갑시다.

태화강·회야강 물 가득 차서 동해로 흘러가니
태화(太和)·덕신(德新)에는 5일·10일 갑시다.

상설시장은 매일매일 그 자리에서 열리니
필요할 때마다 고민 말고 갑시다.

아침 일찍 일어나 식자재를 도매로 사려거든
학성새벽시장·대송농수산물시장 갑시다.

반찬을 마련해 점심과 저녁을 준비하려면
아파트에서 가까운 신정시장·남목시장 갑시다.

휴일을 만나 싱싱한 회, 얼큰한 매운탕이 그리우면
일산항·방어진항·정자항 활어센터 갑시다.

생선이든 과일이든 싸게 많이 사서 두고 먹고 싶거든
짐을 실을 차를 가지고 농수산물도매시장 갑시다.

남자들도 집 고치고 차 고치는 공구가 필요하면
삼산동·진장동 공구상가 갑시다.

푸른 울산의 숲과 나무

 푸른 울산은 하루아침에 이루어지지 않았다. 문화강국 대한민국이 그렇고 산업수도 울산이 마찬가지이듯이. 울산의 낙동정맥 영남알프스는 가지산, 신불산이 자연공원으로 지정될 만큼 울울창창한 곳이다. 마음먹기에 따라서는 국립공원이 될 수 있는 곳이다. 한편 도시에 안긴 남암지맥 문수산과 남암산, 그리고 삼태지맥 동대산과 무룡산은 도시의 허파가 되었다. 노잼 도시 울산이 그나마 꿀잼 도시를 노려 볼 수 있는 배경에는 이런 거산(巨山)들과 함께 대왕암공원과 울산대공원, 그리고 태화강국가정원 등 푸른 진주(珍珠)들이 빛나고 있기 때문이다.

 25년 동안 공직생활을 하며 여러 분야의 공직자들과 호흡을 맞추었다. 힘든 것이야 어느 분야를 막론하고 다 마찬가지이겠지만, 그래도 가장 부러운 쪽은 울산을 푸르게 가꾸는 분들이다. 제도와 조직은 만들고 나면 시절에 따라 계속 변하고 어떤 경우는 폐지가 된다. 도로나 건물은 준공과 동시에 노후화되기 시작한다. 차를 사고 배를 건조하면 10년을 버티기 힘들다. 그런데 나무를 심는 사업은 일을 마치고 나면 해가 갈수록 마음이 풍성해진다. 공직을 시작하며 민둥산에 나무를 심기 시작한 사람들이 30~40년 후에는 울창해진 숲에서 아름드리나무의 가슴둘레를 재다가 퇴직을 한 곳이 한국이다. 세월과 자연의 힘이다. 그래서 연륜이 있는 기관장들은 거의 예외 없이 나무심기를 좋아하고 수종 선택에 신중을 기한다. 세계문화유산 창덕궁 후원의 많은 천연기념물들도 임금님들이 뜻을 담아 골라 심고 가꾸지 않았을까?

울주 두서 구량리 은행나무처럼 노거수들이 여러 곳에 있지만 워낙 사는 곳들이 흩어져 있어 숲이라고는 할 수 없다. 하지만 어찌 보면 원래는 그들 주변에 비슷한 수령의 숲이 있었을 가능성이 있다. 산속에서는 벼락으로 쓰러지고, 나무꾼들이 찍어 갔다. 들에서는 마을이 생기며 베어져 나가고, 살아남은 나무도 시간이 흐르며 병으로 쓰러졌다. 수백 년이 흘러 동기들은 다 죽고 결국 홀로 남겨지는 것이다. 그나마 궁궐과 사찰, 마을 당산, 향교와 서원, 옛 관청과 학교 자리의 노거수들이 투약을 하면서 버티고 있지만 결국 운명은 정해져 있다. 우리 시대 인간 거목들도 비슷한 과정을 겪고 또 그렇게 스러져 간다.

이름난 숲 중에는 천연기념물인 가지산 철쭉나무 군락지처럼 스스로 형성된 곳이 있지만 알고 보면 대부분의 숲은 그냥 이루어지지 않는다. 우리는 인공적인 시설에만 주목할 뿐 숲의 역사를 기록하는 데는 인색하다. 그래서 극히 일부를 제외하면 숲의 생몰년도와 생애를 알지 못한다. 그나마 몇 곳은 조성한 사람의 고뇌가 녹아 있어 기록된 곳이 있고, 찾는 사람들의 호기심으로 확실치는 않지만 근접한 추측이 이루어지기도 한다.

울산 숲의 역사를 짚어 본다고 하기는 배경 지식이 전혀 없으니 적절하지 않고 그냥 기념할 만한 숲을 둘러 싼 이야기를 몇 토막씩 정리해 보고자 한다. 그 연대기를 쓴다면 첫 페이지는 어느 곳이 차지할까? 역시 태화강 십리대숲일까?

태화강 대숲은 이미 조선시대 『학성지(鶴城誌)』, 「형승(形勝)」 내오산(內鰲山) 편에 부사 박취문이 지은 만회정 앞에 대숲이 있었다고 하는 기록이 있다. '정전수죽수묘(亭前脩竹數畝), 정자 앞에는 가늘고 긴 대숲 몇 묘)'라는 구절인데, 1묘를 대략 30평으로 보면 넓은 면적은 아니다. 하지만 이것이 200년 가까이 남쪽으로 뻗어 가고, 일제강점기에는 홍수 피해를 막기 위해 열을 갖추어 추가적으로 식재를 했다면 충분히 지금 규모만큼 되었을 것으로 보인다. 광역시 이후에는 태화강 마스터플랜, 에코폴리스 울산 그리고 태화강 국가정원 지정 등 수차례 시민운동이 이어졌다. 그 과정에서 왕대와 맹종죽 비율을 늘리고 솎아내기를 하는 등 많은 손이 투입됨으로써 오늘과 같은 아름답고 건강한 대숲이 될 수 있었다. 대나무는 꽃이 피고 나면 같은 뿌리를 가진 개체들이 모두 죽는다. 하지만 부모가 다른 대나무들을 많이 섞어 놓을수록 한꺼번에 고사하는 참사는 막을 수 있을 것이다. 태화강 건너 반대편에는 삼호대숲이 울창하다. 백로와 떼까마귀의 둥지로서 자연 그대로의 대숲이 유지되고 있다.

다음은 대왕암공원 송림이다. 이곳은 1906년 울기등대가 건립될 때 일본인들이 군사적 목적으로 조림하였다는 기록과 1934년에 조림되었다는 두 기록이 모두 1999년 『울산 동구지』에 따로 기록되어 있다. 그런데 원래 이곳은 자생하는 곰솔 숲이 있었을 것이다. 이전에는 대왕암 부근을 어풍대라고 했는데, 18세기 초 홍세태는 어풍대 시에서 "짧은 소나무 외롭게 만리 바람을 받네(松短偏當 萬里風)"라고 노래했다. 바위 사이에 뿌리내린 곰솔을 묘사한 것인데, 넓은 바닷가 근처 산기슭에 곰솔 숲이 없었을 리 없다. 기존의 숲에서 솎아내기를 하고 시기를 달리하며 수차례 추가로 식재했을 것이다. 그러나 사람이든 숲이든 낳은 공보다 기른 공이 더 크다. 지금 같은 수형이 뛰어난 1만 5천 그루 소나무 숲을 가꾼 사람은 결국 일산 주민이고 울산 시민이다. 하지만 최근에는 태풍과 재선충으로 하나둘 죽는 일이 일어나고 있다. 그래도 슬퍼할 일만은 아닌 것이 어차피 계속 자라면 간격은 조금씩 넓어지는 것이 살아남은 나무의 건강에는 이롭다. 대신 숲 바닥에는 최근 꽃무릇 군락지가 조성되어 가을이면 곰솔보다 훨씬 인기를 끈다.

광역시 승격 전 울산 도심에서 그나마 공원 모습을 갖추고 있던 곳은 태화강변의 학성공원뿐이었다. 김홍조가 1913년부터 조성했다고 하고, 그의 사후 아들 김택천이 기증해 1928년 개원했다. 김택천은 1950년 제2대 국회의원을 지냈다. 원래 이 공원은 증성(甑城) 또는 도산성(島山城)이라 불렀으며, 정유재란 때 도산성전투가 벌어진 현장으로 왜성의 흔적이 고스란히 남아 있다. 신학(神鶴)이 내려왔다는 원래 학성은 바로 북쪽의 충의사 주변을 말하는데, 지금은 고려 초 장무공(莊武公) 박윤웅(朴允雄) 장군을 기리며 장무(莊武)공원이라 부른다. 학성공원은 오래된 벚나무와 동백이 잘 어우러져 있어 봄이 아름다운 곳이다. 숲과 함께 눈여겨볼 것은 울산의 현대사를 증언하는 각종 기념물들이다. 요산대(樂汕臺) 비석(1913~1917), 박상진의사 추모비(1960), 울산학성 국가사적비(1963), 서덕출 봄편지 노래비(1968), 시민의 날

기념비(1975), 공원기증자 김홍조 공덕비(2008), 오색팔중산춘 동백(2015), 도산성전투 재현 조형물(2018) 등이다. 다음 기념물은 무엇이 될까?

작천정(酌川亭) 입구 벚꽃 길은 작천정벚꽃축제추진위원회에 따르면 1937년에 주민들이 조성했다고 한다. 1km에 걸쳐 500여 그루에 달하는 벚나무들이 두 줄을 섰는데 오래된 길이라 폭은 넓지 않다. 지금은 울산 곳곳에 벚꽃 명소가 생겼지만 20년 전만 해도 이곳과 학성공원, 서생포왜성 정도가 사람들의 발길을 끌었다. 개인적으로 서생포왜성 벚꽃의 운치가 한수 위라 생각하지만 거리가 멀어 사람들이 즐기기에는 역시 학성공원과 작천정 입구가 편하다. 특히 작천정 입구에는 근처 읍내에 언양장이 서고 또 작괘천 물가에는 지역 시인들이 시를 읊던 작천정이 있어 덤이 많다. 이 정자는 1898~1904년 사이에 지역 문인들이 관에 청을 넣고 같이 힘을 모아 어렵게 건립한 유산이다. 실제 이 정자가 생긴 후 주민들은 도로를 만들고, 다시 벚꽃을 심어 당시 방식대로 관광마케팅을 했다. 1920~1930년대 전국적으로 상춘(賞春) 문화가 확산되면서 울산 사람들도 이에 동참한 듯하다. 벚나무는 수명이 길지 않다는데, 작천정 벚나무는 언제까지 버틸 수 있을까? 학성공원과 서생포 왜성의 벚나무들도 비슷한 시기에 심어졌을까? 오래된 교량은 허물어야 하지만 숲은 나무가 죽으면 죽은 나무만 계속 교체해 가면 숲은 그대로 유지된다. 역시 숲이 좋다.

동대산은 경주와 울산에 걸쳐져 있다. 흥미롭게도 고건 전 총리의 회고록인 『국정은 소통이더라』에는 1972년 동대본산 심줄박기 특수사

방공사 이야기가 실려 있다. 동대산이 지금은 푸르고 울창한데 60년 대까지는 민둥산이었고 비만 오면 산사태가 났다. 요약하면 이렇다. 애써 심은 나무가 번번이 착근을 하지 못하자 박정희 대통령 지시로 젊은 시절의 고건 전 총리가 방법을 찾아 나섰다. 그런 중에 부산의 어느 교수가 전화를 걸어 와서 산에 물길을 설치하고 심줄박기를 하라고 자문을 해서 그대로 적용해 보자 산사태가 일어나지 않고 심은 나무들이 뿌리를 잘 내릴 수 있었다. 이후 동대산 성공사례를 전국에 확산시켜 국토조림(치산)녹화 10개년계획이 탄력을 받았다. 박정희 대통령까지 시찰을 다녀간 현장이었다. 지금은 우리나라 야산마다 마을과 단체, 기업들이 매년 식목일에 심은 저마다의 사연을 가진 나무들이 어느새 숲들이 되었다. 울산이 한몫을 한 것이다. 핵심적인 역할을 한 자문 교수가 누구인지는 지금도 모른다고 한다.

　울산에 한·독 국제 협력 숲이 있다는 것을 아는 시민들은 많지 않다. 1966년 기술협정을 체결한 후 1974~1984년까지 독일 영림기술자들이 한국의 공무원들과 산림기술자, 산주들을 지도하며 함께 조성한 숲이다. 배내골의 전나무 숲, 두서 내와리의 리기테다 숲, 소호의 참나무 숲 등 수종이 다양하고 면적은 4800ha가 넘는다고 한다. 이 중 소호 참나무 숲은 ㈜옥천당 가지산 탕전실 바로 옆 길가에 있어 찾기가 쉽다. 조림을 한 지 이미 50년이 지나 아름드리가 되었고, 그 아래 서늘한 그늘에는 한독사업 종료 기념 비석이 자리하고 있다. 산림경영과 함께 우리나라는 한독 협력사업을 하면서 임도를 제대로 만드는 기술을 배워 현장에 적용하는 경험을 축적했다고 하며 이후 전국에 보급하였다고 한다. 이 협력사업에 대해서는 김종관의 『숲과 산주의 꿈』, 그리고 마상규·이강오의 『숲 경영 산림 경영』이라는 책을 보면 자세한 설명이 있다. 우리 측에서 사업을 주도한 김종관, 마상규 두 분이 우리나라 산림경영 1세대인 셈이다. 한편 지역 입장에서 보면 동대본산 심줄박기 성공사례에 이어 울산이 우리나라 숲 가꾸기에 큰 기여를 한 셈이다. 2020년 대곡박물관은 이때의 기록과 사진, 장비를 소개하는 '숲과 나무가 알려 주는 울산 역사' 전시회를 열었다. 이 사업을 조명하고 새로운 숲의 미래를 그리는 일은 수년 전부터 백년숲사회적협동조합이 노력을 하고 있다. 2021년 산림청 후원으로 『지역임업과 산림일자리, 백년숲운동』을 펴냈다.

울산(달동)문화공원은 울산시가 광역시로 승격한 후에 시 자체의 경험과 역량으로 모든 절차를 밟으면서 조성한 최초의 근린공원이다. 면적은 5만 6천 ㎡ 정도로 크지 않지만 문화예술회관, KBS, 남구문화원 그리고 남구청이 연결되어 있어 상징성이 높다. 1928년에 조성했다는 학성공원 이후 제대로 된 공원을 드디어 조성하기 시작했는데 울산체육공원과 울산대공원이 비슷한 시기에 함께 갖추어졌으니 도심 휴식처가 폭발적으로 증가한 것이다.

울산 도심의 공원과 가로녹지가 전국적인 주목을 받기 시작한 것은 2002년 한·일 월드컵 축구대회를 거치면서부터이다. 울산에서 경기 일부를 개최하기로 결정된 직후부터 울산체육공원을 조성하기 시작했다. 울산체육공원 조경이 얼마나 아름다웠던지 경기 직후 선정한 울산 12경에 울산체육공원이 이름을 올렸었다. 조경을 담당하는 공직자들의 증언을 들어 보면 당시로서는 울산체육공원 조경에 울산시 역사상

가장 큰 조경 사업비를 들였다. 특히 마로니에광장, 호반광장 그리고 옥동저수지 둘레길이 유명한데 일대의 조경을 당시 우리나라 1세대 조경가인 이교원 교수가 참여해 조성한 것이라 들었다. 상징수를 포함해 전국의 거목들을 운송해 와 곳곳에 배치한 것도 큰 이정표이다. 그때의 경험들이 이후 공원과 가로녹지 조경에 큰 도움이 되었다 한다. 지금은 울산체육공원에서 시작해 삼산로와 문수로를 거치고 태화강역 광장까지 이어지는 점·선·면이 모두 계절마다 너무나 멋진 모습을 보여 주고 있다.

SK에너지가 조성해 기부한 울산대공원 곳곳에는 특색 있는 숲들이 있다. 대표적으로 느티나무를 3열 식재한 1.8km 산책로가 멋있다. 2002년 대공원을 개장했으니 20년이 지나며 이제는 그늘을 만들 정도로 크게 자랐다. 대공원을 기부 받은 후에 2005년 울산시에서는 현충탑 진입로 근처에 메타세쿼이아 260여 그루를 심어 숲을 조성했다. 확실히 몇 년 일찍 심은 느티나무보다 월등히 빨리 자라서 지금은 키가 15m에 이른다. 몇 년 전에는 대공원 서쪽 끝에 엔지니어의 숲이 생겼다. SK이노베이션에서 은행나무 수백 그루를 심었는데 아는 사람만 아는 명소이다. 한편으로 대공원 안의 낮은 산 자연숲이 솔마루길로 불리는 등산로의 품격을 더해 주고 있다. 하지만 역시 가장 아름다운 곳은 붉은 장미원이다.

산업로를 따라 드라이브를 하다 보면 울산미포국가산업단지와 동해남부선 철도 옆으로 인공 조림된 숲이 줄지어 들어서 있다. 바로 완충녹지인데 깊은 숲 부럽지 않을 만큼 아름드리나무들로 가득하다. 사실

완충녹지는 1970년경 지정되었지만 제대로 숲이 조성되기 시작한 것은 광역시 승격 이후부터이다. 2005년이었던가? 상개동 완충녹지 숲 준공식이 있었다. 이때 사업을 맡았던 공직자가 울산체육공원이나 울산대공원에 조경 숲을 만든 이상의 의미를 부여하며 감격하던 모습을 본 기억이 있다. 실제로 미세먼지 문제가 심각해진 최근에 이 숲의 역할이 더욱 돋보이기 시작했다. 정확하게 말해서 완충녹지 숲이야말로 공직자들이 가장 끈질기게 노력해 만들어 가고 있는 숲일 것이다. 20년 넘게 100만 ㎡ 면적에 2천억 원이 넘는 막대한 자금을 투입하는 울산 최대의 숲 조성사업인 셈이다.

울산은 농(공)업용 저수지를 활용해 숲으로 탈바꿈시킨 호수공원이 곳곳에 있다. 푸른 숲과 맑은 물이 어우러져 바다와는 다른 멋이 있는 친수공간으로서 시민들의 사랑을 듬뿍 받고 있다. 제법 규모가 있는 곳으로는 남구 선암저수지, 동구 명덕저수지와 큰마을저수지 그리고 북구 송정저수지이다. 첫 사례는 선암호수공원이다. 1999년부터 이채익 당시 남구청장이 눈여겨보다가 2005년 박맹우 시장을 설득해 첫 사업비를 확보했다. 이후 실제 대부분의 조성공사는 김두겸 남구청장이 시설을 하나씩 하나씩 맞춰 넣으며 추진했다. 나는 2005년 초기 사업구상을 실무적으로 담당했다. 당시 쉽지 않을 거란 생각에 미리 겁을 먹었었지만, 선암댐을 관리하는 한국수자원공사가 댐 주변을 친환경적으로 조성하는 계획을 자신들도 구상하고 있다며 같이 해 보자는 입장을 밝혀 의외로 순조롭게 추진이 되었다. 측량을 해 보니 4km에 달하는 둘레길과 초화단지 부지의 대부분이 이미 댐을 조성할 때 보상이 된 것으로 나타나 금상첨화였다. 건설교통부와 협의하는 과정에서 약간의 이견이 있었지만 김기현 국회의원이 관심을 가지며 잘 중재해 주었다. 울산에 있는 대곡댐, 사연댐, 회야댐은 식수댐이고 접근이 쉽지 않아 친수공간을 조성하기에 한계가 있다. 대암댐은 그보다 여건이 좋은 곳이라 주변의 숲과 길을 좀 더 짜임새 있게 다듬어 볼 여지가 있다고 본다.

푸른 울산의 대하드라마는 계속되고 있다. 최근에는 대운산 기슭에 울산수목원을 조성하고 있다. 단일 수종으로 숲을 이루던 이전의 모델이 아니다. 조금씩 수많은 종류의 꽃과 나무를 가지고 모자이크 숲을 만드는 과정이다. 내오산에서 시작한 태화강 십리대숲은 위로는 가지산과 백운산으로 아래로는 울산항까지 이어지며 백리대숲이 되고 있다. 태화강 국가정원 상류와 하류에 대나무가 어울리는 공간을 찾아 서식지를 넓혀 주고 있는 것이다. 세계적인 정원 디자이너 피트 아우돌프(Piet Oudolf)의 '자연주의 정원(다섯 계절의 정원)'이 곧 선을 보인다. 앞으로는 태화강 전체가 정원으로 다시 태어나는 과정을 밟아 갈 전망이다. 태화강국가정원과 울산의 생태공원 곳곳에는 유채와 금계국, 꽃양귀비와 작약, 장미와 튤립, 수국과 꽃무릇이 철따라 피고 지며 푸른 숲을 더욱 돋보이게 하고 있다.

울산에는 어떤 숲이 또 생길까? 특히 대왕암공원 동쪽, 슬도를 바라보는 꽃밭등에는 어떤 숲을 조성해야 될까? 바닷가 거센 해풍을 이겨내어야 하므로 결국 다시 곰솔 숲이 될 수밖에 없을까? 태화강역 뒤편 삼산매립장 부지는 어떻게 바뀌어 갈까? 이곳은 부지의 용도에 대해 기업과 시민의 이견을 좁히는 것이 더 시급한 문제이기는 하다. 온산항의 사파이어라 할 수 있는 천연기념물 목도(동백섬) 상록수림은 언제 일반에게 공개될까? 목도 가는 길, 그린웨이(Green Way)를 조성한 지 10여 년이 지나며 회색 공단에 녹색 공간이 자리를 잡아 가고 있다. 산업과 함께 울산의 자연도 변신과 성장을 계속하고 있다.

반구대암각화와 운문댐 물값

(경상일보, 2020. 8. 24.)

문화재 보호, 맑은 물 공급, 재난안전 확보라는 트릴렘마(Trilemma)이다. 어느 부처, 어느 지자체 하나의 희생으로는 문제를 풀 수 없다. 정부, 지자체, 기업, 가계가 각자 얼마의 물값을 낼지 고민해야 한다.

환경부 낙동강통합물관리방안이 지난 2020년 8월 5일 공개된 후 일부 지역이 물 배분방안을 격하게 반대하는 가운데 울산지역에서는 운문댐 물이 오는 건 환영하지만 물값을 더 내야 하느냐는 우려의 목소리가 나오고 있다. 이 시점에서 문제의 맥락을 되짚어 보고 현실은 어떤지 살펴보자. 울산은 물이 절대 부족하다.

울산은 거대한 석유화학 산업시설을 가동하려다 보니 하루 생활용수 37만 톤의 두 배가 넘는 80만 톤의 공업용수가 필요하다. 반구대암각화 문제까지 겹쳤다. 사연댐 수위조절을 시작한 이후 하루 5만 톤이 넘는 비교적 저렴한 물을 생활용수로 쓰지 못하고 있다. 이 정도면 동구 생활용수량과 맞먹는다. 그 결과 비싼 낙동강 물 수요가 늘어 전체 사용량의 15% 정도를 오르내린다. 아쉽게도 운문댐 물을 가져온다 해도 비싼 낙동강 물값과 차이가 없다.

고질적인 물 부족 해법은 유역상생(流域相生)이다. 울산은 '낙동강수계법'에 따라 수량과 수질, 물값에서 낙동강 유역 다른 지역과 하나로

묶여 있다. 태화강은 본래 낙동강과는 낙동정맥에 의해 유역이 나누어진 별개의 수계였다. 낙동강 수계에 편입된 것은 1960년대 석유화학단지를 조성할 때 양산의 원동취수장을 통해 낙동강 물을 공급받았을 때부터이다.

울산은 이 물을 받아 에너지와 산업소재를 만들어 낙동강 유역과 공유하며 상생해 왔는데, 인구가 늘며 식수까지 낙동강 신세를 지게 되었다. 이 물(水)물(物)교환이 가능한 것은 시장의 가격기능이 있기 때문이다. 댐과 취수시설을 운영하는 수자원공사에 원수요금을 주고, 상수원보호구역 주민들에게는 물이용부담금으로 보상을 한다. 울산은 정수 전 갖가지 물값으로 한 해 기업들과 시민들이 내는 돈이 각각 약 1,150억 원과 250억 원에 이른다.

언젠가 사연댐에 수문을 달고 운문댐 물을 받는다면 그 시설비용과 물값을 어떻게 치를까? 사연댐 물 대용이니 환경부와 수자원공사에 공짜로 해 달라 할까? 국보를 살리는 일이니 문화재청이 내라고 할까? 운문댐 물을 받고 싶어 받는 것이 아니니 물이용 부담금은 못 주겠다 할까? 부산, 대구에 비해 낙동강 의존도가 낮으니 낙동강 유역과 상생협력은 필요 없다 할까? 유감스럽게도 그것은 법적으로 가능하지도, 유역상생 원칙상 바람직하지도 않다. 공기업도 기본적으로 수지 균형을 맞춰야 하므로 비용을 회수하는 것이 수도사업의 기본 틀이다. 주민들의 희생도 발전소특별회계처럼 수계기금을 만들어 보상하는 것이 사회정의에 맞다.

문화재는 문화재 논리로 풀어야 하지 않을까? 문화재는 돈으로 가치를 매길 수 없다. 귀중한 물을 포기해서라도 암각화 침수를 막아야 하는 이유이기도 하다. 하지만 시민의 건강과 생명의 가치는 문화재 위에 있다. 그래서 대체 수원이라는 조건을 역설해 온 것이다. 원래는 울산에게 운문댐 물값보다 암각화 보존가치가 더 커야 하지만 생명과 마찬가지로 그 가치를 시장가격으로 계산할 수 없어 비교가 어렵다. 예비타당성조사에서 비용편익을 따진다 해도 암각화를 살리는 편익을 돈으로 환산하기는 무척 어려울 것이다.

결국 계량화할 수 있는 물은 가격으로 접근해 낙동강수계 안에서 매듭을 지어야 한다. 암각화 보존과 그에 따른 손실은 문화재 보존체계 안에서 정부와 국민에게 보존에 따른 비용을 보상받고, 더 얻는 것이 있으면 또한 국민 모두가 수혜를 공유하는 방안을 모색하는 것이 바람직하지 않을까?

물값이 부담스러운 것은 대구나 부산은 물론 경북과 경남도 마찬가지다. 취수원을 다변화해서 안전한 식수를 확보하려는 욕구가 울산이 암각화를 보존하려는 의지만큼이나 강했으면 좋겠지만 다른 지역에서도 내부 이견이 있을 것이다. 결국 낙동강과 태화강 수계 전체 이해관계자들이 유역상생에 대해 공감하지 않으면 협의는 성립되기 어렵다. 낙동강통합물관리방안을 향한 긴 여정이 유종의 미를 거둘 수 있기를 고대한다.

낙동강 유역 울산 태화강 물 이야기
(낙동강 통합물관리 사업 협의과정, 2020년)

환경부와 낙동강 유역 지방자치단체들은 2019~2020년 낙동강 유역상생을 위한 협력체계를 구상하고 협의했다. 새로운 물 공급체계 구축을 위한 패키지 사업은 2021~2022년 예비타당성조사를 실시해 마침내 통과되었다. 이제 시·도별로 각자 힘들었을 때를 생각하며 초심으로 돌아가 2023~2028년 영남의 큰물, 낙동강 유역의 새 역사를 써야 한다.

물 전쟁 이야기

물 이야기는 대하드라마처럼 길고 장엄하다. 지나온 역사는 깊고, 앞으로 나아갈 미래는 멀다. 경상좌도와 우도를 가르던 낙동강과 경상좌병영이 의탁하던 태화강의 이야기가 그렇다. 낙동정맥이란 분수령이 물리적으로 유역을 나누어 놓았지만, 예나 지금이나 두 지역은 같은 영남 문화를 공유하면서 서로 힘을 합쳐 왔고, 이제는 수도권 다음가는 광역경제권을 구축했다. 낙동정맥 서쪽은 큰 물과 너른 들을 가졌지만 동쪽은 풍성한 바다와 깊은 항구가 힘이었고 양쪽은 서로를 보완해 왔다. 다시 서로 양보하며 지혜를 모아 해결해야 할 아주 시급한 일이 남았다. 다시 긴 물 이야기이다.

세상은 물 전쟁 중이다. 군비전쟁, 종교전쟁만큼이나 뿌리가 깊은 전쟁이다. 무역전쟁, 일자리전쟁만큼 오래갈 전쟁이다. 역사전쟁, 바이러스 전쟁 이상으로 소리 없이 폭넓게 많은 사람들을 전쟁의 영향권으로 불러들인다. 하지만 인류는 농업혁명 이후부터 이 전쟁에 대처해 왔다. 물에 대한 권리와 의무를 어떻게 규정하고, 누가 누구를 위해 물을 공급하고, 누가 얼마의 비용으로 얼마만큼의 물을 쓰게 될지에 대한 원칙과 내용을 꼼꼼하게 정하기 위해 각고의 노력을 해 왔다. 평화와 공존을 위해서인데, 많은 나라에서 자국의 법이 적용되는 권역 안에서는 대강의 질서를 잡았다.

우리나라도 마찬가지이다. 강수량이 적지 않은 곳이지만 산이 많고 호수는 작아 농업시대에 물은 늘 부족했다. 도시화와 공업화가 진행되면서 물은 더욱 부족해졌다. 다행히 댐과 정수장을 짓고 크고 작은 관을 깔아 수자원 사업을 할 수 있는 시스템을 갖춤으로써, 물을 둘러싼 큰 충돌은 피할 수 있게 되었다. 광역상수도는 수자원공사가 맡고, 지방상수도는 시·군이 맡은 것이다.

하지만 끝이 아니었다. 물이 많은 곳, 사람이 모이는 곳, 산업입지가 좋은 곳들이 반드시 일치하지는 않는다. 공평한 것을 좋아하는 조물주의 조화이기는 하지만 갈등의 씨앗이 된다. 지방자치의 목소리는 커질 대로 커졌는데 일부 농촌지역은 소멸위기에 처해 물이라도 붙잡고 생존을 위한 몸부림을 쳐야 할 판이다. 물 없이는 제조업 시설을 돌릴 수가 없지만 농업과 관광도 지속가능하지 않다는 사실을 부정할 수 없는 것이 현실이다. 도시지역이라고 마음이 편하지만은 않다. 4차 산업혁명은 인간의 삶을 풍요롭게 할 터이지만 지역의 전통 제조업은 위기를 예고하고 있다. 도시와 농촌의 성쇠, 산업의 흥망, 물이 가야 할 앞날을 점치기 어려운 게 사실이다.

낙동강 유역 물 분쟁

황지연못에서 시작한 낙동강 1,300리를 따라 낭만과 생명력이 넘친다. 상주 낙동 아래 낙동강 700리를 따라 푸른 강물이 삶의 무게를 싣고 힘겹게 흐른다. 낙동정맥은 바람과 빗물을 동서로 가른다. 동해로 향하는 태화강 120리는 보이지 않는 땅속 물길로 낙동강과 이어져 그 옛날 경상좌도 시절 함께한 땅들과 인연을 이어 가고 있다. 낙동강 상류와 하류 그리고 태화강은 하나다. 남이 아닌 가까운 사람들끼리 애증이 교차하는 법이다. 지금 세 곳은 각자 부족한 것을 채워 달라며 앞을 다투어 목소리를 높이고 있지만, 새롭고 안정된 관계를 만들기 위해 인내심을 가지고 소통하고 있다.

이런 낙동강 유역이 한반도 안에서 물을 둘러싸고 가장 첨예하게 갈등이 일어나고 있는 곳이 되어 버렸다. 산업화 이전에는 부산과 대구 모두 낙동강에 기대어 물 부족한 줄 몰랐다. 하지만 낙동강을 따라 도시와 산업시설이 들어서니 하류도 상류도 그 물을 그냥 쓸 수는 없게 되었다. 하수든 폐수든 쓰고 난 물은 깨끗이 처리해야 하는데 비용이 엄청나다. 하류인 부산과 대구는 행정구역 내에 제대로 된 댐 하나 없이 모든 생활용수를 낙동강과 그 지류에 의존하는데 상류에선 잊을 만하면 오염사고가 일어난다. 지방은 지방대로, 중앙은 중앙대로 이 문제를 해결하지 않고서는 지속가능한 지역발전, 안정적인 사회통합을 유지시켜 나가기가 어렵다.

반구대암각화 보존문제는 맑은 물 확보라는 가치와 양자선택을 해야 하는 딜레마 상황에 처해 있다. 많다면 많고, 적다면 적은 하루 물 5만여 톤 때문에 반구대암각화가 물에 잠기기를 거듭하며 훼손되고 있다. 이 부분을 해결해 주겠노라는 정부의 약속을 믿고 2008년부터 수위조절을 하고 있지만 제대로 된 수문이 없어 큰 비가 오면 다시 잠기기를 반복하고 있다. 3개 댐을 합쳐 연간 맑은 물 공급량이 1억여 톤에 불과한 울산 입장에서 보면 수위조절로 포기하는 물은 그야말로 뼈아픈 것이다.

울산 3개 댐 전체 물 공급량은 영천댐 하나와 비슷하고, 운문댐에 비하면 60% 수준이다. 심지어 임하댐의 15%, 안동댐의 10% 정도에 불과하다는 것을 생각하면 나라 전체에서 볼 때 이런 상황을 방치하는 것은 어이가 없는 일이다. 하지만 물 문제에 있어서는 동서고금을 통해 이런 비슷한 일이 허다했으며, 누군가가 의지와 권위를 가지고 조정해 주지 않으면 해결되지가 않았다. 누군가 문화재를 이렇게 대하느냐며 국격(國格)을 비하하기도 했지만 실상은 국법(國法) 불비, 국력(國力) 부족이 문제일 수도 있다. 돈이 있어야 행색을 갖추듯이 통 큰 투자가 없으면 당연히 나라다운 나라, 품격 있는 지역문화를 만들고 보전해 갈 수 없는 것이다.

환경논리 vs. 지역논리

낙동강 물 분쟁은 개발과 환경의 가치관 충돌이 아니다. 보수와 진보의 이념 대결도 아니다. 지역과 지역의 이해가 부딪히고 있는 것이다.

낙동강 상류지역에서는 대구가 취수장을 구미산업단지 상류로 옮겨 줄 것을 요구하면서 포문을 열었다. 2009년의 일이다. 구미는 구미시가 운영하고 있는 해평취수장 위에 또 다른 취수장 건설을 극력 반대하고 있다. 가뜩이나 지역경제가 내리막길을 걷는 상황에 여론이 매우 좋지 않다며 말도 꺼내지 말라고 한다. 취수장을 옮기면 대구는 상수원보호구역과 낙동강 수계 수변구역이 줄어들어 좋겠지만, 구미는 규제수준이 잘해야 그대로이고 여차하면 늘어날 것이라 한다. 대구는 하류이면서 상류인 이중적인 위치에 있다. 운문댐 물을 가져가는 대구는 상류 맑은 물이 확보되지 않는다면 울산에 운문댐 물을 양보하지 않겠다고 버틴다. 울산은 울산대로 물을 포기하고 반구대암각화만을 살리겠다고 하기는 어려운 실정이다. 사연댐을 관리하는 수자원공사는 수위를 영구히 52m 이하로 유지할 수 있는 방식으로 수문을 설치하겠다는 야심을 드러내고 있다. 울산의 입장에서 보면 수문을 설치할 경우 증가할 수 있는 홍수 위험도 간단한 문제는 아니다. 특히 태화강 국가정원은 잠시라도 물에 잠길 경우 막대한 피해가 생기고 복원도 쉽지가 않아 논란이 될 수밖에 없다.

낙동강 하류지역 상황 역시 복잡하다. 부산은 취수원 다변화와 함께 낙동강 본류 수질 개선이라는 투-트랙 전략을 펼치고 있다고 하지만 인근 지자체의 협조 없이는 어느 것도 해결할 수 없는 상황이다. 진주는 남강댐 물을 합천댐으로 보내 부산에 공급하는 것을 반대하고 있다. 갈수기 수량 부족이 그 이유다. 그런데 상류에 지리산댐을 추가로 건설해 수량 부족을 해결하겠다고 하면 댐 건설에 따른 환경훼손을 이유로 또 반대한다. 하늘이 365일 고르게 비를 내리지 않으면 해결되기 어려운 상황이다.

　중재를 해야 할 환경부는 진퇴양난에 빠져 있다. 막대한 재정을 들여 도수로를 건설해서라도 수량이 풍부한 안동댐·임하댐 물을 다른 지역에 배분하고 싶지만 필요한 최소한의 규제는 안동에서 계속 안고 있으라고 할 수밖에 없다. 보다 간편하게 구미에서 대구를 위한 취수시설을 운영하고 싶지만 수혜지역인 대구가 구미에 충분한 성의를 보여 주지 않고 있다. 아니 어느 정도가 충분한 것인지 눈높이가 다르다. 그럴 수밖에 없다. 하류에서는 환경부가 창녕시에서 관광개발사업으로 추진한 낙동강 워터플렉스 사업에 대해 식수 확보와 수질관리 문제로 환경영향평가 협의를 반대했으면서, 부산과 동부경남에 공급할 낙동강 강변여과수 취수를 위해 창녕시의 이해를 구하는 실정이다. 어느 것도 해결된 것이 없는 상황인데도 낙동강 하구언을 개방하라는 요구를 앞에 두고 있다. 댐 물을 적절하게 배분해 보지도 않은 것은 물론이고, 후쿠시마 원전 사고와 그에 따른 방사능 오염수 방류는 꿈에도 상상하지 못하고 해수담수화사업을 진행해 용수 수요처를 확보하지 못해 골머리를 앓고 있다.

낙동강통합물관리방안

　마침내 전환점에 섰다. 정부와 영남 지자체들이 낙동강통합물관리방안을 추진하고 있다. 지난 2019년 4월 29일 울산은 환경부·국무조정실·문화재청 그리고 대구·경북·구미와 함께 '낙동강 물 문제 해소를 위한 상호협력'에 합의했다. 이어 8월 23일 부산과 경남이 동참하겠다고 합의를 했다. 그렇게 1년이 넘었다. 환경부가 수자원공사, 한국물학술단체연합회와 많은 검토를 하고 있고 부처 및 지자체들과 의견을 나누고 있다. 이번 '낙동강통합물관리방안' 마련 연구는 울산에서는 부족한 맑은 물 대책과 암각화 보존을 위한 사연댐 수위조절이 이슈가 되어 관심을 받게 되었지만 핵심은 낙동강 유역 전체의 물이용 상생협력 플랫폼을 한 단계 끌어올리는 것이다.

환경부와 환경단체는 봉화에서 아연을 생산하는 ㈜영풍 석포제련소에 폐수 무방류시스템 구축을 요구하고 이를 관철하였다. 경북은 이 사례를 구미국가산단으로 확대해 가야 하는 과제를 안고 있다. 이미 완충저류시설까지 마친 상황이라 비용문제이지 못할 것은 없을 것이다. 그러나 비용을 누가 다 댈 것인지, 폐수 슬러지를 어떻게 다 처리할지가 문제이다. 대구는 해평취수장 이전 방안에 대한 미련을 버리지 못하고 있다. 한편으로는 기존 낙동강 취수원 이외에 경북지역 댐 물을 끌어와 정수하는 등 수원을 다변화해야 하는 방안을 검토하고 있다. 부산과 동부경남 지역 도시들도 남강이나 황강에서 생활용수의 상당량을 공급받기를 희망하고 있다. 울산은 운문댐 물 하루 7만 톤을 요청해 오고 있다. 울산의 경우 장기 수도정비기본계획에 따르면 부족한 수량이 하루 12만 톤으로서 7만 톤만으로는 아직 부족하기는 하다. 하지만 사연댐 수위조절 이후에도 실제 평균적인 강수량을 기록하는 해에 생활용수로 가져오는 낙동강 물이 하루 평균 7만 톤 정도임을 감안하면 이 물은 더없이 귀한 물이다.

아직 정부와 지자체가 담당해야 할 프로젝트들의 재정적·기술적 검토가 끝나지 않았고, 경북·경남 도민을 비롯해 관계 지자체의 동의가 필요한 상황이긴 하다. 그렇지만 정책적으로 보았을 때 실현가능한 대안들이 매우 넓고 깊게 모색되고 있으며, 이전 어느 때보다 범국민적 합의하에 낙동강통합물관리가 추진될 가능성이 높은 것으로 기대하고 있다. 공식적으로는 낙동강유역물관리위원회가 결정을 하겠지만, 사전에 정부가 전문가와 시민들의 의견을 수렴할 것이다. 다른 지역의 주민들도 많은 고민을 하겠지만, 울산에서도 전문가와 시민들이 앞장서 힘을 모아 주어야 한다. 이번 낙동강통합물관리방안이 최종 확정되고 계획대로 추진된다면, 낙동강 유역 공동체는 새로운 역사를 맞게 될 것이다.

실행단계에서는 예비타당성조사가 중요하다. 과거 대구-경북 해법만 따로 예비타당성조사를 한 사례가 있지만 앞으로는 운문댐 물 울산 공급 방안이 좁게는 상류지역 해법, 넓게는 낙동강 전체 해법과 함께 예비타당성조사가 진행되어야 할 것이다. 한국판 뉴딜로 가면서 2019년 균형발전프로젝트처럼 예비타당성조사 면제로 간다면 더할 나위 없을 것이다. 운문댐 물 공급량에 비해 도수관로 건설비용이 많이 들어 운문댐 물 울산 공급 사업 하나만으로는 예비타당성조사에서 경제성이 부족할 가능성이 있다. 한편 울산이 운문댐 물을 받는다면 대곡댐에 담아 두고 쓸지, 정수장에 바로 연결해 쓸지는 더 생각해 볼 일이다.

낙동강 유역 태화강

울산 태화강은 낙동강과 엄연히 유역과 수계를 달리한다. 하지만 행정계획으로 낙동강 대권역에 포함되어 있다. 울산의 땅 자체는 태화강과 회야강 수계 이외에 낙동강과 형산강 수계로 나눠져 있다. 태화강은 낙동강에 비하면 짧고 좁은 수계를 가지고 있다. 그래서 물이 부족하다. 그럼 어디서 물을 구할까? 바로 영남의 큰물 낙동강이다. 수자원공사가 원동취수장에서 취수한 물을 대암댐, 선암댐을 거쳐 국가산단에 싸게 공급하기도 하고 온산정수장에 보내 침전시켜 더 비싸게 팔기도 한다. 가뭄으로 물이 부족해지면 울산시가 자체 건설해 운영하고 있는 생활용수 댐인 회야댐도 낙동강 물을 받는다. 새로 받으려고 하는 운문댐 물도 넓게 보면 낙동강 물이다. 울주 상북면 일부 지역 빗물이 운문댐으로 흘러들어가지만 운문댐 하류 밀양강은 엄연히 낙동강 지류이다.

산업근대화 초기 정부가 울산 정유공장 건설에 이어 석유화학단지를 조성하려 했을 때 입지를 어디로 정할까가 논란이 되었다고 한다. 당시 오원철(1928~2019) 전 경제수석을 비롯한 상공부 라인은 울산을, 정유공장을 새로 건설하려는 한국화약㈜을 지원하던 경제기획원은 인천을 밀었다고 한다. 당시 울산의 약점은 용수였는데, 낙동강 물을 무한정 끌어오는 방안으로 대통령의 낙점을 받았다고 한다. 지금 울산의 도시 규모와 산업은 60년대 후반과 비교할 수 없을 만큼 커졌다. 그러나 강수량과 울산 스스로 확보할 수 있는 물그릇은 거의 변한 것이 없다. 회야댐, 대곡댐이 생겼지만 어차피 회야강과 태화강 물을 최대한 이용하게 된 것이지 없던 것이 생긴 것은 아니다. 낙동강이 울산을 120만 대도시, 전국 최대 공업도시로 키운 것이다. 수자원 측면에서 앞으로도 지속가능한 산업수도로 발전할 수 있을 것인가 하는 열쇠는 태화강이 아니라 낙동강의 수질과 수량에 달려 있다고 해도 과언이 아니다.

물은 사람을 사람답게 생활하게 하고, 우리가 먹을 농작물을 키우는 생명의 물질이다. 그리고 물은 발전소와 공장을 돌리는 데 꼭 필요하다. 물을 어떻게 균형 있게 쓸 것인지가 무척 중요한 질문이다. 이를 물-식량-에너지 넥서스(Nexus)로 표현한다. 울산에서 물은 120만 울산 시민과 태화강 생물들을 보살피는 존재이다. 또한 발전소 스팀 터빈을 돌리고, 석유화학 공정을 제어하는 에너지가 된다. 특히 석유화학단지, ㈜SK에너지, ㈜S-오일, ㈜무림P&P, ㈜롯데정밀화학은 막대한 공업용수를 사용한다. 그나마 원자력발전 냉각수는 해수가 주로 들어가므로 생각보다 담수를 많이 필요로 하지는 않는다. 인구가 부산의 1/3인 울산은 공업용수 때문에 전체적으로 사용하는 수량은 부산보다 오히려 많다. 울산 공업이 부산 사람만큼 하루 80여만 톤을 쓰고, 울산 사람은 부산 공업만큼 하루 30여만 톤을 쓴다. 먹는 물이 공장 물보다 더 중요하니까 댐 용수가 절대 부족해 낙동강 물을 90% 넘게 먹고 있는 부산은 낙동강 오염사고가 일어나 급수가 중단될까 봐 전전긍긍이다.

물과 시장(Market), 그리고 워터 레짐(Water Regime)

낙동강 물은 절대 공짜가 아니다. 이제 물은 물같이 쓰는 것이 아니라 돈같이 쓰는 것이다. 강물을 따라 돈은 거꾸로 흐른다. 상류는 강물을 가두고 하수와 폐수를 처리하는 데 비용을 많이 들이고, 하류는 물을 가져오고 정수하는 데 막대한 비용이 든다. 울산 기업과 시민들은 수자원공사에 각각 매년 700여억 원, 200여억 원을 주고 있다. 낙동강 상류에서부터 수질을 보존하려니 공장과 토지 소유자, 주민들이 규제를 받을 수밖에 없다. 이를 보상해 주기 위해 기업과 시민들이 또 각자 사용하는 수량에 비례해 400여억 원, 50여억 원씩 물이용 부담금을 따로 모아 낙동강유역환경청이 관리하는 낙동강수계기금으로 조성한다. 수계기금은 관계 지자체들이 합의해서 사용한다. 이런 시스템은 오랫동안 정부와 지자체, 기업과 주민들, 전문가와 환경단체가 서로 대화하며 합의해 만든 워터 레짐(Water Regime)이다. 워터 레짐에 대해서는 오종극의 『워터 레짐: 유역관리론 물에 관한 지적 대화, 지속가능성을 높인다』를 참고하면 된다.

환경부는 1994년 지방청들을 4대강 유역기준으로 설치했다. 2002년 4대강별로 수계관리법을 제정해 물관리체계와 주민지원에 관한 사항을 규정했다. 2018년에는 환경부와 건설교통부의 물관리 업무 일원화를 통해 수량과 수질관리를 연계할 수 있게 되었다. 2019년에는 국내외 물관리 경험과 갈등사례를 통해 배운 유역 물관리 원칙이 반영된 물관리기본법이 시행되었다. 이어 국무총리를 위원장으로 하는 국가물관리위원회가 출범했다. 낙동강통합물관리방안은 새로운 국가물관리 시스템이 해결해야 할 첫 번째 당면현안이라 할 수 있다. 합의 가능한 대안을 만들어 늦지 않게 시행까지 잘 이끌어 갈 수 있다면 환경정책사적으로 획기적인 사건이 될 것이다.

낙동강 물로 하나 되는 영남

이제 다시 시작이다. 운문댐 물을 끌어와야 하고, 사연댐에 수문을 설치해야 한다. 기술적으로 많은 고민을 해야 하고, 비용도 많이 든다. 우리 유역에서 모은 물이 아니니 물값을 지금보다 더 비싸게 들일 각

오를 해야 한다. 대신 가뭄에도 맑은 물을 먹을 가능성이 커진다. 그 가치를 숫자로 정확하게 나타낼 수는 없지만, 대구와 부산이 각 시의 사활을 건 숙원사업으로 추진하는 것을 보면 무척 중요한 가치이다. 그리고 암각화를 세계문화유산으로 등재할 기회가 생긴다. 거기에서 문화적 자긍심을 높이고 관광이익을 창출할 수 있다. 낙동강 유역 하회마을과 병산서원은 이미 세계문화유산이 되었다. 형산강 유역 경주 역사유적지구도 그렇다. 태화강 유역이 국가정원과 세계문화유산을 모두 보유하게 된다면 울산은 물론 범 낙동강 유역 전체의 경사가 될 것이다.

정책적으로는 정부와 울산시가 각자 수립해야 하는 법정 수도정비계획에 필요한 사항들을 반영해야 한다. 장기적으로 거주인구 증가나 관광인구 증가, 기후변화에 대비해 자체적인 수원 확보방안도 검토해 나갈 필요가 있다. 시민과 기업이 모두 물을 아끼고 건물과 공장을 물에 민감하게 설계를 해 지어야 한다. 하수처리방류수를 최대한 재이용하는 방법이 주목을 받고 있는데, 울산은 이미 언양, 굴화, 농소하수처리장 방류수를 하천 유지수로 쓰고 있다. 용암폐수처리장 방류수 일부는 인근 공장에서 공업용수로 쓰고 있다. 쉽지 않겠지만 장기적으로는 용연과 온산 등 다른 하수처리장 방류수까지 재이용을 확대해 나갈 필요가 있다.

낙동강 유역 주민 모두에게 호소한다. 물관리기본법이 규정하고 있듯이 "물은 지구의 물순환 체계를 통하여 얻어지는 공공의 자원으로서 모든 사람과 동·식물 등의 생명체가 합리적으로 이용하여야 하고, 물을 관리함에 있어 그 효용은 최대한으로 높이되 잘못 쓰거나 함부로 쓰지 아니하며, 자연환경과 사회·경제생활을 조화시키면서 지속적으로 이용하고 보전하여 그 가치를 미래로 이어 가게 해야 한다." 내가 어느 강에 기대어 살든 내 가족과 친척, 친구와 동료들이 다른 강가에 있다. 그리고 우리 선조들이 이룩한 문화유산과 동시대를 같이 살아가는 귀중한 생명들이 있다. "공공의 이익을 침해하지 아니하고 국가의 물관리 정책에 지장을 주지 아니하며 물환경에 대한 영향을 최소화하는 범위에서 물을 이용해야 한다"라는 유역상생의 원칙을 잊지 말자.

울산 시민들에게 태화강만 바라보지 말 것을 조심스레 권해 본다. 낙동강 발원지에서부터 을숙도까지 둘러보며 그곳에서 마주할 댐과 보, 농경지와 산업시설, 생명과 문화재들을 느껴 보자. 낙동강에 기대어 사는 도시와 농촌 사람들의 희로애락을 들어 보자. 결국 소통이다. 도움을 받기 위해 이웃을 설득해야 한다. 받은 것에 걸맞게 보답하기 위해 이웃을 이해해야 한다. 그렇게 상생해야 한다. 동해바다, 태화강과 회야강, 낙동강에 이어 운문댐까지 나서서 울산을 도운다면 앞으로 울산이 이에 보답해 한국 산업성장을 계속해 이끌어 나갈 수 있을 것이다.

정부는 중재자로서의 역할을 다하며 전폭적인 지원을 해 주기를 바란다. 좋은 물을 나눠 풍요롭고 품격 있는 나라를 만들자. 맑은 물을 만드는 데 모두가 십시일반 힘을 보탤 수 있도록 사회적 합의의 틀을 만들어야 한다. 나아가 낙동강통합물관리방안이 코로나19 경제위기 극복을 위한 한국형 뉴딜사업이 될 수 있도록 통 크게 결정했으면 한다. 그리고 빠르게 인프라를 조성하고 운영하기 위해 재정적 지원을 아끼지 않았으면 한다. 국무조정실에는 제주특별자치도지원단, 포항지진 피해지원단, 새만금사업추진지원단이 설치되어 있다. 낙동강물관리지원단은 없다. 어느 이슈가 더 중대하고 시급한 것인지 따져 볼 일이다.

현대 외국 사례를 보면 수자원 개발과 먹는 물 공급이 경제 활성화와 일자리 창출에 크게 기여해 왔음을 알 수 있다. 미국 뉴딜사업에서는 테네시강 유역개발과 콜로라도강 후버댐 건설이 홍수 관리와 전력 생산을 통해 배후 지역 균형개발에 핵심적 역할을 했음을 기억해야 한다.

로스엔젤레스를 비롯한 캘리포니아 남부는 개척 초기부터 물 부족에 시달려 왔는데 북부 지역의 물을 끌어올 수 있는 도수관로 인프라를 지속적으로 또 광범위하게 건설함으로써 오늘날 명실상부한 골든-스테이트(Golden-State)로 성장할 수 있었다. 최근에는 캘리포니아 주 정부가 워터-픽스(Water-Fix) 사업을 계획하며 도수로를 현대식의 안정적인 터널 방식으로 고쳐 나가는 사업을 추진 중이다. 지역 간 갈등과 환경단체 반발이 있기는 하지만 사업계획을 조정하고 지역 간 상생 방안을 찾는 노력을 계속하고 있다.

중국도 마찬가지다. 남부는 물이 풍부한데 베이징을 비롯한 북부는 만성적인 물 부족 상태이다. 결국 장강의 물을 1천 km 넘게 도수해서 회수와 황하를 지나 베이징과 톈진 지역에까지 공급하는 남수북조(南水北調) 사업을 추진했다. 이 사업은 이미 동선(東線)과 중선(中線) 사업을 통해 통수(通水)가 이루어지고 있고, 서선(西線) 사업의 경우도 타당성조사를 시행 중이다.

걷다 보면 마주하는 오아시스

반구대암각화를 구하고, 동시에 낙동강 유역의 모든 지자체들이 맑은 물을 안정적으로 확보하는 길은 여전히 아득히 멀어 보인다. 시·도를 너머 시·군, 다시 읍·면과 마을들! 문화재청 너머 환경부, 그 너머 기획재정부, 다시 청와대! 전문가 너머 시민사회단체, 그 너머 시의회, 다시 국회! 하지만 함께 하지 않으면 할 수 없는 일이다. 정부와 지자체, 시민들이 서로 간에 믿음을 주고받지 않으면 안 된다. 가 보지 않고 미리 포기할 수는 없다. 한 걸음 한 걸음 걷다 보면 거기에 오아시스가 나타날 것이다.

10년 후 아니면 20년 후 멀리 철원평야에서 단정학(丹頂鶴)이 날아와 성탄절 전날 반구대암각화 앞 대곡천에서 춤을 추고, 태화강 국가정원 샛강에서 미꾸라지를 잡는 가슴 벅찬 광경을 상상해 본다.

〈영남의 큰물 낙동강〉

산수를 보면 풍기의 모이고 흩어짐을 아는 것이니, 산세가 겹겹으로 돌아 옹호해 주었다면 물이 어찌 흩어져 흐를 수가 있겠는가? 우리나라의 산맥이 백두산으로부터 서남방으로 달려 두류산에 이르러 전라·경상 양도의 경계선이 되었다. 그리고 물은 황지(黃池)에서 남으로 흘러 낙동강(洛東江)이 되었는데, 산이 동해 가로 연달아 바다를 막아 주었고, 두류산의 지맥이 또 동으로 달려서 여러 고을 물이 낱낱이 합류가 되어 김해(金海)와 동래(東萊) 사이에 이르러 바다로 들어갔다. 그러므로 풍기가 모이어졌고 흩어지지 않았으니, 옛날 풍속이 아직도 남아 있고 명현이 배출하여 우리나라 인재의 부고가 되었다. 그리고 태백산 아래와 안동(安東)·예안(禮安) 사이에는 도처에 명당이 열렸으니, 다른 날 국가에 변난이 있을 때에는 반드시 이곳을 힘입게 될 것이다. (이하 생략: 전라도)
☞ 이익, 『성호사설』 제3권, 「천지문(天地門)」, 양남수세(兩南水勢)

영남의 큰물은 낙동강인데 사방의 크고 작은 하천이 일제히 모여들어 물 한 방울도 밖으로 새어 나가는 법이 없다. 이것이 바로 여러 인심이 한데 뭉치어 부름이 있으면 반드시 화합하고 일을 당하면 힘을 합치는 이치이다.
☞ 김상화, 『낙동강 물터 속의 생명과 마음』 양남수세(兩南水勢) 요약

코로나19에서 울산이 살아남는 법
(울산매일, 2021. 6. 3.)

　조선시대 궁궐에는 내의원이 있어 왕실의 건강을 돌봤고, 밖에는 전의감과 혜민서·활인서가 관리들과 서울 사람들의 건강을 살폈다. 그런데 조선후기 민간 의업 발달로 약값과 치료비가 치솟은 반면, 국가재정은 궁핍해지면서 전의감과 혜민서 등을 없애자는 논의가 있었던 모양이다. 이에 대해 영조와 정조는 혜민서·활인서는 선대왕들이 중히 여긴 지극히 어진 정책(至仁之政)이기 때문에 그럴 수 없다고 고집했다고 한다. 역병이 창궐할 때마다 이들 기관이 큰 역할을 한다는 사실을 잘 알았기 때문일 것이다. 지방 사정은 어땠을까? 지방 관아들에는 약방(藥房)이 있었는데, 울산읍성에도 객사 남쪽 인근에 있었다. 여기서 군사와 관리들의 건강을 돌보고 유사시 역병을 치료했을 것이다.
　일제강점기가 되면 서양식 의학교육을 받은 사람은 의사가 되고, 기존 한의원들은 의생(醫生)으로 격하되었다. 1917년경 성남동 일대를 중심으로 일본인 개업 의사가 10명 가까이 있었다. 울산 의생들은 80여 명이 있었는데, 당시 인구에 비하면 많았다. 이후 1930년대에는 서양식 의사가 20명 정도로 늘고, 의생은 절반으로 줄어들었다. 김형기, 양봉근, 안효식 선생 등도 울산에서 의원을 경영했다.
　울산 의료시설은 해방과 동란, 산업화를 거치며 크게 성장했다. 동강

(東岡) 박영철 선생이 1960년 동강병원(당시 서울의원)을 열었고, 정주영 회장은 1975년 울산대학병원(당시 해성병원)을 설치했다. 이후 민간 대형병원들이 줄을 이어 지금은 9개 종합병원이 있다. 최근에는 한방병원, 산부인과병원, 치과병원, 성형외과병원 등 전문병원들이 생겨나 울산 의료환경이 다채로워졌다. 하지만 여전히 의료인력은 부족하고, 병상과 장비는 충분치 않다. 무엇보다 민간병원에 대한 의존도가 너무 높다.

이제는 공공병원을 보완해 균형을 찾아야 한다. 다른 지역은 그나마 국립대학병원 등 의지할 수 있는 공공병원이 1곳 이상 있는데 울산은 전무하다. 현재 우리나라 공공병상 비중이 10%인데, 적어도 20%는 되어야 한다는 정치권 의견이 있다. 어쩌다 이 지경이 되었을까? 1956년 보건소법이 제정되어 울산에는 같은 해 성남동에 울산군 보건진료소가 생겼다. 이후 도시성장과 함께 1997년 북구까지 모든 구군에 보건소가 설치되었다. 그 외에 2004년 시립노인요양병원이 개원했다. 지역 공공의료시설은 이것이 끝이었다. 이후 산재병원을 줄기차게 요구했으나 예비타당성조사의 벽을 넘지 못했고, 2019년 비로소 예타 면제를 받았다.

코로나19를 거치며 새로운 사태가 전개되고 있다. 인구 비례로 서울보다 3배 넘는 확진이 나오는 위기가 반복해서 발생했다. 그럴 때마다 자영업자들은 영업을 중단하고, 대형 사업장은 생산 중단을 반복하며 막대한 경제손실을 부담하고 있다. 한편 병상은 절대 부족하다. 생활치료센터들을 모두 울산 밖 기업시설을 빌려 설치할 수밖에 없었고, 지금까지 270명이 넘는 시민들이 타 지역 의료원 등에 입원했다. 방역정책과 진단검사, 환자치료와 예방접종 모든 과정에서 다른 지역들이 가지고 있는 지방의료원이 너무나 아쉽다.

그런데 아직 코로나19가 끝나지 않았는데 벌써부터 지방의료시설 예타 면제를 포함해 공공의료 강화에 대한 목소리는 줄어들고 있는 분위기이다. 울산의 경우 산재공공병원이 생기니 충분하지 않느냐는 말도 있다. 하지만 산재병원과 의료원을 모두 개원한다 해도 울산 공공병상 비중은 7%를 넘기지 못한다. 게다가 지금 코로나19와 싸우고 있는 주축은 전국의 지방의료원들이지 산재병원이 아니다. 시·군·구마다 보건소가 있듯이, 이제 시·도마다 의료원을 설치해야 할 시대를 맞이했다.

코로나19 방역의 최대 고비가 아직 닥치지 않았을 가능성이 있다. 본격적인 백신접종에도 공공의료가 절실하다. 산업수도 울산 근로자의 건강은 세계적인 문제이다. 넥스트 팬데믹을 준비해야 한다. 울산의료원 설립에 보다 많은 국민들의 관심과 시민들의 열정이 필요한 시점이다.

특별하고 일반적인 도시가 따로 있나?
(경상일보, 2021. 10. 23.)

특별한 존재는 남다른 것이고, 일반적인 것은 남과 같은 존재이다. 다르기도 하고 같기도 하지만 정책적으로 보면 그렇게 대우를 해야 한다는 뜻이다. 특별하게 다루는 목적은 좋은 것을 더 좋게 만들기 위해, 나쁜 것을 덜 나쁘게 만들기 위해서이다. 그런데 특별하거나 때로는 일반적인 입장에서, 타인에게 부여된 일반적이거나 특별한 이름이 주는 어감이 좋지만은 않게 들릴 때가 있으니 생각해 볼 일이다.

울산이 특별한 도시로 고려되었던 사례들이 여러 차례 있었다. 1962년에는 특정공업지구로 지정되고 건설부 산하에 울산특별건설국이 설치되었는데, 그해 울산은 일반시로 승격되었다. 최근에는 규제자유특구 지정이 활발하다. 과거 장생포고래문화특구와 한우불고기특구에 이어 제조업에서도 수소특구, 게놈특구, 이산화탄소 자원화특구가 지정되며 특구 풍년이다. 한편 환경보호 측면에서는 기업 입장에서 보면 불편하지만 시민에게는 좋은 영향을 가져오는 제도들이 있다. 1999년에는 대기배출기준을 강화하기 위해 대기보존특별대책지역으로 지정했고, 2000년에는 울산항 오염방지를 위해 울산연안특별관리해역이 지정되었다. 한편 1997년에는 광역시로 승격되면서 도시 이름에 '광역'이라는 글자가 붙는 영광이 있었지만, 다른 특별한 도시에 비하면 별다른 것이 아니다.

　우리나라는 도시 이름에 유달리 '특별'이라는 글자를 붙이기 좋아한다. '특별시·도'라는 것이다. 서울특별시행정특례법, 제주특별자치도특별법, 세종특별자치시특별법에 따라 법령에 특수한 지위를 부여했는데, 도시 이름에도 중복해서 '특별'한 이란 단어를 붙여 버렸다. 그런데 생각해 보자. 어느 기간 정도야 정책적 목적으로 붙일 수 있다지만 영구적으로 그 이름을 계속 붙인다면 특별하지 않은 도시들은 상대적 박탈감을 받을 수 있지 않을까? 서울은 해방 다음 해부터 계속 특별시이다. 15년 전부터 실험되기 시작한 제주형 지방자치는 지금도 특별자치도 형태이다. 세종특별자치시는 내년이면 10주년을 맞는다. 내년에는 또 수원·창원·고양·용인이 특례시가 된다. 특별한 정책적 배려가 필요하더라도 도시 이름에까지 특별한 이름을 붙일 필요가 있을까? 그렇게 되면 꼭 필요한 정책을 넘어 모든 정책에서 특별한 취급을 받게 되지 않을까? 이웃나라의 베이징은 직할시이고, 도쿄는 그냥 도(都)이다. 서울이 수도란 뜻인데 무슨 수식어가 더 필요한가? 제주와 세종은 또 언제 '특별'이라는 딱지를 뗄 것인가? 언제까지 특별한 상태로 있을 것인가? 이런 이름 정책이 지역균형 발전, 소득주도 성장, 부동산가격 안정이란 재분배 정책에 실질적인 영향을 미치지 않는다고 누가 확신할 수 있는가? 일반적인 주민과 특별한 주민이 따로 있는 것이 아니다. 말이 생각이 되고 생각이 논리가, 또 정책이 된다. 브랜드가 보증서가 되고, 그 보증서에 다양한 채널을 통해 부동산을 포함한 시장가격이 오른다.

　몇 년 전 울산의 대형 사업들이 줄줄이 예비타당성조사를 통과하지 못한 일이 있다. 그런데 비슷한 시기에 인구 30만 명이 안 되는 세종특별자치시에서는 국립대학병원과 국립박물관이 예타를 쉽게 통과했다. 물론 예타를 통과할 만한 조건들이 있었다고 믿어야겠지만, 그 기준과 절차를 자세히 모르는 사람들은 특별한 이름 덕을 보지 않았겠느냐고 오해한다고 해서 누가 그렇지 않다고 장담할 수 있겠는가? 광주와 울산이 지방의료원 설립 예타 면제를 부르짖고 있는데, 세종은 중앙의료원 분원을 유치하려 한다. 이제 이름에서는 겸손하게 특별한 지위를 내려놓는 게 좋겠다. 하지만, 여전히 정책적으로는 특별하거나 반대로 일반적인 조치를 할 부분들이 없는지 더 살펴보아야 한다. 울산의 경우 산업육성과 환경보호 측면에서 특별히 신경을 써야 하는 도시라면 보건의료 측면에서도 특별한 케어가 필요하지 않을까? 특별한 산업과 환경 아래에서 일하고 살아가는 시민들에게 남들 다 있는 지방의료원은 허용되어야 하지 않을까? '다른 것은 다르게'와 함께 '같은 것은 같게' 하는 것이 바람직한 정책인 것이다.

단계적 일상회복과 공공의료

(울산매일, 2021. 10. 26.)

　코로나19로부터 단계적 일상회복을 위한 로드맵이 공개됐다. 다음 달부터 영업시간, 행사규모, 사적모임 인원 제한이 점차 완화돼 이동과 만남의 자유가 늘어난다. 방역분야에서는 재택치료를 확대해 나가야 한다. 이미 백신은 10월 말로 접어들며 전 국민의 70%, 성인의 80%, 고령층의 90% 이상이 접종을 완료하며 일상회복을 검토할 수 있는 최소 기준을 달성했다. 코로나19의 생물학적 종식은 영원히 어려울 수가 있지만, 사회적 종식은 어떻게든 해야 할 일인 것이다. 하지만 그 꼬리가 6개월이 될지, 1년이 될지, 그 이상이 될지는 아무도 모른다. 애석하게도 아직 후진국들의 백신접종률이 낮은 점도 늘 불안한 요소이다.
　일상회복(Return to Normal)을 가리켜 앞서 영국이 선언한 '자유의 날(Freedom Day)'은 너무 정치적인 접근이었고, 싱가포르가 제시한 '풍토병으로의 이행(Transition to Endemic)'은 보건의료 측면을 강조한 모습이었다. 이에 비해 그동안 우리가 외쳐 온 '일상'은 마스크를 벗고 쇼핑을 하거나 동료들과 밤늦게까지 회식을 할 수 있을 거라는 소박한 바람인데도 현실적으로 다른 어떤 정치적 공약보다 강한 메시지가 됐다.
　하지만 모든 것이 일상으로 돌아가도 이전으로 돌아갈 수 없는 것이 있다. 일상 자체가 바뀐 곳이다. 실제 지난 2년간 급격히 진행된 비대면(un-tact) 경제가 포스트-팬데믹 시대에는 일상이 돼 버려서 많은 사람들이 앞으로 어떻게 이 사회에 적응해 살까 두려워하고 있다. 한편으로는 이전의 일상으로 돌아가서는 안 되는 분야가 있다. 그것은 재난을 준비하지 않던 과거로의 회귀이다. 지금 준비하는 일상을 다음 팬데믹이 오더라도 돌아갈 수 있는 일상으로 남겨 두기 위해서는 지금보다 더 나은 준비가 필요하다.

프랭크 스노든은 지난해 발표한 그의 저서 『감염병과 사회』에서 "국제 사회는 감염병 문제에 관한 한 주기적으로 호들갑을 떨면서 승리를 거머쥘 것이라는 상상에 취해 잔치와 기근을 번갈아 겪고 있다"라며 "문명을 보호하려면 과학 연구에 매진하고, 의료 기반 시설을 개선하고, 보건 교육을 실시하고, 재정을 튼튼하게 확보해야 한다"라고 역설하고 있다. 스노든은 결국 많은 희생을 치르고 감염병이 물러가면 또다시 충분하게 미래를 대비하는 것을 잊어버리는 역사적으로 반복되는 사실을 지적하고 있다. 의료계, 특히 공공보건의료계의 많은 사람들이 그런 부끄러운 경험을 자백하고 있다. 어찌 그 과정과 결과가 보건의료 정책 책임자들만의 잘못이겠는가?

임진왜란을 겪고 나서 류성룡이 『징비록』을 썼는데 일본은 그 속에서 이순신을 재발견한 데 반해 조선은 여전히 또 다른 전쟁을 준비하는 데 실패했다. 국력이 부족했겠지만 그 와중에 정변을 벌였다. 결과는 병자호란과 삼전도의 굴욕이었다. 임진왜란을 겪으며 조선은 '조총(鳥銃)'을 자체 제작했지만 호란이 닥치자 후금이 서양에서 도입한 '홍이포(紅夷砲)'에는 대적할 수 없었다.

100년 전 스페인 독감은 코로나19보다 10배가 넘는 사망자를 냈다.

현대의 사회적 이동량이 그때와 비교해 100배라고 치면 지금의 세계적 보건의료 시스템이 사실상 희생자를 1/1,000로 줄인 것으로 볼 수 있을 것이다. 공공과 민간이 힘을 합쳐 노력과 투자를 하면 그만큼 살릴 수 있는 생명, 누릴 수 있는 자유가 늘기 마련이다.

그동안 우리나라는 호흡기 감염병에 많은 네트워크와 노하우를 구축했다. 하지만 앞으로 일어날 다양한 재난에서 이 시스템이 충분할지는 미지수이다. 그래서 다시 공공의료 인프라 확대이고, 울산의료원 설립이다. 거리는 일상으로 돌아가야 하지만 정책은 비상한 각오를 하며 미래를 대비해야 한다. 의료정책이 설마 이런 큰일을 겪고 아무 일 없다는 듯이 일상으로 돌아가겠는가 하고 의문을 품어 보지만 역사학자들의 전망, 일선 의료인력들의 예감, 의료컨설팅 전문가들의 자문결과를 들어 보면 그것은 의문이 아니라 늘 그래 온 법칙이라는 대답이 돌아온다. 일상회복이 썩 유쾌하지만은 않고 더욱 걱정스럽다.

숟가락과 젓가락 사이 울산

(울산매일, 2021. 11. 28.)

　코로나19는 건강 말고도 많은 행복을 빼앗아 갔다. 그중에는 여행과 만남이 있고 또 먹는 즐거움이 있다. 활동이 줄어 간혹 비만이 된 사람이 있다고는 하지만 분명 맛있고 건강한 음식을 접할 기회는 줄었을 것이다. 태초부터 먹거리는 인류가 생사를 건 문제였다. 맛을 돋우는 그릇과 향신료는 전쟁을 불렀다. 즐거운 식사는 국가 행사는 물론 개인 교제에서도 중요한 이슈였다. 한시바삐 마음 놓고 맛있는 음식을 먹으며 옛일에 대해 담소를 나누는 일상을 되찾기를 바라며, 먹는 것에 대해 울산에는 어떤 이야기들이 있는지 더듬어 본다.

　반구대암각화를 보면, 선사시대 울산 사람들은 먹고살기 위해 고래와 사슴을 잡았다. 생각하건대 그 외에도 산과 들, 바다에는 지금처럼 다양한 과일과 나물, 약초와 해초들이 즐비했을 것이다. 수시로 사냥감을 해체하니 해부학 지식을 쌓았을 것이고, 사냥에 따른 부상자 치료법이 같이 늘어 갔을 것이다. 간단한 뇌수술까지 가능하지 않았을까 상상하는 이도 있다. 암각화에 나오는 얼굴 그림이 무당일 가능성이 있는데, 그는 종교지도자이자 정치인이고, 과학자이자 의사였을 것이다.

　유발 하라리는 『사피엔스』에서 인류가 수렵과 채집을 포기하고 농경을 시작하게 된 것을 두고두고 사서 고생을 하게 된 시초라고 풍자했다. 아무튼 울산 선조들도 옥현 유적에 나타나듯이 1년 내내 허리 아프게 농사를 지었다. 대신 목숨을 건 고래와 사슴 사냥은 줄어들다가 불교가 숭상되면서부터는 금기시됐을 것이다. 천전리암각화에 가축이 된 개로 추정되는 동물들과 주인 그림이 있는데, 그때부터 고래 대신에 개고기를 먹었을지 모를 일이다.

역사시대 들어서도 많은 사람들에게 음식은 여전히 숙제로 남았지만, 일부 계층에게는 향연의 대상이 됐다. 신라의 경우 왕족이 소풍을 가면서 요리사를 대동했다. 천전리암각화 원명과 추명 모두에 음식을 만드는 사람이라는 뜻의 작식인(作食人)이란 표현이 나온다. 문명대 교수는 아버지 갈문왕이 대곡천에 왔을 때에는 '거지시혜(居知尸奚)'와 '아혜모홍(阿兮牟弘)'이 동반했고, 아들 진흥왕 행차 때에는 '아혜모호(阿兮牟呼)', '일리등차(一利等次)' 그리고 '사효공(沙爻功)'이라는 세 부인이 함께 식사를 맡았다고 해석하고 있다. 아마도 이들은 요리 실력은 물론 대장금이나 『규합총서』를 남긴 빙허각 이씨처럼 의약 지식이 있었을 수도 있다. 덕분에 남편들은 큰 공적 없이 바위에 기록된 역사책에 떡하니 이름을 남겼다.

조선시대 전후 기록에 따르면 울산에 좋은 식·약재가 많았다. 『세종실록지리지』에는 울산이 왕실에 진상하는 공물과 약재로써 작설차, 미역, 전복, 인삼, 오징어 뼈 등 40여 가지가 나온다. 특히 전복이 유명했는데, 울산아가씨 노랫말에도 "실백(實柏)잣 얹어서 전복쌈일세"라는 구절이 있다. 『학성지』에는 웅촌 초천리 회야강가에 있는 초정(椒井)이 나온다. 산초나무 열매 맛이 나며 목욕을 하면 풍이 낫고 마시면 체증이 내려가는 약효가 있어 해방 전후까지 전국적으로 유명했었다고 한다. 일제강점기인 1917년 울산농수산물품평회에 맞춰 울산군이 발행한 『울산안내』에는 당시 고래고기 외에 울산 콩, 울산 참외, 울산 천초(우뭇가사리)가 지역 대표 식품이라고 소개하고 있다.

지금 울산의 먹거리는 WHO 건강도시에 걸맞게 어디에 내놓아도 부끄럽지 않다. 언제 어디서나 팔도를 넘어 세계음식을 즐길 수 있고 이들 간의 퓨전 요리가 다채롭다. 한우와 배, 부추와 미나리, 전복과 돌미역, 가자미와 대게 등 신토불이 식재료는 차고 넘친다. 다시 씹고 뜯고 맛보고 즐기자. 발길 가는 곳마다 맛집은 넘쳐 난다. 모르면 간첩인 지역 유명 비빔밥집은 100년이 다 돼 가고 골목골목 노포들이 즐비하다. 낯설던 비건 전문점과 할랄푸드가 유행한 지 오래다. '테이스티울산', '울산부심' 등 SNS사이트들이 소개하는 맛집들을 부지런히 돌다 단골이 되고 싶은 가게라도 발견한다면 큰 기쁨이리라. 하지만 건강하게 안전하게 먹자. 다음 단계 일상회복은 오늘 실천하는 자율 방역에 달려 있다.

4

장생포 고래 이야기

장생포 고래문화마을 수국

낭만과 야만의 고래 이야기

고래는 고대에 리바이어던(Leviathan), 즉 거대한 바다 괴물이었다. 잡기에는 너무 크고, 보기만 하고 내버려 두기에는 너무 아까운 먹거리였다. 인간에게 고래를 잡을 힘이 생기면서부터는 엄청난 수산자원이 되었다. 목숨을 걸고 잡을 만큼 효용이 높고 돈이 되었다. 이제 고래는 사람들의 친구로 인식되고 있다. 처음에는 영리한 줄만 알았는데, 급기야 마음이 있다고 믿는 단계에 이르렀다.

과거 대서양을 지나 태평양, 다시 남극해를 누비며 향유고래와 대왕고래를 잡았던 근대포경은 모험이자 낭만이었다. 그랬던 것이 이제는 고래의 멸종을 초래하고 기후위기를 악화시키며, 인간성을 해치는 야만이라 평가받고 있다. 소설『모비딕』은 그 중간에 있었다. 낭만이었던 시절『모비딕』은 평가를 받지 못했고, 야만으로 비춰지는 지금 사람들은『모비딕』을 애써 읽지 않는다. 허먼 멜빌이 죽은 후 포경이 낭만인지, 야만인지 논란이 있던 시절에서야『모비딕』이 미국 최고의 소설로 평가받았다.

한국 울산에서도 마찬가지가 아닌가 싶다. 20세기에는 낭만이었지만, 21세기 초부터 이미 야만이라는 목소리가 쏟아졌다. 그사이

10~20년 동안 울산에서 고래와 포경에 대한 관심이 최고조에 달했다. 2005년 국제포경위원회(IWC) 총회가 울산에서 열렸고, 국립수산과학원 고래연구소가 문을 열었다. 이후에는 목소리의 균형이 점점 야만으로 기울어지면서 전체적인 관심의 무게가 줄어들고 있다. 고래연구소는 다시 고래연구센터로 축소되었다.

일본은 국내법적으로 합법적인 포경을 계속하고 있다. 호주가 일본이 주장하는 남극해 과학포경을 제소하자 국제사법재판소는 2014년 호주의 손을 들어 주며, 일본의 포경은 과학포경이 아니라 상업포경에 가깝다는 판결을 하였다. 그러나 일본은 이에 포기하지 않고 2019년 IWC를 탈퇴한 채 태평양 근해에서 대형고래를 연간 300~400마리까지 잡을 수 있도록 허가를 해 주고 있다. 돌고래는 두말할 것도 없다. 게다가 노후된 포경모선 니신마루(日新丸)를 새 선박으로 교체해서 2024년부터 가동할 예정으로 있다. 하지만 결국에 대세는 돌릴 수 없을 것이다. 여러 보도를 보면 일본 사람들의 마음과 입맛은 점점 바뀌고 있는 모양이다. 일본이 탈퇴한 이후 IWC는 지난해 75주년을 맞았는데, 고래 보호를 위한 의지를 더 굳건하게 다지고 있다. 그리고 세계의 컨센서스(Consensus)를 간청하고 있다.

나는 10년 전에 밍크고래의 개체수가 일정 수준 유지되고 있다는 것이 증명되면 우리나라가 과학포경이라도 해 보는 것이 맞지 않을까라고 생각한 적이 있었다. 많은 예산을 들여 포경선단을 꾸리고 남극해까지 진출하는 국력이 부러웠다. 돌고래 한 마리 생포할 과학조사선과 장비가 없는 고래연구 역량이 아쉬웠다. 불법 포경은 해양경찰서가 의지만 가지면 끝낼 수 있는 줄 알았다. 결국 혼획된 밍크고래까지 식용을 금지하려는 정책이 진지하게 검토되고 있다. 한편으로 정부의 과학적 고래연구에 대한 의지와 지원은 늘지 않고 있다. 이런 상황에서 생물다양성 위기, 기후변화 위기는 더욱더 그 실체를 드러내고 있고 사람들은 불편한 진실을 기꺼이 불편해하지 않는 방향으로 마음을 바꾸고 있다. 나도 그래야만 할 것 같다.

레베카 긱스는 2020년 『고래가 가는 곳(Fathoms)』에서 고래와 기후변화와의 관계를 다각적으로 설명하며 다른 사람들의 고래를 향한 패덤(Fathoms, 미지의 것을 이해하려고 애쓰는 행위)과 실천을 호소했다. 솔직히 고래의 개체수와 생로병사가 기후변화에 얼마나 유의미한 도움이 될지는 '기후변화에 대한 정부 간 패널(IPCC)'이 확인해 주지 않는 이상 알 수는 없다. 하지만 인간에게 호소하는 한마디는 폐부에 꽂히고도 남는다. "우리는 다른 생명과 만나는 경이로움을 박탈당할지도 모르는 미래에 대해 상상하는 유일한 존재이다. 이 상상력이 결국 우리가 실천해야 할 이유이다."

포경 반대! 한마디로 고래를 위한 것이 아니라 인간을 위한 것이라는 뜻이다. 그렇다면 종류별로 차이는 있겠지만 현재 멸종 위기까지는 아니라도 충분하지가 않다는데 굳이 잡을 필요가 있을까? 당장 평균기온이 2도 이상 올라가지 않았고, 히말라야에 만년설이 남아 있다고 해서 기후변화에 대응하지 않아도 된다는 논리와 비슷하지 않을까? 반려견이 아니더라도 개고기 식용을 반대하는 논리에는 동물 학대가 아이와 여성, 약자에 대한 폭력성을 강화시킨다는 지적이 있다(클리프턴 플린, 『동물학대의 사회학』). 포경과 고래 식용에도 적용될 것이다. 고래나 개가 상어나 소와 뭐가 다르냐고 반문할 수 있겠지만 인간이란 존재가 다르게 느끼는 것을 어찌하겠는가? 드라마에 나오는 이상한 변호사 우영우가 고래를 사랑한다는데 굳이 그 마음을 다치게 할 필요는 없다.

　월드컵을 앞두고 개고기 식용 논란이 벌어졌을 때 발표된 책으로 안용근(前 충청대 교수)의 『한국인과 개고기』가 있다. 저자는 당시 "개고기는 전통음식이다. 외국인들이 우리나라의 개고기 식용을 혐오하는 것은 서양문화 우월주의다. 애완견과 식용견은 다르다. 서양 사람들이 먹는 소와 돼지도 죽을 때는 고통스러워한다. 개고기를 먹는다고 개가 멸종되지 않는다"라며 개고기 식용을 옹호했다. 하지만 20여 년이 지난 지금도 같은 생각일지는 미지수이다. 세대가 바뀌었고, 사람들의 생각이 바뀌고 있다. 무엇보다 환경이 더욱 악화되고 있고, 사람들은 손을 놓고 있을 수는 없다고 하고 있다. 안용근 교수는 마지막 부분에서 "생태계에 이상이 발생하는 것을 막기 때문이라면 관계없으나 도가 지나친 것은 동물보호론자들의 자기만족에 지나지 않는다"라고 적었다. 불법 포경은 분명 생태계에 이상이 발생하는 일이다. 돼지고기 대신 육견을 먹는다고 생태계에 이상이 발생하지는 않을 것이다. 그러나 육견 사육 자체가 보이지 않는 미생물 생태계에 영향을 미칠 수 있다는 것을 코로나19와의 전쟁을 치르고 있는 우리는 알고 있다.

　포경은 이제 야만적인 행위이다. 포경이 낭만인 시대는 끝났다. 살상방법에 따른 과학포경도 마찬가지다. 비살상방법에 의한 연구조사라고 할지라도 생명에게 고통을 준다면 환영받지 못하는 시대이다. 울산공업센터 공단 굴뚝의 시커먼 연기가 더 이상 희망이 아니라는 것을 깨달았을 때 그때 함께 깨달았어야 했다. 억울한 부분이 있다. 핫핑크돌핀스는 『바다, 우리가 사는 곳』에서 과거 울산에서의 포경을 비판하며 청산하고 단절해야 할 일제강점기 적폐, 친일 잔재라고 말하고 있다. 지나친 감정표현이 아닐까? 고래 보호는 과거와의 단절이 아니라 미래를 위한 선택이어야 한다.

> 참고

포경의 역사

* 세계 포경의 역사(영국 RSPCA 참조)

시기	주요 내용
BC 6000년	• 포경에 관한 가장 오래된 고고학적 기록은 한국(울산)의 반구대암각화임. BC 6000년경으로 보이는 바위그림으로 석기시대 사람들이 보트와 창을 이용해 고래를 사냥하는 모습을 보여 줌
9세기	• 노르웨이와 바스크 지방(대서양 연안의 프랑스, 스페인 접경지대)에서 포경이 시작됨
10세기	• 초기에는 북방긴수염고래(right whale)가 가장 쉽게 잡혔는데, 해안가에 가까이 오고, 천천히 움직이며, 죽으면 물에 잘 뜨기 때문임. 이 고래는 고기, 지방, 수염이 활용되었음. 지방에서 추출한 기름은 등불 연료로 쓰였고, 수염은 채찍, 낚싯대, 의자, 방석, 코르셋에 사용됨
12세기	• 일본에서 손 작살이 사용되기 시작함
15~18세기	• 북극해 고래잡이가 시작됨
19세기	• 고래 기름수요가 급감하고 근대포경기술이 나타남. 초기에는 고래가 육상으로 운반됨. 19세기 말 석유가 발견되자 등유(kerosene)가 등불 연료로 대체됨
1848년	• 작살포(exploding harpoon)가 발명됨. 기계식 고래잡이배가 사용되기 시작하였는데, 이로 인해 빠르게 움직이는 대형 고래(대왕고래, 보리고래, 참고래, 밍크고래)잡이가 가능해짐
1925년	• 선미에 경사로를 설치한 근대식 경공선(factory ship, 鯨工船)이 사용되어 포경산업이 크게 성장함. 경공선 때문에 시간을 들여 고래를 육상으로 운반하는 대신 부패되기 전에 선상에서 처리할 수 있게 됨. 이것은 남극해에서와 같은 원양포경이 가능해지는 것을 의미하는데, 이 해상처리시설로 인해 연간 4만 마리 이상의 고래처리가 가능하였음
1930년	• 대형고래의 약 80% 정도가 멸종위기에 직면한 것으로 생각됨 • 영국과 노르웨이가 남극해 포경을 제한하였으나, 1930년대 후반까지 독일과 일본이 극지 고래잡이에 합류함

시기	주요 내용
1946년	• 15개 포경국가들이 IWC를 설립함
1963년	• 영국이 포경을 중지함
1969년	• 일본과 소련만이 남극해 포경을 지속함
1972년	• 대왕고래 개체수가 6천 마리로 떨어짐
1979년	• 반포경단체 로비로 IWC가 인도양 고래보호구역(Whale Sanctuary)를 설치함
1982년	• 영국 브라이튼에서 개최된 IWC 총회에서 1986년 발효되는 상업포경 모라토리엄을 선언함 • 그러나 일본, 노르웨이, 아이슬란드의 계속적인 포경을 허용하는 허점을 남김
1986년	• 상업포경 모라토리엄이 발효됨 • 「야생동·식물종의 국제거래에 관한 협약(CITES)」 부속서 I 에 리스트된 대형고래류의 고기와 제품의 국제무역이 금지됨
1987년	• 일본이 과학포경 프로그램(JARPA I)을 시작함
1990년	• 포경을 계속하고 있는 9개 국가 중 7개 국가가 포경을 중지하는 데 동의
1993년	• 노르웨이가 모라토리엄에 반대하며, 연간 밍크고래 500마리를 잡는 상업포경을 재개함
1994년	• 대형고래의 번식지를 보호하기 위해 남극해 고래보호구역(Southern Ocean Whale Sanctuary)이 설치됨 • 영국 세계고래·돌고래보호협회(WDCS)가 65개국에서 500만 명이 넘는 사람들이 관경체험을 한다는 조사결과를 발표하며 생태관광이 상업포경보다 경제적으로 더 이익이라고 주장함
2000년	• 노르웨이와 일본이 케냐 나이로비에서 열린 CITES에서 고래를 제외시키는 것을 시도함. 만일 제외되면, 고래 상품의 국제무역이 재개되는 것을 의미함
2002년	• 시모노세키 IWC 총회에서 추가적인 고래보호구역 설치안이 부결됨. 부결의 배경에 일본이 14개 회원국의 표를 매수했다는 루머가 있었음 • 멕시코가 태평양, 대서양, 카리브해에 걸친 EEZ에 21종의 고래류 보호를 위해 세계에서 가장 큰 국립고래보호구역을 설치함
2003년	• 아이슬란드가 과학포경을 재개함
2004년	• 남극해 고래보호구역 설정 해제안이 IWC에서 부결됨
2005년	• 노르웨이와 일본이 포경 쿼터를 높인다고 선언함
2006년	• 브라질, 호주, 영국 등 17개 국가들이 "일본은 모라토리엄 시행 전 31년 동안 시행한 과학포경 때보다도 더 많은 고래를 남극해에서 매년 포획하고 있다"라며, 외교적 항의를 제기함 • 아이슬란드가 상업포경을 재개함

시기	주요 내용
2007년	• 아이슬란드가 수요부족을 이유로 2008년도 상업포경 쿼터를 설정하지 않겠다고 선언함
2012년	• 한국이 과학포경 계획을 제출하겠다고 발표했으나 논란 후 철회
2014년	• 국제사법재판소, 일본 과학포경은 사실상 상업포경이라고 판결
2019년	• 일본, IWC 탈퇴 및 상업포경 재개

* 한국 포경의 역사(변창명, 박구병, 조선왕조실록 종합)

시기	주요 내용
신석기~청동기	〈해안가 고래를 잡는 등 원시포경을 펼침〉 • 울산 황성동에서 화살 박힌 고래 견갑골 발견(8천 년 전) • 반구대암각화에 작살과 부구를 이용한 포경 묘사(6천 년 전)
삼국시대~통일신라 (삼국사기)	• (신라 점해이사금, 256년) 동해에 대어 3마리가 나왔는데, 그 길이가 3장이고 높이가 1장 2척이나 됨 • (고구려 서천왕, 288년) 해곡 태수가 고래 눈알을 왕에게 헌상하였는바, 그 눈알은 밤이 되면 밝은 빛을 냄 〈불교전래와 살생금조로 포경 쇠퇴〉 • (신라 법흥왕, 529년) 불교를 공인하고 살생금조의 명을 내림. 고래 포획 도구들을 불태워 버려 포경업은 쇠퇴 • (신라 무열왕, 659년) 공주의 강 속에서 길이가 100척이나 되는 대어가 나와 죽었는데 이것을 먹은 자는 죽었음
고려시대(고려사)	• (원종, 1293년) 원의 다루가치가 함경도와 경상도에 가서 고래기름을 가져감
조선시대	〈숭유, 반상사상으로 어업은 피폐해짐〉 • (세종실록, 1419년) 상왕이 명나라 사신 황엄에게 흰 숫돌과 고래수염을 선사함 • (연산군일기, 1505년) 왕이 전라도의 바다에 면한 고을들에 명하여 고래를 사로잡게 하였는데, "부안 현감 원근례는 잔약해서 잘 보살피지 못하니, 파직하라" 함 • (영조실록, 1725년) 연일포에 백성이 세 마리의 고래를 잡았으나, 그 이익을 관아가 챙겨 억울함을 호소함 • (하멜표류기, 효종~현종) 조선 동북쪽으로 거대한 바다가 있는데, 매년 네덜란드제나 다른 나라 제품의 작살이 꽂혀 있는 고래를 발견할 수 있음

시기	주요 내용
조선시대	〈한반도를 둘러싼 세계 열강의 고래전쟁〉 • (헌종실록, 1848년) 이양선이 경상·전라·황해·강원·함경 다섯 도의 대양 가운데에 출몰하는데, 혹 널리 퍼져서 추적할 수 없었음. 혹 뭍에 내려 물을 긷기도 하고 고래를 잡아 양식으로 삼기도 하는데, 거의 그 수를 셀 수 없이 많았음 • 미국과 프랑스, 독일이 동해 불법 포경을 한 데 이어 1854년 러시아도 참여함 • (고종실록, 1883년) 왕이 "개척사 김옥균은 고래잡이하는 일을 개척하는 외에 해안의 각 고을들에 대하여 모든 것을 살펴보고 무릇 백성들을 구제하는 데 이로운 것과 그 폐단을 수습 처리하는 데 관계되는 일들을 수시로 장문하라" 함 • (고종실록, 1889년) 조선과 일본 양국 사이에 통어장정이 체결됨. 양국 해변을 왕래하면서 고기잡이를 하려는 자들을 위하여 어업세를 정하고 처리 장정을 세움. 양국 어선은 특별 허가를 받지 않고서는 양국의 해변 3리 이내에서 고래를 잡을 수 없음 • (고종실록, 1899년) 러시아 사람 헨리 카이절링에게 경상도 울산포, 강원도 장진포, 함경북도 진포도를 고래잡이 근거지로 허락해 줌 • 1900년 일본원양어업회사에 특별포경허가를 내주었으며, 러일전쟁 이후 일본의 독무대가 전개됨
1911년	〈강제 수탈된 일본 식민시대의 포경업〉 • 총독부가 어업령을 공포하여 포경업 자격과 시설기준을 엄격하게 함으로써 자본이 튼튼한 일본 법인들이 독점할 수 있게 함
1912년	• 로이 채프만 앤드류스(R. C. Andews)가 동양포경㈜ 울산사업장에서 1912년 1~2월까지 한국계 귀신고래를 연구함. 1910년 일본에서 극경(極鯨, Devil fish)의 존재를 전해 듣고, 남획으로 멸종한 것으로 알려진 캘리포니아 회색(gray whale)과 같은 종이라 생각하여 확인 차 방문함. • 1914년 그의 논문(태평양 캘리포니아 귀신고래)에 따르면, 두 달 동안 50마리 이상이 잡혔음 • 이 논문에서 앤드류스는 성체 골격 2개를 뉴욕자연사박물관과 워싱턴 국립박물관에 보냈다고 밝힘
1916년	• 동양포경㈜이 함북 경흥, 울산, 장전, 신포, 제주, 대흑산도, 대청도에 사업장을 두며 한반도 포경을 독점

시기	주요 내용
1944년	• 전시하 식량증산을 위해 기존(45척) 허가척수와 금어기를 모두 없앰
1946년	〈해방 후 민족자본에 의해 시작된 포경업〉 • 일본수산㈜에 근무하던 김옥창 씨가 귀국하여 장생포에 조선포경㈜을 설립함. 노르웨이식 목조 포경선 제7정해호가 첫 조업에 나가 범고래 1마리 포획함
1948년	• 원로수산인 백상건 씨가 방어진에 동양포경㈜을 설립함
1953년	〈6·25전쟁으로 포경황금시대 재개〉 • 제정된 수산업법에서 포경업은 주무부장관의 허가 어업으로 규정하되 권장사업으로 육성하기 위하여 허가 통수 제한 규정을 두지 않음 • 피란민에게 값싸고 맛도 좋은 고래고기가 인기가 올라가자 포경선이 1955년 19척에 달했으나, 종전 후 소비는 다시 감소하여 1959년 14척으로 감소됨
1961년	〈한일 수교로 빛을 본 고래 수출과 포경선의 대형화〉 • 장생포에 한국포경어업수산조합(조합장 백상건)이 설립되고 포획 고래를 위생 처리하는 등 수출과 내수확대 기반이 마련됨
1962년	• 울산극경회유면(강원도, 경상남북도 일원)이 천연기념물 제126호로 지정됨. 귀신고래가 천연기념물로 지정된 것은 아니므로 귀신고래는 계속 포획됨
1963년	• 포경협동조합이 군산 어청도에 고래공동처리장을 설치하여 서해안 이동 조업의 발전기반을 마련함
1964년	• 귀신고래가 마지막으로 5마리 잡힘(1912년은 188마리)
1965년	• 한일 어업협정 발효로 고래고기의 일본 수출이 시작됨
1967년	• 80톤급의 근대적인 포경선 4척이 건조되는 등 포경선의 대형화 시작
1974년	• 최초이자 마지막 원양포경으로 경림수산의 제1경림호가 오가사와라 어장에 진출하여 12마리를 포획함
1977년	• 최문일 씨가 제6진양호로 포경허가를 받음 • 울산 앞바다에서 귀신고래 2마리가 마지막으로 발견됨
1978년	• 미국 Pelly 수정법(국제기구 비협조국 수산물 수입규제), IWC 결의(비회원 포경국 고래 제품 수입규제), 일본의 가입 권유로 12. 29. 우리나라 IWC 가입
1982년	〈모라토리엄으로 포경기지 강제 폐쇄〉 • IWC 모라토리엄 결의. 한국은 반대표를 던짐

시 기	주요 내용
1985년	• 모라토리엄 발효 직전 포경선은 21척(6개 회사, 사업자 6명), 선원 321명, 고래고기 식당 42곳 • 밍크고래가 122마리 잡힘(1977년 1,033마리)
1986년	• 과학적 연구를 위한 시험조업이 실시되었으나 외압으로 중단(86. 7월, 총 69두 포획)
1995년	• 제1회 고래대축제 개최
1996년	• 한·미·러 3개국이 사할린섬 필튼만 앞바다 오호츠크해에서 한국계 귀신고래 합동조사 개시. (2007년 기준 121마리, 연간 약 3%의 증가율 추정)
2004년	• 국립수산과학원 고래연구센터 설치(2005년 고래연구소 승격, 2006년 장생포 이전, 2015년 다시 고래연구센터로 개편)
2005년	• 국내 유일의 장생포고래박물관 개관 • 제57차 IWC 총회가 울산에서 개최됨
2008년	• 장생포 고래문화특구 지정(지역특화발전특구)
2009년	• 고래박물관 옆에 고래생태체험관 개관 • 소형 고래바다여행선 취항(2013년 대형선으로 교체)
2011년	• 고래자원의 보존과 관리에 관한 고시(농림수산식품부) 시행
2012년	• 한국이 과학포경 계획을 제출하겠다고 발표했으나 국내·외에서 큰 논란을 일으킨 후 철회
2013년	• 서울대공원, 제주도 남방큰돌고래 '제돌이' 성공적 방류
2015년	• 장생포 고래문화마을 개소
2016년	• 검찰 고래고기(21톤, 시가 30억 원) 환부사건, 검·경 갈등 및 환경 논란
2021년	• 검찰 고래고기 환부사건 무혐의 불기소 처분 종결 • 해양수산부, 좌초·표류·불법포획 밍크고래 유통금지(혼획은 현행 유지) • 해양수산부, 동물복지 강화를 위한 수족관 허가제 전환 개정법안 제출

> 참고

국제포경위원회(IWC) 75주년 의장 기념연설문
(IWC 공식 홈페이지. 김상육 옮김)

모두 환영합니다. 바쁘신 가운데 IWC 국제포경위원회의 중요한 이정표인 75주년을 함께해 주시기 위해 시간을 내 주셔서 감사를 드립니다. 내년 총회에서는 직접 슬로베니아 포르토로즈(Portoroz)에서 만나기를 바라며, 오늘은 화상으로 함께하게 되었습니다.

이 특별한 이정표를 함께 기념할 다른 국제기구는 많지 않습니다. 기간만 보면 IWC는 UN, FAO보다 단 1년 늦었습니다. 반면 IMO보다는 2년, 이동성야생동물보호협약(CMS)은 37년, 생물다양성협약(CBD)보다는 47년 빠릅니다. 다른 많은 기구들이 이 기간 동안 오고 갔습니다.

이런 맥락에서 75년간을 지속했다는 사실만으로도 큰 성과로 볼 수 있습니다. 그러나 그게 다가 아닙니다. 여기 말씀드리고 싶은 대로 그동안 기나긴 과정을 거쳤습니다.

물론, IWC의 법적 의무는 변하지 않았습니다. 1946년 이래 그대로 고래류 보전과 포경관리를 맡아 왔습니다. 상업포경 모라토리엄이 1986년 도입되었습니다. IWC는 특별포경허가를 한 적이 없지만, 과학위원회는 특별포경허가를 평가하고 감시하는 권한을 비교적 최근까지 보유했습니다. 원주민 생존포경을 관리하는 일은 획기적인 평가관리와 새로운 절차를 통해 본 협회와 과학위원회의 주요 법적 의무로 남아 있습니다.

다른 발표자가 오늘 과학적 이슈와 원주민 생존포경에 대해 발표를 하는 것으로 압니다만, 앞서 말씀드린 대로, 저는 과학위원회가 IWC 초기부터 핵심적인 역할을 했다는 것을 강조하고 싶습니다. 그들의 지원과 자문이 없었다면, IWC는 결코 제대로 작동하지 못했을 것입니다.

그동안 변한 것은 우리의 법적 의무는 아닙니다. 변한 것은 최초의 체약국들이 예상치 못한 것들이었는데, 바로 고래류에 대한 위협 그 자체입니다.
- 그물에 걸리고 배와 충돌하는 것이 주된 원인입니다. 그렇게 북대서양 참고래 숫자는 계속 줄어들고 있습니다.
- 해양 석유(가스)회사들과는 북서태평양 귀신고래 개체수 회복 기회를 확대시키기 위해 협력해야 합니다.
- 양쯔강 돌고래 멸종은 혼획이 원인이라고 알려지고 있는데, 마찬가지로 캘리포니아만 상괭이가 같은 운명을 맞을 수 있습니다.

이런 위협은 협회 위원들이 1946년 처음 미국 워싱턴 D.C.에서 모였을 때와는 전혀 다른 이슈입니다.

지금 고래류에 대해 사람이 초래하고 있는 위협의 범위는 지난 75년 어느 때보다 더 넓어지고 복잡한 상황입니다. 고래 개체수 보전을 위한 도전은 가늠할 수 없을 정도로 변했습니다. 다른 기구들도 마찬가지로 저는 IWC가 이런 도전에 맞서기 위해 그동안 진화해 왔고, 계속 진화하고 있다고 믿습니다.

저는 이런 면을 가장 잘 설명해 주는 IWC의 두 역점사업을 자세하게 소개하고자 합니다.

첫 번째 역점사업은 자원 측면입니다. 그물에 걸린 고래 구출 글로벌 네트워크(the Global Whale Entanglement Response Network)는 2011년 구성되었습니다. 그렇게 컨센서스가 마련되었습니다. 그물에 걸린 고래를 구출하는 것은 IWC 회원들이 지지하는 복지이고, 보전이며 사람의 안전 관련 이슈입니다. 그동안 기술자문가가 임명되고, 패널이 구성되고,

세계적 전문가들이 모이고, 우수사례가 공유되고, 프로토콜이 합의되고, 훈련 프로그램이 개발되었습니다.

10년 동안 30개국의 1,200여 명이 안전하고 효과적으로 그물에서 구출하는 교육을 받았습니다. 그린란드에서 케냐까지, 페루에서 오만까지 지금은 곳곳에 팀들이 있습니다. 그들은 고래를 단지 구출하는 것만이 아니라 같은 곳에서 장래에 다시 사고가 발생하는 것을 막기 위해 필요한 정보를 모으고 있습니다. 그런 역할들, 또는 그 필요성조차도 1946년 당시에는 그리 못했습니다. 그러나 지금은 있습니다. IWC가 우리를 둘러싼 세계를 변화시키기 위해 대응을 하면서 진화했기 때문입니다.

두 번째로 말하고 싶은 역점사업은 매우 다릅니다. 하지만 그 역시 IWC가 계속 변화하고 있는 환경에 대응하는 방식을 설명합니다. 과학위원회는 협회의 매우 특별하고 또 중요한 자산입니다. 우리 부의장이 이 부분을 집중해 말씀드릴 겁니다. 나는 그들의 하나의 업적을 말씀드리고자 합니다. 그것은 연구결과와 아이디어를 공유하고 있는 것입니다.

1960년대 IWC는 과학위원회에서 동료심사를 받은 학술보고서들을 모아서 출판하기 시작했습니다. 이 방식이 공식적이고 광범위한 출판물이 되어 고래류 연구·관리 저널(the Journal for Cetacean Research and Management)로 성장했습니다.

오늘날도 많은 사람들이 스마트폰과 컴퓨터로 이 출판물들을 접합니다. 책장을 넘기지 않고 스크린에서 스크롤다운만 하면 됩니다. 이번 75주년을 맞아 저널은 큰 업데이트를 거쳐 스크린에 적합한 레이아웃과 디지털 시대에 걸맞은 검색 편의성을 제공하게 됩니다.

이번에 새로 선보이게 되는 저널은 그물 사고 대응과는 완전히 다른 과제입니다. 하지만 비슷한 점도 있습니다. 우선 계속 변화하는 환경에 대응하며 진화하는 본 위원회의 또 다른 실천입니다. 그리고 그물 사고 대응과 마찬가지로 비용이 많이 들지 않습니다. 저널의 성공은 관계자들의 기술과 헌신에 기반하고 있습니다. 그리고 위원회의 동의와 지지로부터 도움을 받고 있습니다.

물론 IWC에는 아직 다른 견해들이 있습니다. 우리는 이 분야에서 유일한 기구가 아니며, 우리들 간의 차이는 기구들이 존속하는 한 어려운 문제로 남을 것입니다. 이 차이는 인정되어야 하며 우리는 해결책을 계속 찾아야 합니다.

이제 마무리하려 합니다. IWC도 그 진화도 우리들 간의 입장 차이로 정의되어서는 안 됩니다. 왜냐하면 이런 차이에도 불구하고 우리는 지난 75년을 거치며 주목할 만하고 또 합의될 수 있는 성공을 거두었다고 말할 수 있습니다. 저는 이 성공에 관여한 모든 분들께 감사를 드리고 싶습니다.

저는 우리가 관련한 여러 이슈들에 대한 합의를 향해 과학자과 그들의 연구결과를 배울 수 있기를 간절히 소망합니다. 우리 중 아무도 앞으로 어떤 새로운 도전에 직면할지 모릅니다. 그러나 저는 IWC가 향후 100주년을 향해 가면서 결코 진화를 멈추지 않을 것이라고 믿습니다.

2021. 12. 2.
안드레이 비비크(Andrej Bibič), IWC 의장(슬로베니아)

> 참고

일본 IWC 탈퇴 내각관방장관담화
(일본 수산청 공식 홈페이지, 2018. 12. 26., 김상육 옮김)

1. 우리나라는 과학적 근거에 기반하여 수산자원을 지속적으로 이용한다는 기본자세 아래 1988년 이후 중단되어 있는 상업포경을 내년 7월부터 재개하기 위해 국제포경규제협약으로부터 탈퇴할 것을 결정하였다.
2. 우리나라는 국제포경위원회(IWC)가 국제포경규제협약 아래 고래류의 보존과 포경산업의 질서 있는 발전이라는 두 가지 역할을 지니고 있는 것에 입각해, 소위 상업포경 모라토리움이 결정된 이후 지속가능한 상업포경의 실시를 목적으로 해서 30년 이상에 걸쳐 수집한 과학적 데이터를 기반으로 성실하게 대화를 진행하였고, 해결책을 모색해 왔다.
3. 그러나 고래류 가운데에는 충분히 자원량이 확인된 것이 있음에도 불구하고 보호만을 중시해 지속적 이용의 필요성을 인정하려 하지 않는 나라들은 타협을 하려 하지 않고 있다, 상업포경 모라토리움과 관련해서도 늦어도 1990년까지는 재검토를 이행해야 하는 것이 IWC의 의무로 되어 있음에도 불구하고 재검토가 되지 않고 있다.
4. 거기에 더해 올 9월 IWC총회에서도 조약에 명기되어 있는 포경산업의 질서 있는 발전이라는 목적은 전혀 고려되지 않고 고래류에 대한 서로 다른 의견과 입장이 공존할 가능성조차 없다는 것이 대단히 유감스럽게도 명확해졌다.

그 결과, 이번 결단에 이르게 되었다.

5. 협약을 탈퇴하지만 국제적인 해양생물자원의 관리에 협력해 나간다는 우리나라의 생각은 변하지 않는다. IWC에 옵저버 자격으로 참가하는 등 국제기관과 연대와 제휴를 해 가면서 과학적 식견에 기반해 고래류의 자원관리에 공헌한다는 생각이다.
6. 또한, 수산자원의 지속적인 이용이라는 우리나라의 입장을 공유하는 나라들과의 연대와 제휴를 한층 강화해, 이와 같은 입장에 대한 국제 사회의 지지를 확대해 나가면서 IWC가 본래의 기능을 회복하도록 전념할 것이다.
7. 탈퇴의 효력이 발생하는 내년 7월부터 우리나라가 시행할 상업포경은 우리나라 영해 및 배타적 경제수역에 한정하고 남극해·남반구에서는 포획을 하지 않는다. 또한, 국제법을 따르면서 고래류의 자원에 악영향을 주지 않도록 IWC에서 채택된 방식에 따라 산출된 포획 한계 범위 내에서 이행해 나갈 것이다.
8. 우리나라는 옛날부터 고래를 식용으로만 하지 않고 다양한 용도에 이용해 포경에 종사하는 일에 여러 지역이 의지해 왔고, 또 그것이 고래를 이용하는 문화와 생활을 구축해 왔다.

과학적 근거에 기반해서 수산자원을 지속적으로 이용한다는 생각이 각국에 공유되어 차세대에 계승되어 나갈 것을 기대하고 있다.

고래, 발가락이 닮았다
(울산매일, 2022. 7. 5.)

고래라는 이 이상한 동물의 정체는 무엇일까? 우리에게는 이름부터 유래가 불분명하다. 과거 기록에는 한자로 '경(鯨)'이 자주 나오는데, 이에 따라 동해를 경해(鯨海)라고도 했다. 고래는 순우리말이다. 상어, 붕어, 숭어 등 다른 어류들처럼 한자를 차용한 것이 아니다. 문헌에는 정철의 「관동별곡」에서 갑자기 툭 튀어나온다. "가득 노한 고래, 뉘라셔 놀내관데, 블거니 뿜거니 어즈러이 구난디고"라는 구절이다. 그 이전 다른 곳에는 보이지 않는다. 하지만 분명 정철과 함께 사람들은 그 존재를 큰 고기(大魚)라고만 하기는 아쉬워서 고래라 했을 것이다. 당시는 동해 바닷가 언덕에서도 눈으로 쉽게 볼 수 있을 만큼 고래가 흔했던 모양이다.

중국 전설에 용의 아홉 자식 중 셋째로 포뢰(蒲牢)란 존재가 있다. 용과 비슷하지만 조금 작고 울기를 좋아해서 고래를 보면 크게 운다는 전설의 동물이다. 사찰에서 범종에 포뢰를 조각하고 당목을 고래 모양으로 만들어 치는 이면에는 이런 믿음이 있다. 그래서 포뢰 앞에 두드릴 고(叩)를 붙여 고뢰(래)라는 말이 나왔다고 하는 자료가 많이 보인다. 그런데 주객이 뒤바뀐 느낌도 있고 자연스럽지 못해 수긍하기가 좀 힘들다.

 그럼 무얼까? 우연히 온돌의 구조를 들여다보았다. 아궁이에서 굴뚝까지 연기가 지나가는 구조물을 고래 또는 방고래라고 하지 않는가? 우리가 등을 대는 구들장 아래 연기가 지나가는 통로구조 말이다. 어찌 보면 아궁이는 고래 입이고, 굴뚝과 연기는 고래가 물을 뿜는 모습과 비슷할 수 있겠다 싶다. 고래 등 같은 기와집처럼 고래와 가옥을 연관시키는 말은 더 있다. 지금이야 보일러는 모두 알지만, 방고래라는 단어는 좀체 쓰지 않는다. 옛날에는 흔했다. 새로운 사물의 이름은 이미 주변에 있는 친근한 존재의 이름을 붙이는 경우가 많다. 중국에서는 돌고래를 바다돼지(海豚)라 하고, 우리도 돼지(돌 또는 돝)고래라고 부른다. 이게 일리가 있는 이야기라면 방고래는 또 왜 고래라 할까? 물론 이 고래, 저 고래가 모두 무관할 것일 수도 있다.

 고대에는 고래를 물고기로 생각했다. 당연했다. 아리스토텔레스가 이상하게도 포유류라고 주장하며 수염고래와 이빨고래로 분류했는데, 그가 비정상적이었다. 이후 근대 생물분류학에서 린네가 고래가 물 위에 올라와 호흡을 할 뿐만 아니라 수컷의 생식기가 유난히 크고, 암컷은 새끼를 낳아 젖을 먹이는 것을 보고 확실히 포유류라고 분류를 했다. 하지만 다윈조차 고래가 왜 바다로 갔는지 정확히 설명하지 못했다.

 이후 여러 화석 연구를 거쳐 걷는 고래의 정체가 밝혀졌다. 한스 테비슨이 2016년 『걷는 고래(The Walking Whale)』에서 발굽에서 지느러미까지, 고래의 진화 800만 년의 드라마를 조명했다. 핵심은 고래목에서만 발견되는 새뼈집 안의 고실뼈(귀뼈)가 언제부터 발견되는가에 있었다. 그에 따르면 현재까지 발견된 화석 중 발굽과 고실뼈가 같이 발견되는 동물은 인도히우스가 가장 오래되었고, 이어 파키케투스,

암불로케투스가 뒤를 잇는다고 결론지었다. 한참을 진화한 뒤 바실로사우루스, 도루돈 등 고대 고래가 나타났는데, 발 대신 꼬리지느러미를 가지게 되었다 한다. 이빨도 진화를 보여 준다. 귀신고래를 포함해 수염고래는 씹는 이빨 대신 먹이를 거르는 수염이 있는데, 배아 단계에서는 이빨이 있다고 한다. 양서류는 아가미를 떼고 허파를 달았다. 반대로 고래가 언젠가는 알을 낳고 허파 대신 아가미를 선택하지는 않을까? 그러기에 고래는 너무 진화된 생물일까? 하기야 이대로라면 기후위기 때문에 그 전에 지구에서 인류가 먼저 증발해 버릴지 모를 일이다.

하여튼 분자생물학이 발전하고 나서 DNA 검사를 해 보니 고래의 정체가 더 확실해졌다. 여러 국가의 많은 연구자들이 검사를 한 결과 모두 가장 유전적으로 가까운 동물이 하마임을 밝혔다. 고래는 발굽이 있는 유제류(有蹄類)이며, 개수가 짝수인 우제류(偶蹄類)였던 것이다. 중국과 우리는 하마나 돼지같이 생겨서 해돈(海豚)이라 한 것인데 발굽도 하마와 돼지처럼 네 개로 같았던 것이다. 그렇게 보면 고래를 鯨이라 하는 것은 옳지 않다. 발굽 동물에게는 馬를 부수로 하니, 고래는 '馬京'이라 하는 것이 맞다.

다른 동물들의 발가락을 세어 보자. 말발굽은 1개, 소는 2개, 코뿔소는 3개이다. 호랑이는 이상하게도 앞발가락이 5개, 뒷발가락은 4개다. 곰은 사람처럼 앞뒤 모두 5개다. 우리 조상들이 시조 단군의 어머니를 호랑이가 아니라 곰이라 한 것은 다 이유가 있었다. 발가락이 닮았다.

장생포 고래연구자들

고래 이야기는 전 세계적으로 보편적인 주제이다. 선진국 국민들과 저개발국가 어민들 모두 관심을 가지고 있다. 예나 지금이나 고래의 생태와 진화, 과거의 포경사와 미래지향적인 보호대책에 대한 연구들이 전 세계적으로 쏟아지고 있다. 그중 허먼 멜빌의 『모비딕』은 소설로서 작품성이 뛰어날 뿐만 아니라 고래의 생태와 포경에 대한 방대한 지식을 담고 있다.

하지만, 우리나라에서는 울산 장생포가 지금까지 계속되는 거의 유일한 고래연구지역이다. 이미 고래에 대한 관심은 줄어들고 있지만 그동안 많은 사람들이 다양한 관점에서 연구를 했다. 초기에는 수산경제, 이후에는 고래생태, 지금은 인문역사까지 관심이 확대되었다. 반구대 암각화 세계문화유산 등재가 계속 시도되고 있어 이와 연계시킨다면 영영 손에서 놓으면 안 되는 분야인 것이다.

한국의 고래연구자들

먼저 한국의 고래연구자들을 살펴보면 부경대학교와 국립수산과학원 연구자들이 주류를 이룬다.

〈전찬일〉
(김종경, 「전찬일과 고래연구」 참고, 울산신문, 2010. 10. 5.)

우리나라 고래연구는 전찬일 전 부경대 명예교수로부터 비롯됐다. 1세대 고래연구가인 선생은 1915년 8월 13일 평남 순천에서 태어났다. 평양고보와 도쿄수산대학 어로과를 졸업했다. 고래와 인연을 맺은 것은 대학 재학 중에 일본 포경기지에 실습을 나가면서부터였다. 대학을 졸업한 뒤 황해도청 수산계 지방기수로 사회에 첫발을 내디뎠다. 그 뒤 옹진군청 용호도의 수산시험장 근무를 자원하면서 어청도에 포경기지를 두고 있던 일본인 수산회사에 다니며 다시 고래와 인연을 잇게 됐다. 광복이 되고, 이듬해 우리나라 최초의 포경회사 조선포경(주)이 설립되자 그도 참여했다.

그는 부산출장소 소장직을 맡아 2년여 남짓 재직하면서 조선포경의 정착에 온 힘을 기울였다. 그 뒤 부산수산대 교수로 부임해 1980년 정년 때까지 뒤떨어진 수산분야의 후진양성에 힘썼다. 정년퇴임 뒤에도 명예교수로 있으면서 1994년까지 수산동물과 포경과목을 강의하면서 우리나라의 고래연구의 주춧돌을 놓았다. 그는 1962년에 천연기념물로 지정된 극경(克鯨)에 대해 귀신고래란 우리말 이름을 붙이는 등 한자말이나 일본말투성이인 고래 이름을 순수 우리말로 바꿔 붙이는 데에 정성을 쏟았다. 흰수염고래는 대왕고래, 긴수염고래는 참고래, 이와시구지라는 보리고래, 샤치는 솔피, 돌고래는 곱시기란 이름을 붙였다.

선생은 만년에 경기도 일산에 있는 자녀의 집에서 지내면서도 고래에 대한 애정의 끈을 놓지 않았다. 지병으로 2010년 9월 28일 세상을 떠났다. 향년 95세. 경기도 파주의 한 공원묘원에서 영면에 들어갔다. 네 아들 가운데 막내아들이 전창영 연구관이다. 수산과학원 연구관으로 수산분야 연구를 하며 선생의 뒤를 이었으나 2015년 지병으로 돌아가셨다.

〈박구병〉

(「한국 고래연구 선구자 박구병 교수 별세」 참고, 부산일보, 2006. 6. 1.)

전찬일 선생에 이어 고래연구에 나선 학자가 부경대 교수를 지낸 박구병 선생이다. 1930년 7월 30일 경남 진주에서 태어나, 지난 2006년 5월 31일 부산에서 별세했다. 향년 77세. 양산의 한 공원묘원에서 영면에 들어갔다. 박구병 선생은 부산수산대학교 수산경제학과를 졸업한 뒤, 미국 조지아대학교 등을 거쳤다. 1959년에 모교인 부산수산대학교 교수로 부임해 30여 년 간 수산분야에 대한 연구와 후학양성에 전념했다. 특히 고래자원에 대한 학문적인 틀을 마련하고, 근대적인 수산경제 이론을 도입하는 데에 크게 이바지했다. 『한국수산업사』와 『수산경제론』 등 우리나라 수산분야의 발자취를 확연히 알 수 있는 저서를 냈다. 특히 1987년 12월에는 각고의 노력 끝에 우리나라의 포경역사를 한눈에 알 수 있는 『한국포경사』를 수산업협동조합의 지원으로 펴냈다. 1995년 8월에 부산의 출판사 민족문화에서 책 이름을 『한반도연해포경사』로 고쳐 증보판을 냈다. 우리나라는 물론 일본과 중국에까지 그 가치를 인정받고 있는 고래류의 연구에 있어서는 귀중한 책이다.

〈공영〉

그 뒤를 국립수산과학원 연구관으로 근무하다 정년퇴임을 한 공영 박사가 이었다. 2012년 11월이었던가? 한국-호주 고래연구 발전방안 공동워크숍에 참석했을 때 같이 인사를 나누었다. 부드러운 학자 포스! 우연히 읽은 시공 디스커버리 총서 『고래의 삶과 죽음』을 보니 공영 박사가 감수를 하였다고 되어 있다.

〈김장근 등 고래연구소장〉

울산에 고래 붐을 일으킨 분은 역시 김장근 박사다. 장생포에 설치된 고래연구소의 초대소장으로 있었던 김 박사가 고래생태와 포경사에 대한 시민의 관심을 불러일으켰다. 로이 채프만 앤드류스(Roy Chapman Andrews)가 울산에 있을 때 보낸 귀신고래 표본이 뉴욕자연사박물관과 스미소니언박물관에 있다는 것을 알렸다.

이후 손호선 소장 등 여러 분들이 고래연구소장 또는 고래연구센터장을 역임했다. 손호선 소장은 2006년 한국 최초의 고래연구 박사라고 하며 『한반도 연안 고래류』, 그림책 『혹등고래와 머나먼 바다 여행』을 펴냈다. 개인적으로는 2012년 안두해 소장과 호흡을 맞춘 적이 있다.

〈김승〉

그 외에 한국해양대학교 국제해양문제연구소 김승 교수가 「한말·일제강점기 울산군 장생포의 포경업과 사회상」을 2008년 발표하는 등 관심을 나타냈다.

〈박성쾌〉

그리고 부경대 수산과학대학 박성쾌 교수는 2012년 「국내외 고래자원 관리현황 및 고래자원조사 발전방안 수립 연구」와 2014년 「고래자원의 가치 논쟁에 관한 연구」를 발표했다. 2016년 8월에 지병으로 돌아가셨다.

〈김현우〉

2016년 녹색교육센터가 발행한 『그린잡(Green Job)』에는 수산과학원 고래연구센터 김현우 박사가 소개되어 있다. 넘실되는 바다에서 고래를 지키는 것이 녹색 자연을 지키는 으뜸이라고, 제일 첫 페이지를 장식하고 있다. 김현우 박사는 제주도 남방큰돌고래의 가치를 처음 발견하고, 이름을 짓고, 보존에 열정을 다하고 있는 인물이라고 한다. 세월이 흐를수록 고래에 대한 연구가 수산자원 관점에서 생태환경 관점으로 무게 중심이 이동하고 있다.

지역의 장생포 고래연구자들

울산과 부산 등에서 활동하는 역사학자들은 수산경제보다는 포경사 자체에 대한 관심을 가지고 기록했다.

〈한석근 등 향토사학자〉

울산 남구와 동구의 향토사학자들도 포경사에 많은 관심을 가졌다. 대표적으로 한석근 선생은 2005년 『세계포경사연구』라는 책을 냈다. 앞서 이유수 선생도 1996년 『울산향토사연구논총』에서 포경업을 다루었다.

〈허영란〉

울산대 허영란 교수는 2012년 『장생포이야기』라는 작은 책을 냈다. 남아있는 포경 종사자와 그 가족들의 구술을 기본으로 과거 장생포의 모습과 사람들의 일상을 스케치한 것이다.

〈임상석〉

부산대 점필재연구소 임상석 교수는 2018년 「대한제국기, 일제 국가주의의 소설적 형상화: 여행기 실지탐험포경선의 한국학적 의미」를 발표했다. 에미 스이인(江見水蔭)의 장생포 탐험기를 분석한 것이다.

울산의 고래연구기관들

울산의 여러 공공기관들이 서로 다른 목적으로 고래의 역사와 생태를 조사·연구·전시하고 있다. 고래연구 클러스터인 셈이다.

〈반구대암각화박물관〉

암각화박물관 관계자들은 기본적으로 암각화를 연구하지만 고래에 대한 기본적인 소양을 가지고 있다. 아시아를 넘어 전 세계의 여러 암각화에 고래가 나타나고 있는데, 역시 반구대암각화가 가장 뛰어나다는 것을 밝혀내고 있다.

〈장생포고래박물관〉

장생포의 포경사는 장생포고래박물관 관장들과 학예사들이 연구하고 조사를 한다. 많이 남아 있지 않았지만 포경선과 포경포, 고래 골격 표본 등 유물들을 잘 정리해서 전시하고 있다. 그중 박혜린 학예사는 미국에 있는 장생포 귀신고래 표본을 재확인하고 국내 반입 가능성을 타진한 바 있다. 2015년에 로이 채프먼 앤드류스 특별기획전을 열고, 도록형태인 『로이 채프먼 앤드류스, 한국에서의 발자취』를 펴냈다. 관장과 학예사가 자주 교체되어 안타깝다. 다들 어디서 무엇을 하시는지.

〈고래문화재단〉

울산 남구 산하기관인 고래문화재단도 다양한 활동을 하고 있다. 고래축제를 기획하고 개최하기 위해서는 과거의 포경사와 현재의 고래생태, 미래의 정책방향을 늘 고민하고 있는 것으로 알고 있다. 수년 전에는 찰스 갤런캠프(Charles Gallenkamp)가 쓴 『드래곤 헌터(Dragon Hunter)』를 주목하기도 했다. 로이 채프만 앤드류스를 재조명한 책이다.

〈고래바다여행선〉

동해바다 고래관광의 핵심이다. 항해 중간에 고래의 생태에 대해 다양한 안내를 해 주고 있다. 이만우 선생이 한때 고래바다여행선에 승선해 안내책임을 맡았으며, 이후 장생포고래박물관장을 지냈다.

〈울산대학교 고래연구소〉

고래와 다른 분야 간의 융합연구를 위해 설치되었다. 고래의 생태, 포경의 역사, 고래관광, 문화 콘텐츠 개발 등 관심분야가 넓다. 정의필 전 울산대 고래연구소장은 고래관광과 생태연구에서 IT, 음파탐지 기술을 활용하는 방안 등을 제안하기도 했다. 연구소는 꾸준히 고래학술대회를 개최하고 있다.

세계의 장생포 고래연구자들

세계적으로 수많은 고래연구자들이 있겠지만, 한국 포경사 연구에 일조를 해 준 학자 위주로 소개를 해 본다.

〈토네센과 욘센(J.N.Tonnessen & A.O.Johnsen)〉

사실 근대포경은 노르웨이 방식을 일본이 받아들이고, 일본의 방식을 우리가 수입한 것이다. 그래서 노르웨이와 일본의 학자들이 한국의 포경에 대해 우리보다 더 깊이 있는 연구를 했었고, 더 많은 자료를 보유하고 있다는 것이 불편한 진실이다.

노르웨이 학자들인 토네센과 욘센이 1958년과 1967년 두 차례에 걸쳐 노르웨이 포경과 세계 포경사를 정리해 『근대포경사(The History of Modern Whaling)』를 발표했다. 그리고 1978년에는 이를 영어로 출판했다. 여기에는 동아시아 포경을 이끌었던 러시아, 일본, 한국에서의 포경사가 함께 수록되어 있어 우리에게 큰 의미가 있다. 특히 동해 포경 이야기와 함께 그 옛날 장생포 포경기지 사진이 소개되어 있다.

〈오무라 히데오(大村秀雄)〉

일본에서는 전통적으로 많은 연구자들이 고래와 관련해 생태와 포경의 역사 그리고 수산경제 등 다양한 관점에서 연구했다. 사실 근대 일본에서의 고래 연구의 시작은 미국 로이 채프먼 앤드류스이다. 한국과 마찬가지로 그의 연구가 이후 일본에 큰 영향을 미쳤다. 앤드류스에 이어 일본 고래연구의 기틀을 마련한 사람은 일본경류(鯨類)연구소 소장을 역임한 오무라 히데오(1906~1993)이다.

오무라는 1929년 도쿄제국대학 농학부 수산학과를 졸업하고, 농림성 수산국에서 근무했다. 1938년 국제포경회의에 출석한 이래 포경문제에 몰두했다고 한다. 이후 1950년 농림성을 퇴직하고 일본포경협회 경류연구소로 옮겨 1954년 2대 소장을 맡은 후 1987년까지 역임했다. 1951년 「일본근해의 고래(日本近海の鯨)」로 큐슈대학에서 농학박사 학위를 취득했다. 저서로는 1969년의 『고래를 쫓아서(鯨を追って)』, 1974년의 『고래의 생태(鯨の生態)』, 1986년의 『제2경학사시(第二鯨学事始)』 등이 있다.

위에서 소개한 토네센과 욘센은 『근대포경사(The History of Modern Whaling)』 서문에서 아시아 포경과 관련한 자료는 일본경류연구소 오무라의 도움에 전적으로 의존했다고 밝히고 있다.

〈우니 요시카즈(宇仁義和)〉

일본 소장파 고래연구자로서 울산과 인연이 있는 학자는 우니 요시카즈 도쿄농업대학 교수이다. 2015년 고래박물관 박혜린 학예사와 함께 『로이 채프먼 앤드류스, 한국에서의 발자취』를 협업했었다. 그리고 2017년 「노르웨이에 보존되어 있는 20세기 초 한반도 연안 포경 사진」을 발표했다.

앞으로의 고래연구자들

고래의 모든 것을 연구하는 기관이 나올 수 있을까? 그럴 수 없을 것이다. 너무나 방대하다. 울산에서만이라도 고래연구네트워크가 만들어질 수 있을까? 역시나 이해가 너무 다양하다. 반구대암각화가 세계문화유산으로 지정된다면 다시 한번 고래연구에 도약이 있지 않을까 생각된다. 울산시가 국립암각화박물관이 필요하다는 의견을 정부에 건의한 지 이미 오래되었다.

울산 장생포를 꽃피운
'태평양 포경 3걸' 1(헨리 카이절링)
(「체인지 울산」 제16호, 2013. 12. 처음 게재)

프롤로그

울산은 한국 근대포경의 시작과 마지막을 함께한 도시이다. 근대포경의 시작은 노르웨이의 배와 포수를 고용한 러시아와 일본의 자본 때문에 가능하였다. 미국은 19세기 전반까지 동해 고래를 허락도 없이 남획했지만 유적 하나 남긴 것 없이 사라졌다. 대신 19세기 후반 자연사박물관을 만들며 우리나라를 포함해 전 세계의 고래생태 연구와 자료 보존에 기여하였다.

우리가 만든 포경선을 가지고 우리 포수가 고래를 잡는 포경 독립국이 된 것은 한국전쟁이 지나고 나서야 가능했다. 김옥창(조선포경㈜), 이영조(대동포경㈜), 백상건(동양포경㈜) 등 원로 수산인들의 공로이다. 상업포경 모라토리엄 발효 직전인 1985년 장생포에는 포경선 21척에서 선원 321명이 고래잡이를 했다. 지금 울산 장생포는 포경을 멈추고 고래관광으로 세계에 우뚝 서고 있다.

울산과 고래의 만남이 결코 우연이 아니라는 것을 반구대암각화를 보면 알 수 있지만, 근대 이후의 세계포경에서 울산이 담당해야 했던 역할과 그 성과를 제대로 알기 위해서는 근대포경을 태동시킨 포경 선진국들의 증언을 빌리지 않으면 안 된다.

특히 아시아 태평양 포경 선진국이었던 러시아와 일본 그리고 미국, 이 세 나라에서 배출한 헨리 카이절링(Henry Keyserling, 1866~1944), 오카 주로(岡十郞, 1870~1923), 그리고 로이 채프만 앤드류스(Roy Chapman Andrews, 1884~1960)의 무용담을 빼놓을 수 없다.

카이절링 백작은 서구 열강 중에 최초로 우리나라에서 합법적인 포경을 하며 근대포경기술을 전수했다. 하지만 두 차례에 걸친 세계대전과 러시아 혁명(내전) 속에서 가족을 제외한 모든 것을 잃은 군인이자 충실한 아버지이기도 했다.

오카 주로는 메이지 시대에 서양 기술에 한 발 앞서 눈을 떠 노르웨이에서 직접 포경기술을 배웠다. 그 결과 일본 근대포경의 초석을 다지고, 현대 일본 원양포경의 비전을 제시한 실업가였다.

로이 앤드류스는 일본을 비롯한 태평양 고래생태 연구에 이어 한국 울산 장생포에서 귀신고래를 연구했다. 이어 북한 땅을 남북으로, 동서로 누비며 백두산을 탐험하는 경험을 했고, 그것을 발판으로 몽골에서 세계 최초로 공룡알 화석을 발견한 탐험가였다.

이들의 활동은 제국주의에 의해 우리의 자원을 수탈당한 아픈 역사의 일부임에는 틀림없다. 하지만 울산과 울산 사람에게는 외국자본과 협력을 통해 새로운 영역에서 가능성을 발견한 의미 있는 경험이 된 측면이 있다. 그들에게도 울산과 장생포는 큰 기회를 주었다고 그들 자신과 그 자손들, 그리고 역사가들은 기록하고 있다.

그들의 진면목을 알기 위해서는 울산과 동해 포경에 대한 기록 이외에 세계적으로 활동한 그들의 전반적인 활약상을 간단하게나마 살펴볼 필요가 있다. 헨리 카이절링과 오카 주로의 활동은 노르웨이인 토네센(Tonnessen)과 욘센(Johnsen)의 『근대포경사(The History of Modern Whaling)』에 소개되어 있다. 특히, 카이절링의 가족사는 추가로 손자가 간단한 메모 형태로 소중한 기록을 남겼다. 앤드류스의 동북아시아 탐험기는 자신이 직접 쓴 『세계의 끝(Ends of the Earth)』에 자세히 소개되어 있다.

제정 러시아의 백작, 헨리 카이절링

헨리 카이절링에 대한 이야기는 두 가지 기록으로 추적해 볼 수 있다. 하나는 토네센과 욘센의 『근대포경사』인데 포경사 자체를 다루고 있다. 동아시아 포경사는 러시아에서 시작했는데 그 이전부터의 역사를 짚어 주며 카이절링이 러일전쟁 이전까지 러시아 포경의 핵심 인물이라고 소개하고 있다. 개인적으로 더 의미 있고 중요한 기록으로는 손자 로버트 헨리 카이절링(Robert Henry Keyserlingk, 1933~2009)이 러일전쟁을 기준으로 전기와 후기로 나누어 할아버지의 일생을 소개한 기록이라고 생각한다. 전기의 메모 제목은 「고래잡이 헨리 카이절링(Henry Keyserling the Whaler): 1866-1903」이고 후기는 「혁명과 전쟁(Revolution and Wars): 1906-1944」이다. 개인적으로 포경사에 대한 학술 기록보다 손자가 쓴 인간에 대한 조명이 비록 주관이 개입하고 있기는 해도 훨씬 감동을 준다. 무엇보다 그 메모가 근대 한국사와 겹쳐지는 부분이 있어 더욱 의미가 있다. 메모에 따르면 로버트는 캐나다에서 살고 있다. 여기서는 위에서 소개한 두 개의 기록을 번역해서 요약하고 약간의 해설을 추가해 가며 카이절링의 인생을 소개해 보고자 한다. 보완적으로 카이절링이 장생포에 포경기지를 세우는 과정은 박구병 교수가 『한반도 연해포경사』에 잘 소개해 주고 있다.

카이절링은 이름부터 어렵다. 『근대포경사』에서는 하인리히 휴고비치 카이절링 백작(Count Heinrich Hugovitch Kejzerling)으로 기록하고 있다. 손자 로버트는 영어식으로 헨리 카이절링(Henry Keyserling)이라 적었다. 이 카이절링이라는 가족명은 전 세계에 널리 퍼져 있는 이름인데, 나라마다 집안마다 표기에 차이가 있다.

여하튼 그는 1866년 당시 제정 러시아에 속해 있던 리투아니아 귀족 가문의 아버지 휴고 카이절링(Hugo Keyserling)과 사촌인 프러시아 출신의 어머니 세실(Cecile) 사이에서 셋째 아들로 태어났다. 그의 가문은 할아버지 카를(Carl) 때부터 스태니우니(Staniuny)라는 농장을 소유하고 있었다.

셋째 아들이라 농장을 물려받을 수 없었던 그는 1882년 상트페테르부르크(St. Petersburg)에 있는 러시아제국 해군사관학교에 입학해 1888년 해군장교가 되었다. 그는 그곳에서 1892년 러시아 함대에 소속되어 극동 항해 중일 때 후배장교로 있던 니콜라이(Nikolai)를 만났다. 바로 1894년 러시아 황제가 된 니콜라이 2세(1868~1917)를 말이다. 한번은 그들이 일본을 방문하고 있을 때 니콜라이가 인력거를 타고 가던 중 교통경찰의 공격을 받자 같이 있던 카이절링 등 장교들이 적극적으로 보호하는 공을 세우기도 했다. 이것은 세계적으로 뉴스가 된 사건이었다. 카이절링은 이 해에 태평양을 항해하면서 포경사업의 가능성을 확인하고 러시아 극동지역으로 돌아왔다.

당시 포경은 노르웨이가 세계 최고였는데, 톤스버그(Tonsberg) 출신의 스벤트 포인(Svend Foyn, 1809~1894)이 1860년대에 작살포를 만들고 포경산업에 증기선을 도입한 덕분이었다. 19세기 중반 태평양의 포경은 서부는 일본(식용), 동부는 미국(산업용)이 지배하고 있었다. 서양 포경선들은 1854년 일본과 조약을 맺고 일본 항구에서 연료와 물, 음식을 제공받았다.

러시아 서부는 1880년대 북극해 포경이 있었으나 이익이 적어 1889년 중단되었다. 그러나 동부는 더 일찍 시작했고 오래 지속되었다. 러시아는 18세기에 이미 알래스카까지 진출하였고, 알래스카를 미국에 팔기 7년 전인 1860년에 블라디보스토크항을 발견했다. 핀란드계 오토 린드홀름(Otto Lindholm)은 철도가 없던 시절인데도 시베리아를 건너와 정부지원도 없이 1864~1885년까지 전통적인 방법으로 포경을 하며 많은 돈을 벌었다.

1885년 이후에는 지주이자 해군 대위인 디디모프(Dydymov)가 린드홀름의 사업을 이어받았다. 그는 블라디보스토크 동쪽으로 180km 가량 떨어져 있는 가이다막 만(Gaydamak Bay)에 포경기지를 세웠는데, 1890년 바다에서 배를 잃어버려 사업을 접었다. 이 가이다막 만은 블라디보스토크 금각만(Golden Horn Bay, 러시아어 Zolotoy Rog) 안쪽 깊숙이 있는 가이다막 역이 있는 지역과 다른 곳이다. 현재의 나홋카(Nachodka)에서 가까운 곳이다.

카이절링은 신식 포경기술을 알아내기 위해 직접 노르웨이 포경선에서 선원으로 근무하며 노르웨이가 가급적 비밀에 부치던 기술들을 습득하였다. 이후 포경을 위해 러시아 정부의 승인과 융자를 받아 태평양 포경회사(the Pacific Whale Fishing Company)를 설립하였다. 오슬로에서 대형 포경선인 니콜라이(Nikolai)호와 게오르기(Georgi)호를 주문하고, 1895년 연해주에 버려진 가이다막 포경기지를 인수하였다. 이를 통해 1895~1903년 사이 연간 110마리의 고래를 잡았다.

카이절링은 노르웨이인 포수 헨드릭 멜솜(Hendrik G. Melsom, 1870~1944)과 독일계 러시아인 기관장 오거스트 소머마이어(August Sommermeyer)를 고용하여 핵심적인 역할을 맡겼다. 나중 일이지만 멜솜은 1897~1912년까지 15년간 장생포를 비롯한 동해 지역에서 포경을 하게 된다. 러일 전쟁 후에는 활동지역을 유지하며 소속 회사를 바꾸게 된 것이다. 여하튼 당시 카이절링과 동료들은 여름에는 사할린에서, 겨울에는 동해에서 고래를 잡았고 그것을 나가사키에 팔았다. 소머마이어는 초창기에는 포수는 노르웨이인, 선장은 러시아인, 선원은 한국인과 중국인으로 이루어져 체계가 안 잡혀 포경 현장이 매우 혼란스러웠다고 증언한다.

1899년 카이절링의 회사는 1,643톤 규모의 포경모선(Factory Ship)인 미하일(Michail)호를 도입했다. 소머마이어가 설계하고 건조를 추진한 것으로 증기선으로서는 최초의 포경모선이었다. 고래 가공이 매우 효율적으로 진행되자 회사는 큰 이익을 남겼다.

그리고 일본보다 한 해 앞서 조선과 특별포경양해협약(1899. 3. 29.)을 체결했다. 경상도 울산포(蔚山浦), 강원도 장진포(長津浦), 그리고 함경도 진포도(陳布島), 이 세 곳에서 12년간 포경 근거지를 개발하고 사용할 수 있는 허가를 받은 것이다. 러시아는 당초 울산 등지에서 불법적으로 고래를 잡고 무단 입항·상륙하여 고래를 해체하고 있었다. 1897년 베베르(Weber) 공사 시절부터 합법적인 조차를 위한 교섭을 진행해 왔는데 1898년 12월 원산해관 세무사가 신포항에 입항한 포경선을 원산항에 나포하는 사건이 발생하자 추가적인 사건을 방지하기 위해 공식적인 협약을 서둘렀던 것이다. 교섭은 베베르 공사에 이어 슈파이어(Speyer) 공사, 마티우닌(Matiunin) 공사를 거쳐 파블로프(Pavlov) 공사가 최종 조인하였다.

그러나 몇 년 후 러일전쟁(1904~1905)이 일어나 카이절링 회사의 배들은 러시아 해군에 징발되거나 일본에 나포되었고, 선원들이 포로로 잡히기도 하였다. 100만 루블에 가까운 손실을 입었음에도 패전한 러시아 정부는 어떤 변상도 할 수 없었다. 반대로 일본의 동양포경㈜은 러시아가 차지하고 있던 권리들을 차지하며 세계 최대의 포경회사로 성장해 갔다.

1906년 카이절링은 방콕에서 알던 덴마크 무역업자와 연락해 노르웨이 배 4대를 빌려 상하이~블라디보스토크~캄차카를 오가는 물자를 운송하는 사업을 하였다. 이를 계기로 재기해 1910년까지 화물선과 여객선 10대를 가질 수 있었다.

하지만 1914년 1차 세계대전이 발발해 그는 해군에서 복무하였다. 배들은 징발되었으나 1916년 종전 후 돌려받았다. 1917년에는 러시아 혁명이 일어나 배들이 다시 징발되었다. 그해 니콜라이 황제가 퇴위하고 카이절링은 가족과 함께 일본 고베로 이주했다. 1920년에는 배를 돌려받기 위한 협상을 위해 블라디보스토크와 더 가까운 나가사키로 옮겼지만 배를 돌려받지 못했고 경제적으로 점점 더 어려워졌다.

잠시 그의 가족을 살펴보자. 손자의 메모와 인터넷 정보에 따르면 그는 두 번 결혼하였다. 첫 번째 부인 안나 하렌(Anna Haaren, 1878~1910)은 발트 사람으로 2남 1녀를 낳았다. 세실(Cecile), 로버트 웬더린(Robert Wendelin, 1905~1990), 헨리(Henry)이다. 이 중 로버트 웬더린이 카이절링의 일대기를 메모로 남긴 로버트 헨리 카이절링의 아버지이다. 그는 직업이 저널리스트이자 역사학자였다. 아마도 그가 아들에게 자신의 아버지 이야기를 남겼거나 들려줬을 것으로 추측된다. 카이절링은 첫 부인 안나가 사망한 후 재혼을 하였다. 두 번째 부인 마리(Marie, 1877~1945)가 러시아 혁명 발생 직후부터 극동을 전전하며 동고동락하고 결국 마지막까지 생을 함께했다. 슬하에 막스밀리안(Maximilian)과 에그버트(Egbert)를 두었다.

한편 카이절링은 1921년에는 지인들의 도움으로 상하이로 이주하고 자녀들의 생활비와 교육비 일부를 지원받았다. 다음 해에 정부로부터 다시 그의 배를 돌려받기 위해 블라디보스토크를 들렀으나 도크에 방치되어 있던 세 척만 빌릴 수 있었다. 그래도 이 배들을 수리해 그의 이름을 따서 카이절링(H. H. Keyserling&Co) 상사를 설립하고 블라디보스토크 남동쪽 나홋카(Nachodka), 남서쪽 포시엣(Posiet), 멀리 캄차카 알류트(Aleut)까지 운항하는 여객사업을 재개하였다.

하지만 그것도 잠시였다. 러시아 내전이 발발했다. 1917~1922년까지 시베리아에서는 내전의 과정에서 백군(왕당파)의 리더 콜책(Kolchak) 제독이 미국과 일본의 지원 아래 적군(볼쉐비키)과 대항하고 있었다. 그러나 1922년 10월 적군의 공세로 백군의 함대가 러시아를 떠나야 할 상황이 되었다. 카이절링은 한국으로 가는 피난민을 수송한다는 조건하에 그의 500톤급 선박 처푸(Chefoo, 芝罘)호의 소유권을 돌려받을 수 있었다. 처푸호는 현대 중국 옌타이시(烟台市)의 옛 이름이다.

그즈음 그는 가족들을 피난선박에 태워 먼저 상하이로 보낸 상황이었다. 러시아를 떠난 스타크(Stark) 제독이 이끄는 백군 함대가 피난민을 싣고 먼저 상하이에 도착했다. 그 함대는 카이절링 등 후발대가 오는 대로 필리핀 마닐라를 향해 떠나야 했다. 그러나 후발대가 계속 늦어졌다. 카이절링이 속한 후발대는 2주 동안이나 적군의 공격을 막아내며 피난민과 군인들을 싣고 한국 함경도 원산(원문에는 Kensan으로 기록)까지 갔다. 거기서 그는 마지막 50가족을 상하이로 데려가는 조건으로 그의 선박 처푸의 통제권을 받았다. 그는 선장 역할을 다시 맡았지만 선원도 장비도 부족한 가운데 폭풍까지 만났다. 하지만 한국 상륙은 허용되지 않았고 선상반란 시도까지 있었다. 일본인 지인의 도움으로 겨우 석탄과 음식을 조금 지원받을 수 있었고, 6주에 걸쳐 한국 해안을 돌고 황해를 건너 상하이로 갈 수 있었다.

배에 남은 마지막 석탄과 목재를 다 태운 1922년 12월 31일 밤이 되어서야 그가 탄 처푸는 상하이 황포강 입구 우성(Woosung, 吳淞)으로 들어갔고, 그는 배에 딸린 보트를 타고 상륙해 아내 마리와 가족들을 만날 수 있었다. 하지만 중국은 처푸가 형식상으로는 아직 러시아 정부 소유의 선박이었기 때문에 입항을 허가하지 않았고 피난민들만 몇 주에 걸쳐 스타크 제독에게 인계했다. 그 와중에 적군의 배가 상하이에 도착해 처푸 바로 뒤에 닻을 내리자 가족들이 몰래 돌아가며 보트를 이용해 배에 들어가 망을 보았다.

다행히 카이절링은 1918년에 러시아로부터 독립한 라트비아와 연고가 있었다. 가문의 농장 스태니우니는 리투아니아에 있었지만, 발트3국 독립 이전 러시아 제정 시기에 그의 아버지 휴고 오토(Hugo Otto)는 북쪽에 인접한 라트비아 쿠어랜드(Courland)주의 주도인 미타우(Mitau, 현재의 Jelgava) 시장을 지냈다. 때마침 라트비아 리가

(Riga)에서 카이절링의 라트비아 국적 취득을 허가하는 전신이 왔다. 이후 처푸호의 선명을 푸산(S. S. Fusan)호로 바꾸고 라트비아 국기를 게양하고 나서야 그의 배는 상하이로 들어올 수 있었다. 이후 몇 년간 푸산 운항수입으로 지낼 수 있었고 나중에는 중국인에게 매각하였다.

여기서 '푸산'이라는 배의 이름을 살펴보자. 이전에도 카이절링이 선명에 중국의 지명인 '처푸'를 사용한 것으로 보아 푸산이 한국의 부산을 의미한 것일 수도 있다. 만일 그랬다면 부산이 울산과 가까운 대도시여서 그가 방문한 적이 있거나 피난 중에 부산에서 선용품을 공급받았을 가능성이 있다. 대한제국 시기 울산 구정포(장생포)는 동래감리 소속이었다. 하지만 확실하지 않다. 중국 광둥성에는 중국의 전설적인 무술가 엽문의 고향인 포산(Foshan, 佛山)이 있는데, 이 지명을 염두에 두고 지은 것일 가능성이 더 클 것 같다.

카이절링은 1931년 독일령 칭따오로 이주해 아내 마리와 함께 '빌라 마리(Villa Marie)'라는 게스트하우스를 열었다. 그러나 일본의 만주침략으로 손님은 줄고 가계는 다시 악화되었다. 결국 1931년 아들 로버트와 헨리 형제가 독일 바바리아(Bavaria)에 5에이커의 땅을 구입해 울프스포인트(Wolfspoint)라는 농장을 마련하고 부모와 이복동생 둘을 이주시켰다. 그러나 2차 세계대전 중이던 1944년 카이절링 부부와 막내 에크버트는 끝내 사망했다. 헨리 카이절링은 가톨릭 신자가 아니었음에도 로마 가톨릭의 로흐도르프(Rohrdorf) 공동묘지에 묻혔다.

손자 로버트의 메모는 할아버지의 사망 소식에 멈추지 않고 끝까지 그에 대해 추적하고 있다. 그는 1991년 친척인 아이라 프래머(Ira Prammer)로부터 편지 한 통을 받았다고 한다. 프래머가 블라디보스토크를 방문했을 때 블라디보스토크 극동수산박물관(the Far Eastern Fishing Museum)의 엘레나 슈보초바(Elena Schbochowa)를 만났다는 것이다. 프래머는 슈보초바로부터 극동수산박물관이 사회주의 몰락 이후 전시물을 새로 구성하면서, 카이절링 가문이 블라디보스토크 역사에서 큰 역할을 한 것으로 평가하며 그와 그의 회사의 활동을 전시에 포함시켰다는 얘기를 들었다고 한다. 로버트의 메모는 여기까지다. 이후 그가 추가적으로 어디까지 추적을 했는지, 지금 그는 어디에서 무엇을 하는지에 대해서는 알아보지 않았다.

대신 이 이야기를 고래문화재단과 공유하고 러시아를 직·간접적으로 찾아보았다. 아쉽게도 로버트의 메모에 적혀 있는 극동수산박물관과 일치하는 이름의 박물관은 블라디보스토크에 없었다. 대신 유사한 박물관으로 해양생물학연구소박물관(www.museumimb.ru)과 극동수산대박물관 등이 검색된다. 아마도 이 중 하나를 말하는 것으로 보인다. 2014년 3월 고래문화재단과 울산MBC가 블라디보스토크와 문화교류를 추진하는 과정에서 확인한 바에 따르면 아르제니예프주립박물관(arseniev.org)도 카이절링에 대한 연구를 진행하고 있었다고 한다.

한편 하바로브스크지역박물관 홈페이지(hkm.ru)에는 카이절링의 업적에 대한 소개와 함께 그가 기증한 베링해 긴수염고래 뼈대가 전시되어 있다고 밝히고 있다. 2015년에 하바로브스크를 방문할 일이 있었다. 그때 하바로브스크지역박물관을 가 보니 실제 이 뼈대를 전시하고 있었다. 하지만 워낙 부피가 큰 유물이라 외부에 가설물을 설치해서 따로 전시하고 있었다.

울산 장생포를 꽃피운 '태평양 포경 3걸' 2(오카 주로)
(「체인지 울산」 제16호, 2013. 12. 처음 게재)

일본의 포경왕, 오카 주로

러시아 근대포경을 카이절링이 완성했다면, 일본 포경산업 근대화는 일본의 포경왕으로 불린 오카 주로(岡十郎, 1870~1923)의 업적이다. 일본 근대포경사와 오카의 포경사업에 대한 이야기는 토네센과 욘센의 『근대포경사』에 잘 정리되어 있고, 그의 개인사는 나가토지방사료연구소(長門地方史料研究所)가 편찬한 『조슈포경고(長州捕鯨考)』에 비교적 상세하게 기록되어 있다.

그는 야마구치현(山口縣) 아부정(阿武町)에서 니시무라(西村) 집안의 다섯째 아들로 태어나 하기(萩)시에 있는 오카 집안의 양자가 되었다. 여기서 말하는 하기는 울산의 자매도시 바로 그 하기이다. 오카 집안은 대대로 양조업을 하는 지역 명문가였다. 그는 하기중학교를 거쳐 후쿠자와 유키치(福澤諭吉)의 게이오의숙(慶應義塾)에서 공부하고 귀향하여 양조장을 운영하였다. 1897년에는 현의회 의원에 당선되었다.

이후 조선 근해에서 조업하는 러시아 태평양포경회사의 활약에 자극받아 현의원을 사직하고 일본에서는 처음으로 노르웨이식 포경기술을 도입해 야마다 도사쿠(山田桃作)와 동업하여 1899년 일본원양어업㈜을 설립했다. 본사를 나가토(長門)의 센자키(仙崎)에 두고, 시모노세키(下關)에 출장소를 두었다. 당시 일본은 러시아 포경에 밀려 과거로부터 해 오던 일본의 연안포경이 위협을 받고 있었다.

오카의 근대포경 도입 이전에 일본에는 고식(古式)포경이 있었다. 이에 관한 문헌이 많이 남아 있는데, 16세기 말에는 상업포경회사 6곳이 있었다고 한다. 포경은 주로 대한해협에서 이루어졌다. 잡은 고래에 관한 통계가 17세기에도 있었다. 1829년에는 포경을 상세히 그린 그림책이 나왔다. 당시 일본에서 고래는 고기뿐만 아니라 기름과 살충제 첨가제로도 쓰였다.

17세기 중반에는 기존의 작살을 이용한 포경법과는 달리 10여 척의 배를 이용해 고래를 몰아 그물을 이용해 가둔 후 작살로 마무리해 잡는 몰이식 포경법이 발전되어 고래잡이의 혁명을 가져왔다. 이 방식은 지금도 일부 지역에서 돌고래를 잡을 때 활용되고 있다. 당시 야마구치현에서만 1698~1888년까지 2,500마리 이상이 잡혔다. 남서지역 5개 현에서는 1882~1891년 사이 1,500마리 가까이 잡혔다.

그러나 19세기 후반 미국과 영국 등의 근대식 포경선들이 몰려오면서 위기에 처했다. 1846년 미국 포경선이 일본 연안에 좌초하자 선원들을 체포해 가두어 버렸다. 그러자 미국은 1853년 군대를 보냈고, 1854년 페리제독과 막부는 미국 배가 일본의 항만에 접근하도록 하는 미일화친조약을 맺었다. 메이지유신 이후 일본은 급격히 성장하였고 포경은 정부에게나 어민에게나 적극적인 지원을 받았다. 특히 청일전쟁(1894~1895) 이후로 일본 정부는 체계적으로 수산업을 보호하였고 1897년 수산고등학교를 설립하였다.

오카는 정부 지원 아래 전 세계를 여행하며 포경업을 배웠다. 노르웨이에서 각종 장비를 비싼 가격에 주문했다. 북부 노르웨이 핀마르크(Finnmark)에서는 사용법들을 직접 익혔다. 대서양의 포르투갈령 아조레스(Azores) 제도에서 향유고래 포경모습을 살펴보았고, 캐나다 동쪽 해안의 영국령 뉴펀들랜드(Newfoundland)에서는 근대식 포경이 태동하는 것을 지켜보았다.

이후 오카는 노르웨이식 포경이 뛰어나기는 하지만 고기를 목적으로 하는 일본에 직접 적용하기는 어렵다는 결론을 내리고 일본에 맞는 포경방식을 개발하려 하였다. 오카 이외에도 당시 많은 일본인들이 노르웨이 배와 장비를 사들이고 포수들을 고용하며 근대식 포경을 도입하려는 노력을 경주했다. 오카가 포경회사를 설립할 당시 이미 타카하시(高橋)라는 일본인이 러시아 포경을 배워서 목조 포경선인 사이카이마루(西海丸)를 가지고 포경조합이라는 회사를 운영 중이었다. 그러나 이 회사는 1898년 단 세 마리의 고래만을 잡았고 1900년 결국 문을 닫았다. 이후에도 일본 내에서 포경업에 뛰어드는 사람들이 줄을 잇자 노르웨이 언론들은 위기의식을 느끼고 언젠가 일본이 노르웨이를 포경산업에서 몰아낼 것이라고 논평하기도 했다.

오카는 1899년 일본원양어업㈜을 설립할 당시 일본 최초의 근대식 포경선 다이이치 조슈마루(第一長州丸)를 일본에서 건조하였다. 그리고 노르웨이인 포수인 모턴 페데르센(Morten Pedersen)을 비싼 몸값을 주고 3년 계약으로 영입했다. 페데르센은 원래 카이절링의 태평양포경회사 소속 포경선인 게오르기의 포수였다. 당시 노르웨이인들은 러시아와 일본 간의 경쟁을 이용하여 몸값을 불린 것으로 추정된다.

일본원양어업㈜은 한국에서 러시아가 포경 근거지 개발허가를 받은 다음 해인 1900년(고종 37년, 광무 4년)에 정식 포경허가를 받았다. 일본이 한국에서 포경허가를 추가로 받는 것은 러시아 때문에 매우 어려웠다. 카이절링이 12년 기간의 허가를 받은 데 비해 오카는 3년이라는 짧은 기간이었고 부담금이 많았다. 그러나 얼마 후 러시아와 같은 조건으로 계약을 10년간 연장하여 같은 조건이 되었다.

일본원양어업㈜은 1901년 러시아에서 올가(Olga)호를 임차(lease)하여 포경선을 확충함으로써 52마리의 고래를 잡아 많은 이윤을 남겼다. 하지만 12월에 한국 연안에서 조슈마루가 폭풍에 좌초되어 회사가 큰 타격을 받았다. 이에 좌절하지 않고 오카는 노르웨이의 렉스(Rex)호, 레기나(Regina)호를 전세(charter) 내어 사업을 계속했다. 당시 한국에서는 러시아와 일본만 포경허가를 받았기 때문에 다른 외국회사는 배를 전세해 줌으로써 이득을 취할 수밖에 없었다. 노르웨이는 포경기술에 강했고 일본은 전통적으로 고래 처리와 유통에 강했기 때문에 이러한 협업은 아주 합리적인 것이었다. 이에 따라 러일전쟁 중이었는데도 1904~1905년 시즌에는 330마리를 잡았다.

1904년 일본원양어업㈜은 동양어업㈜으로 회사명을 바꾸었다. 러일전쟁 직후에는 일본이 동해 포경을 사실상 독점하였다. 오카는 1905년 5월 한국에 있는 러시아 포경기지 세 곳에 대한 임차권을 획득하였으나 일본의 다른 포경회사와 다툼이 있었다. 한국에서의 약진에 힘입어 1906~1909년까지 일본의 포경산업은 노르웨이와 마찬가지로 양적으로 세 배 이상 성장하였다. 동양어업㈜은 1905~1906년 시즌에 633마리를 잡았는데 당시까지 근대포경회사 최고의 실적이었다. 1906년에는 노르웨이에서 건조된 109톤 규모의 토고(東鄉)호를 들여왔다. 이후 일본은 1912년까지 노르웨이로부터 20대에 가까운 포경선을 수입하였다.

포경산업 전망이 밝아짐에 따라 1905년 나가사키에 일관포경㈜, 1906년 오사카에 내해수산㈜, 1907년 고베에 제국수산㈜, 도쿄에 대일본포경㈜이 생겼다. 그러나 포경회사와 포경선, 어획량이 늘자 고래고기 가격이 떨어졌고 정부는 포경을 규제하기 시작했다. 이후 이들 4개 회사는 1909년에 합병을 하게 된다. 1908년 정부는 일본포경업수산조합회의 설립을 유도했고 오카가 초대 회장을 맡았다. 일본정부는 협회를 통해 포경선 수와 포획량을 조절했다. 이에 앞서 조선해수산조합이 만들어졌는데 오카는 1907년부터 1909년까지 조합장을 지냈다. 이런 자율적 관리체계 도입 덕분에 앞서 오카가 한국에서 세계 최초로 도입한 '새끼 딸린 암 고래 포경 금지제도'가 일본에서도 시행될 수 있었다.

일본 포경산업은 1908~1909년 시즌에 12개의 회사가 28대의 포경선으로 1,312마리를 잡는 기록을 남겼다. 다음 해인 1910년 오카의 동양어업㈜을 중심으로 6개 회사가 합병함으로써 동양포경㈜이 출범했다. 동양포경은 어획량에서는 아니지만 자본규모에서는 세계 최대의 포경회사가 되었다. 한국의 포경기지에 대한 일본 회사 간의 갈등도 이로써 종결되었다. 이후 1916년까지 동양포경은 4개 회사를 추가로 합병하였는데, 그에 따라 20대의 포경선으로 어획허가량의 2/3를 차지했고 전국에 20개 기지를 운영했다.

한국 동해에서의 겨울철 포경은 많은 이익을 주었다. 1909~1910년 시즌에는 398마리를 잡았는데 가격이 여름철에 잡힌 고래가 600엔이었던 데 비해 3,000~6,000엔으로 매우 높았다. 어획량은 계속 늘었다. 정부의 통제에도 불구하고 규제가 엄격하게 지켜지지 않아 1차 세계대전 중에 일본은 연간 2,100마리를 잡아 포획량이 정점에 달했다. 어획량이 늘자 고기가 과잉 공급되고, 고래 삶는 시설이 늘어났다. 선박 기름가격은 올라갔고 일본은 고품질 경유 생산시설을 늘렸다. 어획량 조절을 위해 1차 세계대전 이후에는 연간 1,500마리를 유지했는데 1930년대에는 1,000마리까지 줄어들었다.

오카는 장기적으로 포경선과 포수 자립화에도 역점을 두었다. 1901년 일본에서 건조한 배가 좌초되자 이후 노르웨이 포경선을 계속 활용했는데, 일본회사는 이것이 고래를 따라잡기에는 힘이 약하다고 평가했다. 그래서 1907년에서야 일본에서 새로 포경선 4척을 건조했는데, 이번에는 성공적이어서 이후 노르웨이로부터는 중고선 이외에 새로운 배를 주문하지 않았다. 자체 포경선 건조 이후 이번에는 포수를 육성했다. 1910년까지는 80~90%의 포수가 노르웨이 출신이었는데, 이것이 1914년까지 60%로 감소했고 1930년에는 완전히 없어졌다. 1917년 울산군의 『울산안내』 책자에 따르면 장생포에 노르웨이인 2명이 거주했다고 한다. 아마도 러일전쟁 전에는 러시아인과 함께 노르웨이인이 전후에 비해 상당히 많았을 가능성이 있다. 이후 일본인이 직접 포수를 맡으면서 일본인은 계속 증가하고 노르웨이인은 감소했을 것이다.

앞서 말했듯이 1910년 오카의 동양포경㈜을 중심으로 일본 내 포경회사들간의 인수합병이 완성되었다. 오카는 일본 포경산업의 미래에 대해 낙관하면서 "우리는 세계 최고의 포경산업국이 될 것이다. 한국과 일본에서의 포경은 가능성이 무궁무진하지만 이 지역에서 고래자원은 한계가 있다. 우리는 북으로는 오호츠크해와 베링해가 있고 남으로도 보물창고가 있다. 아침에는 북극에서, 저녁에는 남극에서 고래를 잡았다는 소식을 들을 날이 올 것이다"라는 연설을 남겼다. 결국 오카를 중심으로 일본의 포경회사들이 협력하고, 이에 대해 정부가 지원함으로써 일본 포경산업은 10~15년이라는 짧은 기간에 노르웨이의 헤게모니로부터 독립하여 스스로 우뚝 선 것이다. 오카의 예상대로 남극에서의 포경이 실제 이루어졌다. 남극포경은 1923년 노르웨이인 라르센(G. A. Larsen)이 로스해(Ross Sea)에서 시작했다. 어업허가를 받지 않아도 된다는 인식 때문에 1920년대 후반부터 남획이 진행되었다. 노르웨이 등과 함께 일본도 1934년부터 일본수산㈜을 시작으로 원양 상업포경에 뛰어들었다.

오카는 만년에 멕시코와 칠레에서의 수산업 개발에도 힘을 쏟았으나, 1923년 식도암으로 사망하였다. 고향인 하기시에 묘지가 있다. 그의 업적을 기려 일본은 그에게 녹수포장(綠綬褒章)을 수여하였다. 시모노세키 히요리야마 공원(日和山公園) 언덕에 오카 주로와 야마다 도사쿠의 업적을 기리는 기념비가 있다.

오카 주로의 동양포경㈜과 그 유산은 그의 사후에도 일본의 핵심적인 포경 자산으로 유지되었다. 그러나 다시 치열해진 경쟁 속에서 1930년대에 대양(大洋)포경㈜에 흡수되었고, 1940년대에는 하야시카네(林兼)상점이 대양포경㈜을 인수해 이후 대양어업㈜으로 거듭났다. 그렇게 1970년대까지 대양어업㈜, 일본수산㈜, 극양(極洋)㈜이 일본 3

대 포경회사로 성장했다. 하지만 곧 자원 고갈로 포경업이 쇠퇴하면서 1976년 이 세 회사들은 일반 수산업에서 포경 부문을 떼어 내 함께 일본공동포경㈜을 설립하였다. 이 회사는 1987년 공동선박㈜으로 이름을 바꾸었으며, 현재 니신마루(日新丸)를 모선으로 한 포경선단을 소유하고 일본경류(鯨類)연구소와 제휴하여 포경을 하고 있다.

사실 오카 주로의 동양포경㈜ 유산을 계승한 대양어업㈜은 지금은 마루하니치로㈜가 되어 이어지고 있다. 하야시카네상점㈜ 방어진 지점과 방어진철공소를 설립한 나카베 이쿠지로(中部幾次郎, 1866~1946)를 창립자로 하고 있는 회사로서 현재 일본 최대의 수산기업이다. 그리고 일본수산㈜은 1946년 장생포에서 조선포경㈜을 설립한 김옥창에게 포경선 제6~7 정해환(征海丸)을 매각한 회사이다. 인연인지 악연인지 모를 이야기들이 울산 안팎으로 서로 연결되어 있다.

울산 장생포를 꽃피운
'태평양 포경 3걸' 3(로이 앤드류스)
(「체인지 울산」 제16호, 2013. 12. 처음 게재)

미국의 탐험가, 로이 앤드류스

러시아의 카이절링이나 일본의 오카보다 우리에게 더 친숙한 사람은 미국의 로이 채프만 앤드류스(Roy Chapman Andrews, 1884~1960)이다. 그가 장생포에서 고래를 조사하고, 서양학계에 한국형 귀신고래를 소개했기 때문이다. 다른 한편으로 우리가 제국주의 시대 제정러시아와 일본의 경제수탈에 대한 피해의식이 워낙 커서이기 때문이기도 하다. 앤드류스는 다른 두 사람과 달리 과학조사를 위해 고래를 잡았다. 당시로 치면 포경이라고 할 것까지도 없을 테지만, 사실 살상방법에 의한 과학조사를 한 것이니 지금 과학자들에게는 환영받지 못할 일을 한 셈이다.

앤드류스는 사실 생물학자가 아니다. 원래 직업은 자연사학자였지만 스스로는 탐험가로 알려지기를 원했던 것 같다. 그래서 고래를 잡아 연구한 성과는 일생의 초창기에 한정되어 있고, 아시아에서의 활약은 한국보다는 일본과 중국, 몽골에서 더 도드라진다. 그러나 그의 일생에서 울산과 한국에서의 짧고 굵은 경험이 전 생애에 큰 영향을 미쳤다는 사실을 부정할 수 없다. 그러한 사실은 그의 논문과 자서전을 통해 확인할 수 있다.

그는 워낙 탐사에 많은 시간을 투입하느라 박사 학위를 취득하지 못했는데, 그나마 석사 학위는 장생포에서 귀신고래를 연구하고 귀국해 1913년 발표한 「캘리포니아 귀신고래: 그 역사, 몸과 골격 구조, 그리고 상관성(the California Gray Whale: Its History, External Anatomy, Osteology and Relationship)」이라는 논문으로 받을 수 있었다. 하지만 더 흥미로운 이야기는 몽골에서 공룡알 화석을 발견한 후 1929년 아시아 탐험에 대해 남긴 『세상의 끝(Ends of the Earth)』이라는 기록이다. 이 기록은 2001년 찰스 갤런캠프(Charles Gallenkamp)가 펴낸 앤드류스의 전기물인 『드래곤 헌터(Dragon Hunter)』에도 소개되어 있다.

한편 앤드류스를 조명하기에 앞서 그의 조국 미국이 태평양 포경에서 어떤 역할을 했는지를 먼저 살펴보자. 그에 대한 이야기는 박구병 교수가 『한반도 연해포경사』와 이양선의 정체에 관한 그의 논문, 「미국 포경선의 동해래어(東海來漁)와 독도 발견」을 통해 자세하게 설명해주고 있다.

미국에서는 일찍부터 알래스카 원주민이나 시애틀 근교 마카(Makah) 인디언들이 고래를 잡았다. 백인에 의한 포경은 17세기부터 매사추세츠 낸터킷(Nantucket) 섬을 중심으로 발전하기 시작했다. 소설 『모비딕(Moby-Dick)』에 나오는 바로 그곳이다. 낸터킷은 처음에는 긴수염고래를 대상으로 포경을 시작했는데, 18세기 초반에는 수익이 훨씬 많은 향유고래를 대거 잡으며 크게 성장했다. 18세기 후반에는 보스턴 인근의 뉴-베드포드(New-Bedford)가 새로운 포경기지로 발달했다. 이 항구도시는 19세기 들어서면서 낸터킷을 넘어 미국의 새로운 포경 수도(首都)가 되었다.

일본이나 한국이나 19세기 출몰하던 이양선들은 주로 포경선들이었다. 1846년 포경 전성기 미국의 포경선은 746척에 달했는데, 일본은 이 중에서 292척이 일본 근해와 동해 등 극동지역으로 온 것으로 추정하고 있다. 박구병 교수는 포경선의 항해일지 분석을 토대로 뉴-베드포드(New-Bedford)에서 온 포경선 체로키(Cherokee)가 1848년 4월 16일 서양에서는 최초로 당시 항해지도에 나와 있지 않은 독도를 발견하였다고 한다.

미국의 포경은 19세기 후반 석유 사용이 일반화되고 남북전쟁(1861~1865)이 일어나면서 쇠퇴하게 된다. 아시아 극동에서의 포경은 20세기 초까지 명맥만 유지했다. 이후 고래를 둘러싼 한국과 미국의 인연은 미국자연사박물관에서 온 한 젊은 탐험가의 활약을 계기로 새로운 방향에서 다시 연결된다.

앤드류스는 위스콘신(Wisconsin)주 벨로이트(Beloit) 출신이다. 벨로이트 대학교를 졸업하고 1906년부터 뉴욕 미국자연사박물관(the American Museum of Natural History, 1869년 설립)에서 일했다. 그는 박물관 소속 연구원 신분으로 1909년 태평양 고래연구를 위해 아시아로 향하면서 첫 번째 탐험을 시작했다. 시애틀에서 일본 선박인 아키마루(秋丸)를 타고 요코하마로 갔다. 그곳에서 일본 문화를 충분히 즐긴 후에 상하이와 홍콩을 방문하고, 홍콩에서는 다시 타민(Tamin)호를 타고 필리핀으로 갔다.

앤드류스는 1909년 10월부터 384톤 규모의 알바트로스(Albatross

호를 타고 동인도바다에서 고래를 연구하였다. 이 연구를 1910년 1월에 끝내고 나서 그는 나가사키에 들렀다. 이곳에서 그는 일본에서는 고래를 시장에서 거래하며 식용으로 먹는 등 활발하게 이용하는 데 반해 체계적인 과학적 연구가 없다는 것을 깨달았다. 그는 이후 시미즈, 시모노세키 등 일본 전역을 돌며 고래연구를 계속하였다.

이후 본국으로 돌아가기 위해 시모노세키에서 북경으로 향했다. 다시 북경에서 출발해 동남아시아(상하이·싱가포르·쿠알라룸푸르·페낭·콜롬보)와 북아프리카(수에즈운하·카이로), 유럽 여러 나라(이탈리아·오스트리아·독일·프랑스·벨기에·잉글랜드)를 거쳐 17개월 만인 1911년 1월에야 뉴욕에 도착했다.

앤드류스의 두 번째 아시아 탐험은 귀신고래를 연구한다는 명목으로 박물관 대표이자 그의 멘토였던 헨리 오스본(Henry Osborn, 1857~1935)의 지원을 얻어 내면서 시작되었다. 그러나 앤드류스에게는 귀신고래 연구 이외에 다른 목적이 있었다. 바로 백두산 탐험이었다. 그는 영국군 대령 프란시스 영허즈번드(Francis Younghusband, 1863~1942)가 1879년 만주를 방문하고 1896년에 펴낸 『대륙의 심장(the Heart of a Continent)』을 읽고 그곳에 기록된 백두산에 이끌렸다. 앤드류스가 자문을 구하자 영허즈번드는 만주 방면이 아니라 한반도 쪽에서 오를 것을 권했다고 한다.

1911년 12월 신요마루(神輿丸)를 타고 샌프란시스코를 출발, 요코하마를 거쳐 울산에 있는 동양포경㈜의 포경기지에 도착하였다. 울산에서 6주 동안 40마리 이상의 귀신고래를 연구하였는데, 동해에 있는 귀신고래가 멸종위기에 처한 캘리포니아 귀신고래(California Gray Whale)

와 같은 생물학적 특성을 가지고 있다고 결론 내렸다.

　울산 포경기지에서는 멜솜(Melsom), 욘센(Johnson), 후룸(Hurum) 등 포경선 선장들과도 교류하며 지냈다. 특히 마인(S. S. Main)호의 선장 헨드릭 멜솜(Hendrik. G. Melsom)은 한국계 귀신고래에 15년간의 경험을 가지고 있어 큰 도움을 받았다. 동양포경의 울산기지 책임자 곤도(近藤), 부책임자 마츠모토(松本)의 도움을 많이 받았으며 그들의 숙소에서 같이 지냈다. 그는 전기에서 울산은 게이샤와 기생이 있는 등 즐거운 곳이었으며, 여성들은 중국이나 일본보다 훨씬 예뻐 보였고, 부녀자들이 남녀유별 원칙에 엄격했고 생활력이 강했다고 평가했다.

　앤드류스의 자서전에 따르면 그는 울산에서의 연구를 끝내고 난 후 수집한 귀신고래뼈 두 개를 동양포경㈜ 시모노세키 지부를 거쳐 뉴욕으로 보냈다. 문헌 이외에 실제 존재에 대해서는 김장근 전 고래연구소장이 워싱턴 국립자연사박물관 전시 사실을 밝히기도 했다. 이후 귀신고래뼈 두 개 중 한 개는 뉴욕의 미국자연사박물관 수장고에 보관되어 있고, 한 개는 워싱턴 국립자연사박물관에 전체 뼈대가 전시되어 있는 것을 2013년 장생포고래박물관 박혜린 학예사가 「미국 땅에서 잠자고 있는 한국계 귀신고래」라는 보고서를 통해 확인하였다. 울산방송(ubc)은 「고래의 귀향」이라는 다큐멘터리에서 이를 카메라에 담았다. 2015년 5월에는 장생포고래박물관이 미국자연사박물관의 자료를 제공받아 『로이 채프만 앤드류스, 한국에서의 발자취』를 발간했다.

　『로이 채프만 앤드류스, 한국에서의 발자취』에는 우니 요시카즈(宇仁 義和) 외 2인의 논문 「로이 채프만 앤드류스의 일본과 조선에서의 고래조사와 1909~1910년 일본 주변에서의 행적」이 소개되어 있다. 이 논문에 따르면 앤드류스는 사실 혹등고래와 범고래 뼈대 하나씩을 뉴욕의 미국자연사박물관에 더 보냈다고 한다. 게다가 이것들을 1933~1962년까지 실제로 전시했었다고 밝히고 있다.

고래뼈들을 시모노세키에서 보낸 후 앤드류스는 다시 1912년 3월 백두산 여행을 준비하기 위해 서울을 방문했다. 서울에서 필요한 백두산 탐험 준비를 마치고 1912년 4월 다시 부산항으로 가서 그곳을 출발해 마침내 청진항으로 갔다. 청진에서 백두산으로 가기 위해 중간에 있는 무산까지 철도로 이동했다. 그런데 무산에서 호랑이 사냥을 하게 되었다. 주민들이 사람을 헤친다며 '신출귀몰하는 호랑이(the Great Invisible)'를 잡아 달라고 한 것이다. 아마도 총을 가지고 있었기 때문에 도움을 요청한 것으로 생각된다. 하지만 호랑이 사냥에 3주간을 보냈으나 끝내 나타나지 않아 잡는 데는 실패했다.

이후 영허즈번드가 추천한 코스대로 본격적으로 백두산 탐험(동북~서남 방향 횡단)에 나섰다. 요리사 김씨, 사냥꾼 백씨, 일본인 통역관, 5명의 마부와 6마리 말이 함께했다. 그러나 눈보라 때문에 끝내 천지(Dragon Prince's Pool)를 보지 못하고 만다. 결국 삼지연을 일주일 동안 조사한 후 혜산 근처에서 휴식을 취하였다. 휴식을 취한 후 375마일을 뗏목을 타고 압록강 입구 단동까지 내려왔다. 돌아오는 길의 어려움은 계속되었다. 오는 동안 신발과 바지가 없어져 그는 한복을 입어야 했다. 백두산 탐험을 하는 동안 라이플을 든 중국과 한국인 산적을 만나기도 했고, 한국인 일행이 공포 때문에 반란을 기도하기도 했다.

그의 서울 귀환 지연으로 그가 죽었다는 소문이 나돌기도 했다. 하지만 서울로 무사하게 귀환했고 손탁호텔(Sontag Hotel)에서 한복 차림 그대로 휴식을 취했다. 이 손탁호텔은 서울 정동 29번지, 지금은 이화여고 자리로 당시에는 매우 유명한 호텔이었다. 주인인 손탁

(Antoniette Sontag, 孫擇, 1854~1925)의 이름을 딴 호텔이다. 그는 러시아 베베르 공사 처남의 처형으로 베베르 공사가 1885년 입국할 때 집안일을 도와주기 위해 같이 온 인물이었다 한다. 베베르가 그를 명성황후에게 소개하고, 명성황후가 고종에게 추천하여 외인접대계에 촉탁되어 서양식 인테리어와 서양음식 도입에 기여하였다. 이 인연으로 인해 후에 고종의 아관파천(1896년 2월)을 도왔고 고종에게 커피를 끓여 준 일화로 유명하다.

한편 앤드류스가 백두산 탐험을 위해 다니던 중인 1912년 4월 14일, 타이타닉호 침몰이라는 역사적인 사건이 있었다. 그는 돌아오는 길이 얼마나 어려웠는지 그 뉴스조차 접하지 못했다고 회상했다.

앤드류스는 한국 탐험을 끝내고 귀국길에 인천 제물포에서 중국 여순항(Port Arthur)을 거쳐 북경을 방문했다. 한 달간 북경에서 청나라의 마지막 모습을 보며 마작을 배우고 만리장성을 둘러보는 등 흥청망청한 후 일본에서 만났던 러시아 왕자의 초청으로 시베리아 횡단철도를 타고 러시아로 갔다. 러시아에서 많은 파티에서 다양한 음식을 먹고 여자들과 사귀는 등 6주 동안 실컷 즐겼다. 여기서 말하는 러시아 왕자가 누구인지 설명이 없다. 알렉산더 3세의 3남이자 니콜라이 2세의 동생인 미하일 알렉산드로비치 대공(1878~1918)일 수도 있지만 확인할 길이 없다. 러시아 혁명으로 인해 1917년 3월 니콜라이 2세가 동생 미하일에게 황위를 물려주었는데 새 황제는 다음 날 바로 퇴위하였다. 1918년 6월 끝내 살해되었다.

이후 앤드류스는 2개월간 북유럽 포경국가들(핀란드·스웨덴·노르웨이·덴마크)을 여행하였다. 그리고 1914년 영허즈번드가 뉴욕의 미국자연사박물관을 방문했을 때 백두산에 대해 서로 이야기하며 친구가 되었다. 백두산탐사는 그의 첫 번째 내륙탐험(Independent Land Expedition)이었다. 이때 그의 나이 28세였다. 뉴욕에 다시 왔을 때 그는 이미 저명인사가 되어 있었다.

앤드류스는 일본과 한국에서의 탐험이 그의 인생을 바꾸었다고 기록하고 있다. 이 경험을 기반으로 이후 몽고탐험을 계획하였고, 1922~1928년 몽고탐험을 통해 고비사막의 '불타는 절벽(Flaming Cliff)' 아래에서 공룡알 화석을 세계 최초로 발견하여 자연사학계의 전설이 되었다. 이에 따라 1923년 10월 29일자 타임 매거진(Time Magazine) 커버를 장식하였다. 1931~1934년에는 뉴욕 미국자연사박물관의 대표로 재직하였다.

조지 루카스와 스티븐 스필버그가 만든 영화「인디애나 존스(Indiana Jones)」의 모델이 앤드류스라는 직접적인 증거와 증언은 없다. 그러나 앤드류스의 자유로운 생활방식과 호탕한 성격은 존스 그 자체인 것 같다. 앤드류스는 1914년 이벳트 보럽(Yvette Borup)과 결혼해 두 아들을 두었다. 1931년 이벳트와 이혼하고 이후 윌헬미나 크리스마스(Wilhelmina Christmas)와 결혼했다.

그는 1942년 은퇴해 캘리포니아 해안 카멜-바이-더-씨(Carmel-by-the-sea)에서 여생을 보냈다. 1960년 사망했고, 고향 벨로이트의 오크우드(Oakwood) 공동묘지에 묻혔다. 1999년 그의 고향사람들은 그를 기념하기 위해 앤드류스협회(the Roy Chapman Andrews Society)를 설립했다. 이 협회는 2003년부터 최고탐험가상(the Distinguished Explorer Award)을 수여하고 있다.

에필로그

　이 글은 기존에 울산 포경사를 이야기할 때 주로 논의되던 러시아와 일본의 근대포경과 한국에서의 전수과정에 관한 것이 아니다. 역동하는 세계사의 현장에서 고래와 함께했던 세 남자의 인생 이야기이다. 그들의 일생 또는 전성기의 활약상을 살피면서 한국사와 울산향토사, 그리고 포경사를 더 잘 이해할 수 있었으면 한다. 우리나라 포경의 역사와 장생포 고래 이야기 등도 이미 많은 연구가 있지만 앞으로 내용이 풍부해지고 더 깊이 있게 정리가 될 것이라 본다.

　카이절링과 오카 그리고 앤드류스. 이 세 사람을 장생포를 꽃피운 '태평양 포경 3걸'이라고 부를 수 있겠다. 고래가 장생포 역사의 모든 것은 아니지만, 현재의 장생포는 고래로 상징되고 이들 3인에 의해 꽃이 피었다. 울산이 고래관광을 세계화할 때 세계 각지에서 온 관광객들에게 이들의 이야기를 들려줄 수 있을 것이다.

　이제 이들을 기억하고 있는 그들의 고향과 교감하여야 한다. 지금까지는 미국과의 교류가 일부 있었을 뿐이다. 앤드류스는 울산과 장생포에 대한 사진과 글을 직접 남겼지만, 다른 이들이 기록한 것이 있다면 찾아보아야 한다. 더 나아가 러시아와 일본이 근대식 고래잡이를 배운 노르웨이로 가서 그들이 보고 배운 것들이 무엇인지 확인해 보는 것이 좋겠다. 사실 포경 3걸의 이야기 모두를 장생포에서 하나로 이어주는 존재이자 진짜 동해고래 전문가는 멜솜 선장이었다. 그는 노르웨이 베스트폴오그텔레마르크(Vestfold Og Telemark)주 산데피오르(Sandefjord)시의 작은 마을 스토케(Stokke) 출신이다. 멜솜은 노르웨이에서 스벤트 포인에게 포경을 배우고 러시아로 넘어가 카이절링과 일을 시작했지만, 러일전쟁 이후에는 일본 포경왕 오카의 동양포경㈜에 귀신고래 포경을 지도해 주었다고 그와 만난 미국의 앤드류스는 증언하고 있다. 앤드류스가 왔을 때는 또 그의 과학조사를 도왔다. 그렇게 멜솜 선장은 블라디보스토크와 울산을 오가며 7년, 울산과 나가사키를 오가며 8년, 도합 15년을 동북아시아에서 보냈다. 미국의 앤드류스가 울산을 다녀간 직후이자 제1차 세계대전(2014~1918)이 발발하기 전인 1912년 멜솜은 노르웨이로 돌아가 고향마을 인근인 노트로이(Notteroy)에 정착했다.

온라인 가계도(geni.com)에 따르면 그에게는 6명의 딸이 있었다. 첫째 딸은 1898년 고향에서 태어났고, 멜솜의 울산 기록사진을 보관하고 있는 둘째 딸 시그리드(Sigrid, 1903~2001)는 1903년 나가사키에서 태어났다. 셋째와 넷째 딸은 각각 1909년, 1911년 노르웨이에서 태어난 것으로 되어 있는데, 이해가 되지 않는다. 아내가 간혹 아시아에 있는 남편을 찾아왔거나 멜솜이 휴가차 중간에 고향을 방문했을 수가 있지만 당시 교통 여건을 감안하면 납득하기 어렵다. 실제는 이들이 울산에서 출생했을 가능성을 배제할 수 없다. 다섯째와 여섯째 딸은 귀국 후에 태어났다.

멜솜이 한때 지방의회 의원(1917~1919)으로도 활동했던 노트로이의 역사협회가 2015년에 소개한 짧은 기록에 따르면, 멜솜의 손자인 헨릭 멜솜 헨릭슨(Henrik Melsom Henriksen)이 멜솜의 동북아시아에서의 메모를 가지고 있다고 한다. 카이절링의 메모를 캐나다에 사는 손자가 가지고 있듯이 말이다. 그 손자는 지금은 노인일 것이다. 더 늦기 전에 그 메모를 구해 보아야 할 듯하다.

멜솜의 업적이라고 해야 할지 만행이라고 해야 할지 모르겠지만 그는 1925년 허가도 받지 않고 세계 최초로 남극해 포경을 시작했다. 당시 새롭게 고안된 경사로(slipway)를 설치한 포경모선 랜싱(Lancing)호를 타고 아프리카와 남극해에서 큰 실적을 거둔 것이다. 앤드류스가 몽골에서 공룡알 화석을 발견할 수 있을 만큼의 탐험 노하우를 갖추게 된 것이 울산과 백두산 탐험에 힘입은 바가 큰 것처럼 멜솜이 남극해 포경을 할 수 있었던 데는 젊은 날 15년간의 울산에서의 경험이 핵심적인 자산이 되었을 것이다. 그렇다면 태평양 포경 3걸과 멜솜 선장은 울산에 큰 빚을 진 셈이다. 러시아, 일본, 미국 그리고 노르웨이 모두 울산에 빚을 진 것이다.

한편 미국 국립자연사박물관에 있는 귀신고래뼈 등 그들이 울산에서 가져간 것이 있다면 가능하다면 돌려받을 수 있는 노력을 하여야 한다. 멕시코 태평양 해안 바하 캘리포니아(Baja California)에는 미국의 자연사박물관들이 한국계 귀신고래 대신에 전시할 수 있는 오리지널 캘리포니아계 귀신고래뼈가 지천으로 있다. 굳이 한국계 귀신고래 뼈대를 보관할 이유가 없다. 2012년 한국-멕시코 수교 50주년 기념우표의 모델은 귀신고래이다. 멕시코 현지에서는 귀신고래를 매개로 울산과 교류협력을 해 보겠다는 의사가 있는 것 같다. 현지 한국 대사관과의 공공외교 협력이 필요하다.

역사는 과거이지만 관광산업과 연결하면 미래가 된다. 한국의 조선해양 산업이 유럽과 일본을 이겨 내고 글로벌 리더가 되었듯이, 고래잡이가 아닌 고래 역사문화 관광에서 세계에 우뚝 설 수 있었으면 한다. 울산 장생포는 이미 닻을 올렸고, 충분한 가능성을 발견했으며, 대양을 향해 나아가고 있다.

백경을 쫓은 피쿼드호는 이양선이었다
(경상일보, 2015. 5. 24.)

고래는 지금까지 지구가 길러 낸 가장 큰 동물로서 신비로운 생명체이다. 그래서 문화예술의 소재로 채택되기도 하고 관광자원의 하나로 많은 사람들이 보고 듣고 느껴 보려고 한다. 하지만 한편으로는 식량이 부족한 원주민들이 양식으로 삼기도 하고 일부 문명화된 도시의 사람들이 맛보기도 하는 수산자원이기도 하다. 또 과거에는 거대한 육체의 부분들을 다양하게 골라내 쓰임새에 맞는 산업의 원료로 쓰기도 했다. 이 마지막 용도 때문에 대포경(大捕鯨)시대라 부를 수 있는 19세기에는 고래가 국제 정치경제관계의 중심에 있었다.

故 박구병(1930~2006) 부경대 교수는 한반도 포경사에 있어 가장 권위 있는 분으로서『한반도연해포경사(1995)』를 편찬한 분이다. 그의 주장 중 흥미로운 것 중 하나가「미국포경선의 동해래어(東海來漁)와 독도발견(1994)」에서 밝힌 '이양선(異樣船)은 대부분이 포경선이었다'라는 것이다. 그는 그 증거로 미국 뉴베드포드(New Bedford)와 인근 섬인 낸터켓(Nantucket)에서 활동을 한 포경선들의 항해일지를 제시하였다. 그에 따르면 항해일지들에는 수많은 태평양 포경선들이 동해에서 조업을 하였고 그 와중에 지도에 나오지 않는 독도를 발견하였다.

『헌종실록』의 1848년 기록에도 "이양선이 경상, 전라, 황해, 강원, 함경 다섯 도의 대양 가운데에 출몰하는데, 혹 널리 퍼져서 추적할 수 없었다. 혹 뭍에 내려 물을 긷기도 하고 고래를 잡아 양식으로 삼기도 하는데, 그 수를 셀 수 없이 많았다"라고 적고 있다. 최근에는 그의 주장을 받아들이는 일부 역사서가 나오고 있다. 이윤섭의 『다시 쓰는 한국근대사』 등에서 서구열강이 일본과 조선의 개항을 요구한 중요한 이해관계의 하나로 포경을 들고 있다.

실제 우리에게 익숙한 문학작품인 『모비딕(Moby Dick)』과 『료마(龍馬)가 간다』에도 그런 정황이 잘 나타나 있어 박구병 교수의 과학적 증거들을 감성적으로 지지해 주고 있다.

『모비딕』은 허먼 멜빌(Herman Melville, 1819~1891)이 1840년경 태평양 포경을 체험하고 저술해 1851년 출판한 것이다. 일부 직접 체험한 것이 있겠지만, 대부분은 다른 선원들의 체험을 들어서 녹여 낸 것일 것이다. 멜빌은 "피쿼드(Pequod)호의 돛대는 처음 것은 부러져 버리고 일본 해안에서 벌채한 것이 솟아 있었다"라고 적고 있다. 당시 미국 포경선들이 육지에 무단으로 상륙하기도 했다는 것을 알 수 있다. 아합(Ahab) 선장은 일본 해상에서 난폭하고 하얀 거대한 향유고래인 모비딕에게 다리를 잃은 것으로 설정되어 있다. 그리고 피쿼드호는 수마트라와 자바 사이의 순다해협을 통해 동방해역으로 들어가 대만을 거쳐 일본 동해안 쪽으로 향했고 다시 적도 방향으로 남동쪽으로 향한 끝에 모비딕을 발견하고 최후의 사투를 벌인 것으로 이야기하고 있는데, 그야말로 아시아 태평양 바다를 미국 포경선들이 휘젓고 다닌 것으로 묘사하고 있다.

 당시 일본은 네덜란드에 이미 널리 알려진 데 비해 조선은 서구에 거의 알려지지 않았기 때문에 일본의 바다와 조선의 바다를 구별할 수 없었다고 본다면 멜빌이 직접 와 보지는 않았더라도 여러 포경선에게서 들은 동양의 고래바다는 동해와 남중국해가 아니었을까? 그렇다면 소설이기는 하지만 피쿼드호는 조선이 본 이양선 중의 하나가 된다. 흥선대원군이 멜빌보다 한 해 뒤인 1820년 태어났고 이양선에 의한 무분별한 포경을 감시하러 파견된 울릉도 개척사 김옥균이 『모비딕』이 출판되기 직전인 1851년에 태어난 것을 고려하면 이 작품의 시대적 배경이 우리에게 더 가까이 와닿을 것이다.

 더 흥미로운 것은 허먼 멜빌이 미국이 일본을 개항시킨 원인과 방법을 서술했다는 것이다. 『모비딕』에는 "포경선이야말로 오늘날 저 위대한 식민지의 어머니이다. 남쪽의 아메리카인 초기 호주 이민자들의 기아를 여러 번 해결해 주었던 것도 포경선이다. 만일 몇 겹으로 폐쇄된 일본이라는 나라가 외국인을 맞아들일 수 있다면 그 사명을 짊어질 수 있는 것은 포경선뿐이다"라고 의미심장하게 서술되어 있다. 멜빌이 1854년 일본 개항 뉴스를 보고 원본에 추가한 것이 아니라면 정말 놀라운 부분이다.

 『모비딕』이 나온 지 얼마 지나지 않아 유럽에서부터 작살포 포경이 일반화되었다. 불행인지 다행인지 무자비한 기계가 수만 명의 위험천만한 일자리를 뺏은 것이다. 한편으로는 죽은 생물의 석유가 살아 있는 고래의 경유를 대체하게 되자 근대 포경산업이 쇠퇴하기 시작했다. 또한 남북전쟁(1861~1865)이 일어나자 미국의 포경산업이 쇠락의 길을 걸었다. 『모비딕』이 처음 나왔을 때 이 소설은 주목을 받지 못했다. 포경이 한창이던 때 포경이란 피비린내 나는 삶의 현장이었고 결코 신기한 일도 낭만적인 일도 아니었을 것이다. 그러나 고래가 멸종하다시피 하고 포경이 신화가 되고 나서 이 작품은 미국의 고전으로 부상했다.

100여년 뒤의 작품인 『료마가 간다』는 시바 료타로(司馬遼太郎)가 일본 메이지유신의 영웅 사카모토 료마(坂本龍馬, 1936~1867)의 일대기를 그린 작품이다. 여기서 1854년 페리제독의 미국 흑선(黑船)이 막부를 위협하여 일본을 개항시킨 것은 미국 포경선단을 보호하고 포경을 활성화하기 위한 것이었다는 주장을 한다. 『모비딕』을 읽고 쓴 것일 수도 있다.

작가는 미국의 흑선이 오게 된 배경을 묘사하면서 "그 무렵까지 영미 포경선단은 대서양을 어장으로 하고 있었으나 너무 남획했기 때문에 어획고가 줄어들게 되었다. 그 때문에 새 어장을 찾아 모험적인 항해를 하고 있었는데, 도중에 북태평양에 많은 고래가 서식하고 있다는 사실을 알게 되었다. 그런데 항구가 없었다. 모항을 멀리 떠나 태평양에서 활약하는 데는 저탄소(貯炭所)가 필요했다. 당시의 배는 증기선이라 일주일만 달리면 석탄이 바닥이 났다. 결국 기항지를 일본 열도에서 구하기로 했다. 그들은 이 나라가 강력한 쇄국정책으로 항구를 개방하지 않는다는 것을 알았다. 그래서 함대의 위용을 보임으로써 강제 기항을 요구하게 되었던 것이다"라고 서술하였다. 메이지유신은 개항에 대한 막부책임론에서 비롯되었으므로 이것이 사실이라면 일본 메이지유신의 일등공신은 료마가 아니라 고래가 아닌가?

포경선은 사카모토 료마에게도 간접적으로 영향을 주었다. 료마는 공교롭게도 막부의 가쓰 가이슈(勝海舟)의 사상을 동경했는데 그는 무역과 산업, 함대 육성을 주장한 사람이다. 그가 료마에게 존 만지로(ジョン万次郎)를 소개시켜 또 다른 스승으로 삼게 했다. 만지로는 1941년 15세에 고기잡이를 나갔다가 동료들과 함께 무인도에 표류되어 미국 포경선에 의해 구조되었다. 내친김에 하와이를 거쳐 매사추세츠로 건너가 자랐는데 10년 뒤에야 귀국해 막부의 군함 조련소 교수가 된 인물이었다.

안타깝게도 19세기 대포경시대에 우리나라는 열강들의 국제정치 관계 속에서 크게 힘을 쓰지 못했다. 료마가 암살당하고 10년도 되지 않아 일본에 의해 우리는 개항을 하였다. 이후 서구 열강들이 들이닥쳤고, 러시아는 울산 장생포를 비롯해 조선의 항구들을 포경기지로 조차했지만, 러일전쟁 이후에는 일본이 포경기지들을 차지하였다. 그리고 노르웨이 포수들과 미국의 탐험가들이 울산을 오고 갔다. 미국과 유럽의 이양선들이 떠난 20세기 초 동해바다는 이번에는 '태평양 포경 3걸'이라고 부를 수 있는 러시아의 태평양포경 대표 헨리 카이절링(Henry Keyserling), 일본의 동양포경 대표 오카 주로(岡十郎), 미국 뉴욕자연사박물관의 로이 채프만 앤드류스(Roy Chapman Andrews)의 무대가 되었다.

반구대암각화가 그려지던 시절, 울산의 조상들이 귀신고래를 따라 동해를 거슬러 올라가 캄차카반도와 알루샨열도, 알래스카까지 한반도 온돌문화와 포경기술을 가져갔다는 한반도신대륙발견모임(대표 김성규) 등의 일부 흥미로운 주장이 있는데 그것이 사실이라면 수천 년 이후에 태평양 포경의 주역들이 뒤바뀐 것이다.

 해방 후에 우리 손으로 포경산업을 발전시켰지만, 울산의 명성을 세계에 널리 알리게 된 것은 경유(鯨油)가 아닌 석유를 우리 손으로 산업화할 수 있게 된 이후이다. 앞으로도 울산은 과거의 아쉬운 역사를 되풀이하지 않기 위해 우리나라의 성장과 발전을 이끌어 나가야 할 것이다. 한편으로는 반구대의 고래신화가 숨을 쉬고 풍요로운 고래문화의 옷을 입은 세계적인 고래도시로 나아갔으면 한다. 그러기 위해서는 보다 많은 인문학적 연구가 이루어져야 한다.

울산 동해 바이킹 시즌 2
(경상일보, 2020. 11. 8.)

그를 멜솜(Henrik Govenius Melsom, 1870~1944) 선장이라 부르자. 멜솜 선장은 노르웨이 베스트폴(Vestfold)에서 소년시절부터 고래를 잡았고, 일 좀 한다는 소문이 날 즈음 1897년 러시아 케이제링 백작과 함께 극동으로 왔다. 처음에는 블라디보스토크에서 장전항과 장생포를 오가며 포수로서 귀신고래를 잡았다. 러일전쟁 후에는 일본 오카 주로의 동양포경㈜에 몸담고 나가사키와 장생포를 오고 갔다. 한국계 귀신고래를 세계에 알린 로이 채프만 앤드류스를 안내해 연구를 실질적으로 도왔다. 그렇게 장생포에서 경력을 쌓은 후 1912년 귀국해 스스로 포경회사를 경영했고, 남극까지 진출하며 노르웨이 포경의 전설이 되었다. 사실 그와 울산에서 인연을 가졌던 세 사람이 모두 각자 더욱 성장하며 유명인사가 되었지만 멜솜은 아는 사람만 제대로 아는 이스마엘 같은 존재였다.

장생포 포경은 처음 40년간은 멜솜을 위시한 노르웨이인들을 통해 유럽식 포경선과 포경기술을 도입한 러시아와 일본이 이끌었고, 우리는 해방 후에야 포경산업 독립을 해서 40년간 지속했다. 하지만 1982년 상업포경 모라토리엄이 채택되었고, 어느새 40년이 다 되어 간다.

울산은 1986년부터 상업포경을 멈춘 대신에 고래축제를 열고, 고래박물관을 짓고, 관경선을 띄우고, 고래생태를 연구했다. 하지만 이마저도 시대에 맞춰 변모해 가야 한다는 지적이 계속되고 있다.

특히 장생포에서 살아 있는 돌고래 전시를 멈춰야 한다는 목소리가 커져 가는 모양이다. 고래 이야기는 야만적이면서 낭만적인 양면성을 부인할 수 없다. 처음에 고래는 용과도 같은 신화였지만 사람이 잡을 수 있게 되자 반달곰 같은 자원으로 추락했다. 하지만 약 50년 전부터 세계적으로 고래보호 활동이 조직화되자 지금은 진돗개처럼 인간의 친구로 대하며 보호해야 하는 특별한 생물이 되었다. 메탄가스를 내뿜는 가축을 적게 먹고 고래를 식용하는 것이 기후변화 대응에도 좋다는 일설이 있기는 하지만, 식물성 플랑크톤을 증가시켜 탄소를 포집시키는 데는 고래를 보호하는 것이 훨씬 유리하다는 국제통화기금(IMF)의 주장을 귀담아들을 필요가 있다. 최소한 그라인드(the Grind, 덴마크령 페로제도 또는 일본 타이지에서 돌고래를 좁은 해안가로 몰아 칼로 집단 살상하는 대규모 고래사냥 관습)에서 가까스로 살아남은 돌고래를 전시·공연에 이용하는 것은 공감을 얻기 어려운 시대가 되었다.

돌고래 전시공연을 계속할지 여부에 대해 법률적, 정책적 결론이 어떻게 나든 한반도 연해 포경을 둘러싼 역사 연구는 더 활발하게 전개되길 희망해 본다. 우리에겐 아직 반구대암각화가 있고 귀신고래회유해면이 있으며 태풍으로부터 어선들을 지켜 와 준 장생포가 있다. 소설 『모비딕』은 동해 앞바다까지 미국 이양선이 오가며 포경산업이 한창이던 1851년 출판되었다. 그러나 전혀 주목을 받지 못했다. 40년 후 작가가 죽었을 때도 마찬가지다. 하지만 『모비딕』은 석유가 에너지와 산업용 소재로 세상을 휩쓸고 1차 세계대전으로 포경업이 자연스레 종말을 구한 이후가 되어서야 미국 최고의 문학작품이란 평가를 받게 되었다. 왜 그랬을까? 야만이 역사 너머로 사라지자 사람들이 역사 자체를 관조할 수 있게 되었기 때문이 아닐까?

흥미롭게도 멜솜의 장생포 포경활동 사진들을 나가사키에서 태어났다는 차녀가 톤스버그 소재 슬롯츠피엘박물관(Slottsfjellsmuseet)에 기증했다고 한다. 2017년 일본의 우니 요시카즈(宇仁義和) 도쿄농업대학 교수가 이를 입수해 알려 주고 있다. 총 50장 중 13장이 장생포, 장전항, 금강산 등 한국에서의 사진인데, 120년 전 장생포 모습과 함께 같이 일했던 조선인들과 멜솜 자신의 차녀 시그리드(Sigrid, 1903~2001)의 어릴 적 사진이 포함되어 있다. 물론 그 자체로 감사한 일이지만 우리의 주체적 시각으로 자료를 추가로 발견해 내고 평가하는 작업이 필요하지 않을까? 예를 들어 시그리드는 1903년 나가사키에서 태어난 것으로 되어 있는데, 러일전쟁 전인 것을 감안하면 실제로는 울산에서 태어났을 가능성도 있다.

스칸디나비아 반도는 먼 곳이지만 알고 보면 한반도와 인접한 러시아와 이웃하고 있는 곳이다. 우리와 공통점이 있고 추구해야 할 공동의 목표가 있다면 서로를 더 많이 알아 가야 한다. 부유식 해상풍력 프로젝트 성공을 위해 함께 노력하고 있고, 대곡천암각화 발견 50주년을 맞는 지금이 적기일 수 있다. 문재인 대통령은 작년 6월 노르웨이 베르겐 해군기지를 방문하고 양국의 해양산업 협력을 강조했다. 이제 근대포경 시기 인연과 산업 교역을 넘어 인문학적인 측면까지 들여다볼 필요가 있다. 몽골과 흉노제국, 신석기시대까지 거슬러 올라가며 관계를 살펴야 한다.

사실 암각화를 남긴 선사시대 울산 바닷가 사람들도 바이킹(viking, 포구사람)이었다고 해도 과언이 아니다. 고래를 잡을 수 있는 기술로, 고래고기를 먹고 남는 힘으로 무엇을 했을까? 아마도 인근 해안과 내륙으로, 멀리 일본 열도와 북미대륙으로 진출하지 않았을까? 대곡천암각화는 문명대, 강인욱(「유목국가의 형성과 문자의 역할에 대한 고고학적 고찰」, 2020)을 비롯한 몇몇 고고학자들의 가설처럼 흉노 탐가(Tamga)와 바이킹 룬스톤(Rune-stone)의 기원이 아니었을까?

바야흐로 고래를 잡던 북해의 바이킹 후손들이 다시 울산 동해로 오고 있다. 오라, 동해로! 가자, 북해로! 울산에 바이킹 룬스톤(Rune-stone)을 세우고, 스칸디나비아 곳곳에 대곡천암각화를 소개해 보면 어떨까?

5

밸어진 바다 으이티

울기등대에서 바라본 대왕암

하나에서 열둘까지 동구 해시태그(#) 달기
(동구 소식지, 「대왕암」 2022년 여름호)

방어진. 그 옛날 시인묵객들이 부상(扶桑)이라 예찬했던 방어진반도 에선 여름엔 말들이 살찌고, 겨울이면 방어·고등어가 물이 올랐다. 고 단했던 시절엔 선창가에서 방어진블루스를 불렀고, 산업화·민주화를 거치며 풍요로운 조선산업도시로 발전했다. 지금은 어떤가? 산업은 버 틸 만하고, 자연은 다시 빛을 발하기 시작한다고 해야 할까? 이 시점에 동구 키워드를 꼽아 보자. SNS에 해시태그(#)를 달자.

하나. 현대중공업은 조선해양 세계 1위이다. 덕분에 (울산과학)대학 교와 (현대)백화점, (울산)대학병원이 하나씩 있다. 관광 1번지는 출렁 다리가 있는 대왕암이다. 옆에 동구에 하나씩밖에 없는 (일산)해수욕장 과 (청룡)굴, (민)섬을 거느리고 있다.

둘. 동구는 동쪽이 조선소, 서쪽이 도시이다. 이를 둘러싸고 동남쪽은 용가자미가 나는 접해(鰈海)이고, 서북쪽은 삼태지맥 끝자락이다. 신라는 염포산에 신라성을 쌓았고, 조선은 남목마성을 쌓았다. 화정산 천내봉수 대, 봉대산 남목(주전)봉수대가 건재하다. 대왕암빵과 어진빵을 먹어 보 아야 하며, 영화는 CGV동구점과 현대예술관에서 볼 수 있다.

셋. 생활권이 셋인데 남목(주전), 일산, 방어진이다. 어촌계도 셋이다. 주요 등산로는 서쪽 염포산로, 동쪽 봉대산로, 북쪽 마골산로이다. 테마 길로 해파랑길, 남목역사누리길, 옥류천이야기길이 있다. 이름난 돈대는 동축사 관일대, 봉대산 망양대, 일산진 어풍대이다. 지금은 울산대교 전망대가 뜨고 있다. 등대는 울기(蔚氣)등대와 슬도등대, 화암추 등대가 유명하다. 라한호텔과 굿모닝호텔을 운영 중이고 타니베이호텔을 짓고 있다. 동구의 상징이 세 가지이니 나무는 곰솔, 꽃은 동백, 새는 괭이갈매기이다.

넷. 바위와 몽돌이 수없이 많지만 네 개는 기억하자. 대왕암과 동축사 섬암은 아직 건재하며, 낙화암은 쌍바위만 남았고, 화암은 지명만 남았다. 지역 4대 대기업은 현대중공업, 현대미포조선, KCC, 한국프랜지이다. 간선도로는 방어진순환도로, 봉수로, 미포산업로, 동해안로 등이다. 주전, 일산, 슬도, 방어진항에 활어(회)센터가 있다.

다섯. 해수관음보살을 모신 산사로 마골산 동축사, 봉대산 봉호사, 염포산 원각사, 화정산 월봉사, 술바위산 등용사가 있다. 비석들로는 감목관 선정비 세 곳과 착호비, 월성이씨 열행비를 둘러보자. 전통시장은 남목마성시장, 월봉시장, 대송시장, 동울산종합시장, 전하시장이다. 다섯 개의 나잠회에는 해녀들이 150명 넘게 있다.

여섯. 저수지로는 주전 홍골못과 갑골저수지가 농사에 도움이 되고, 서부동 큰마을저수지와 명덕저수지는 숲속 휴식처이다. 일산소류지와 술바위산못은 숨바꼭질하듯 숨어 있다. 인물로는 울산감목관 홍세태, 의병장 서인충, 보성학교 성세빈 선생, 방어진수산중학교 이종산 선생, 독립유공자 서진문 선생, 예술인 천재동 선생을 기억해야 한다.

일곱. 작은 하천들이 있다. 주전 운곡천은 북구와의 경계이고, 남쪽으로 대장천, 주전천이다. 당고개에서 서부천이 동으로 흐르고, 마골산 물은 동남쪽으로 흘러 미포천이 된다. 보일 듯 말 듯한 일산천이 있다.

옥류천은 상류 여울만 남았다.

여덟. 법정동이 8개이다. 북쪽에서부터 주전동, 동부동, 서부동, 미포동, 전하동, 화정동, 일산동 그리고 방어동이다. 조선후기에 동면 8경을 꼽았는데 동축사 새벽 종소리, 옥류천 물소리, 두꺼비바위 저녁놀, 불당골 만승폭포, 안산에서 본 미포 앞바다, 낙화암 모래사장, 어풍대로 돌아오는 돛배, 용추암(대왕암) 저녁녘 비이다.

아홉. 행정동은 9개이다. 남쪽에서부터 방어동, 일산동, 화정동, 대송동, 전하1~2동, 남목1~3동이다. 주전을 낀 남목3동이 가장 넓고, 인구는 방어동이 가장 많다. 소리 9경이 있는데 과거 자연의 소리에 선박 엔진 소리, 출항 뱃고동 소리를 더했다.

열. 조선소를 빼고도 고기를 잡는 어항이 10곳이다. 북쪽에서부터 주전항, 큰불항, 하리항, 보밑항, 일산항, 동진항, 방어진항, 상진항, 남진항, 화암항이다.

열하나. 이름이 붙은 산이 11곳이나 된다. 남쪽부터 망개산, 화정산, 염포산, 안산, 마골산, 주전봉, 봉대산, 명자산이 이어져 있다. 따로 떨어져 동뫼산, 술바위산, 둘안산이 각자의 역할을 하고 있다.

열둘. 방어진 12경이 전해지고 있다. 동면 8경에 꽃바위 석양, 슬도 파도소리 등 남쪽의 절경을 더했다. 표현만 약간 변했을 뿐 꽃리단길과 낭만슬도의 역사는 생각보다 오래된 것이다.

3무. 아직 없는 것들도 많다. 대표적으로 큰 강과 서원이 없다. 철도역도 아직 없다. 사실 방어진항 축항 직후 철도역 유치운동(부산일보 1927. 6. 8.)이 있었지만 끝내 이루어지지 않았다.

3풍. 동구에 부는 거센 바람이 있으니 외풍, 노풍, 여풍이다. 해외 선박 수주 여부에 지역경제가 울고 웃는다. 노동자들이 힘을 합치면 지역

정치에까지 영향을 미치는 도시이다. 현주여성대학이 전통에 빛나고, 다른 지역보다 여성 정치 참여가 활발하다.

동구. 자기동래(紫氣東來)라는 말처럼 동쪽은 희망을 주고 믿음을 준다. 동방파제는 울산항의 안전을 지킨다. 동구의 기운으로 울산과 대한민국이 새롭게 도약했으면 좋겠다.

항(港)과 항(巷), 두 도시 이야기
(울산제일일보, 2022. 2. 14.)

울산은 하나의 도시라 부르기가 어려운 고장이다. 거대한 산악과 넓은 들을 배경으로 한 강변이 있고, 연안에는 삶의 터전인 제조업과 수산업 시설로 빼곡하다. 그래서 항만이 없는 대도시와는 차원이 다른 명실상부한 광역시이다. 인문사회학적으로도 다른 모습을 보인다. 옛날부터 읍성에서는 향교와 서원에서 성현에게 제사를 지냈고, 어촌에서는 용왕에게 굿을 하며 빌었다. 불교에서도 태화강변 산사에는 문수보살의 전설이 흐르고, 동해바다 전망 좋은 산사에는 관음보살이 서 계신다. 현재 울산의 산과 강 사이에는 주거상업지가 자리 잡고 있고, 도시와 바다 사이에는 거대한 산업시설이 밀집해 있다. 시민들과 노동자들은 따로 또 같이 더 좋은 세상에서 더 잘살아 보고자 각자의 선거와 투표를 한다.

해변도시 동구는 그 안에서도 세상이 둘이다. 조선소와 어항들이 일터인 사람들이 있고, 이런 골목, 저런 전통시장이 밥줄인 서민들과 소상공인들이 있다. 동구는 방어진항을 비롯해 주전에서 화암까지 크고 작은 어항이 10개로 울산에서 가장 많다. 게다가 조선소 도크가 15개쯤 되니 그야말로 항만 시설 부자이다. 항구들 안쪽으로는 있을 건 다

있고 없을 건 없는 생활공간이 크고 작은 길거리, 즉 가항(街巷)을 따라 자리 잡고 있다. 올해는 울산공업센터 지정 60주년인 동시에 현대중공업 창립 50주년이다. 지난 50년간 동구의 두 얼굴, 항(港)과 항(巷)은 드라마틱하게 바뀌었고 지금도 변신을 거듭하고 있다.

아주 옛날 방어가 잡혔다던 항구는 고래 때문인지 기후변화 때문인지 100년 전쯤에는 고등어가 많이 잡혔는데 이제는 가자미 풍년이다. 자연스럽지만 어지럽던 해안에는 어촌뉴딜이 추진되고 있다. 주전항과 화암항 일대가 시민들에게는 즐겁고 아름다운 체험관광지, 어민들에게는 편하고 안전한 일터로 탈바꿈되고 있다. 풍류객들이 바위에 올라 시를 읊던 여기저기 어풍대들엔 커피 마시러 온 가족관광객들로 북적인다. 바람만 불던 기암절벽과 곰솔 숲 위로는 출렁다리가 걸렸고, 곧 케이블카가 다닐 예정이다. 과거 미포만의 낙화암과 명사십리, 태화강 하구 쑥밭마을의 추억은 이미 현지 주민들의 기억 속에서도 사라져 가고 있다. 조선소에서는 안전제일을 연일 되뇌며 철선을 이어 붙이고 있고, 제 날짜가 되면 내보내야 하는 선박 주문들을 계속 받아 내고 있다. 최근에는 미래건조(Future Building), 자유건조(Freedom Building)를 외치며 울산의 골리앗 크레인은 절대 무너지지 않을 것임을 다짐하고 있다.

한편 도시의 거리는 없던 것이 생기고, 생긴 것이 다시 변모하며 시험에 들고 있다. 동면은 그 옛날 목장 때문에 안팎으로 길이 끊어져 있었다. 상업이 있어야 발전해야 생기는 길거리, 즉 여항(閭巷)이라는 곳이 없었다. 300년 전에 여항문학의 태두 홍세태 감목관이 이곳에서

'염곡칠가(鹽谷七歌)', '착마행(捉馬行)'을 부를 때도 그랬을 것이다. 방어진항에서 고등어와 고래를 잡고, 수천 수만의 조선소 노동자들이 오토바이를 타고 도시를 누비기 시작하면서 거리가 나타나기 시작했다. 지금은 오토바이가 2만 4천여 대로 줄었지만 한때는 약 3만 대가 다니며 시끌벅적한 풍경을 자아냈다. 하지만 그런 곳들이 수십 년이 지나며 이제는 유행을 따라가지 못해 활기를 잃으면서 위기에 빠졌다. 돌파구는 도시재생이다. 그렇게 방어진항 뒷골목은 최근 근대골목으로 다시 태어나 동남풍을 기다리고 있다. 그리고 퇴근길에 소주를 마시던 현대백화점 옆 명덕마을은 청년들이 다시 찾는 스마트시티로 거듭날 준비를 하고 있다.

울산대교 전망대나 염포산 오승정(五勝亭), 천내봉수대나 남목(주전) 봉수대에서 바라보면 항(港)과 항(巷), 두 도시의 경계가 뚜렷하다. 하지만 멀리 영남알프스와 태화강, 동해바다를 바라보면 하나로 오묘하게 조화된 모습을 볼 수 있다. 코로나19가 잠잠해지면 하나인 듯 둘인, 둘인 듯 하나인 도시가 다시 뜨겁게 용접이 되었으면 좋겠다. 떠났던 노동자들이 도크로 다시 돌아오고, 퇴근 후에는 골목골목을 누비며 불야성을 이루면 좋겠다. 도시 사람들은 해변과 항구를 찾아 도로의 끝이 아닌 항로의 시작을 바라보며 울산의 미래가 건조되어 가는 모습을 보면 좋겠다.

세계 조선산업도시 열전
(경상일보, 2022. 3. 3.)

　선박은 작은 낚싯배에서 초대형 컨테이너선까지 크기와 기능이 다양하다. 인류는 암각화를 새기던 시대부터 물이 있는 곳이라면 어디서든 배를 만들었다. 하지만 자연조건과 기술력 등 여러 이유로 아무나 짓지 못하는 배가 화물 수송용 상선, 군용 특수선, 크루즈선이다. 현재 상선은 아시아 한중일, 특수선은 미국, 크루즈선은 유럽이 주도권을 잡고 있다. 울산의 현대중공업과 현대미포조선은 LNG선, 컨테이너선, 석유화학제품운반선 등 상선을 위주로 하는데, 구축함과 잠수함 등 특수선까지 건조할 수 있다. 앞으로 친환경자율운항선박과 항공모함까지 건조한다는 꿈을 가지고 있다. 그럼 그런 조선소를 배후 지원할 울산은 어떤 도시가 되어야 할까?

　한때 울산에서는 조선경기가 좋지 않을 때를 대비해 문화와 지식산업을 육성해야 한다는 말들이 있었다. 그런 의미에서 조선산업 쇠퇴를 극복해 낸 스웨덴 말뫼의 지역 기술혁신과 스페인 빌바오의 구겐하임 미술관을 이야기하곤 했다. 하지만 지금은 울산도 어느새 상당한 기술혁신과 문화인프라를 갖추었다. 말뫼의 코쿰스 크레인이 온 지 20주년이 다 되었는데 조선산업 위상은 여전히 건재하다. 이제 다시 어느 도시를 배워야 할까?

　중국 조선산업은 크게 발해만 대련, 장강 하구 상하이, 주강 하구 광저우에 포진해 있다. 리더인 중국선박집단(CSSC)은 2019년 중국선박공업과 중국선박중공집단이 연합해 탄생했다. 현재 건조기술은 우리보다 뒤지지만 역사는 더 깊다. 중국은 정치경제체계가 우리와 다르고 도시와 인구 스케일이 워낙 차이가 나서 무언가를 배운다고 해도 적용하기가 어렵다. 일본 최대 니혼조선은 2021년 이마바리조선과 JMU가 합병한 기업이다. 항공모함까지 건조하였다. 일본은 섬과 항만이 많은 만큼 조선소가 전국에 산재해 있다. 대표격인 이마바리조선소는 시코쿠 에히메현 이마바리(今治)에 있다. 일본 조선산업은 우리와 업종이 겹치고 국가시스템이 비슷해 배울 것이 많다. 하지만 우리 미래 모델이 일본에 그친다고 한다면 수긍할 국민이 얼마나 되겠는가?

　그럼 다시 유럽으로 눈을 돌려 보자. 이탈리아 핀칸티에리社가 있는 트리에스테, 독일 파펜부르크, 프랑스 생나자르, 핀란드 투르쿠 등에서 크루즈선과 군함들이 건조된다. 영국 에든버러 인근 로사이스(Rosyth)에서는 밥콕社가 '퀸 엘리자베스' 경항공모함을 건조했다. 노르웨이 스타방에르(Stavanger)에는 로젠버그조선소가 있고, 울산 부유식 해상풍력발전에 참여하고 있는 에퀴노르社가 있다. 유럽 주요 선진국들은 조선해양산업을 포기하지 않고 있는 셈이다. 러시아도 상트페테르부르크의 어드미럴티 조선소에서 핵추진 쇄빙선을 건조하는 틈새기술 보유국이다.

미국은 세계 최대의 해군력을 보유하고 있다. 항공모함 20척, 이지스함 70척, 핵잠수함 72척을 스스로 건조했다. 핵과 항공, ICT를 모두 융합해야 가능한 것이니만큼 세계 최고의 군함건조 기술을 가졌다. 현재 뉴포트뉴스조선社가 버지니아 뉴포트 뉴스(Newport News)市에 있다. 하지만 미국 방위산업체들은 아시아 상선 건조업체들처럼 뼈를 깎는 가격 경쟁을 하지 않는다. 사용자의 임금 인심이 박하지 않아서인지 21세기 들어 노조의 행동은 건조를 멈추는 것이 아니라 배를 흔드는(Rock the Boat) 정도에 그치고 협약은 5년마다 갱신된다.

조선도시, 조선업체마다 생존여건은 모두 다르다. 확실한 것은 무한 경쟁을 하고 있는 상선부문이 혁신력이 가장 강해야 한다는 것이다. 특수선 기술력은 국가 방위산업 전체의 몫이고, 크루즈선 경쟁력은 해양관광 여건이 반영되어 있다. 이런 경쟁 속에서 글로벌 리더로 성장해 온 울산 조선업이 그래서 자랑스러운 것이다. 울산의 조선인(造船人) 또는 배무이들이 그래서 귀중하고 위대한 존재들이다.

하지만 여전히 다른 나라로부터 우리가 배울 것들이 많다. 항공모함을 포함해 우리나라가 아직 시도해 보지 않은 선박이 많다. 이런 프로젝트를 해 내기 위해서는 국내외 기업들 간의 협력이 우선되어야겠지만, 도시 전체 차원에서의 폭넓은 벤치마킹이 필요하다. 나라는 나라대로 산업노동정책을, 지방정부는 교육 등 도시 인프라를, 기업은 산업기술을 넘어 ESG 등 동반성장 전략을 추가로 살펴볼 필요가 있다.

울산 노사민정, 산학연 모두가 따로 또 같이 어느 도시에서 어떤 면을 배울지 살펴봐야 한다. 반면교사로 삼을 점도 발견할 수 있을 것이다. 일본보다 우리가 외국인에 대한 포용성이 높고 외국인력제도가 더 우호적이란 평가는 세계가 인정하는 모양이다.

방어진 철도 100년의 염원

 2021년 9월 울산박물관이 「새롭게 보는 울산철도 100년 전시회」를 열었다. 당시 전시회 설명을 보면 울산에 철도는 1921년 10월 25일 들어왔다고 한다. 처음엔 경동선(慶東線)이었는데 1927년에는 동해중부선, 1945년에는 동해남부선으로 이름이 바뀌었다. 이후 한 차례 시가지 철도이설이 이루어져 1992년 개통했다. 드디어 2021년 12월 28일, 동해남부선 부산~울산 복선전철이 완전 개통되었다. 부산의 수많은 관광객들이 울산을 찾았다. 하지만 지하철 없이 태화강역에서 대왕암공원을 찾아오는 일은 지금도 미션에 가까운 상황이다.
 동해남부선 울산 구간은 지선이 여럿 있다. 산업용이긴 하지만 장생포항, 온산항 지선이 있고, 신항만 인입철도까지 최근에 생겼다. 하지만 유독 방어진만 철도의 수혜에서 벗어나 있다. 수소 트램이 설치될 예정으로 있는 도시철도계획에서도 마찬가지이다. 지금의 로드맵에 따르면 1단계 1~2호선이 마무리된 2028년 이후 2단계 3호선(효문행정복지센터~대왕암공원 17km)을 추진한다는 계획이다. 그런데 중간에 앞 단계 사업에 차질이 조금이라도 발생한다면 어쩔 것인가? 3호선은 현대자동차와 현대중공업 7만 명의 근로자들이 통근에 이용할 수 있는 구간이다. 대왕암공원이 하루가 다르게 변신을 하고 있어 앞으로 연간 수백만 명이 방문할 수 있다는 점을 인식해야 한다.

우연히 일제강점기였던 1927년 방어진항의 상공인들이 총독부에 제출한 철도부설 청원기사(부산일보, 1927. 6. 8.)를 보게 되었다. 나카베 이쿠지로(中部幾次郎, 1866~1946) 등 일본인들이 우리나라 면장들의 이름까지 빌려 제출했다. 기사를 보면 당시 방어진항의 상황과 철도 부설 논리가 잘 갖춰져 있다. 나카베는 대규모 고등어 어업, 하야시카네 상점(林兼商店) 운영, 방어진철공조선 창립 등 방어진항 일대 개발에 엄청난 영향을 준 인물로 전국적으로도 매우 큰 영향력을 가지고 있었다. 하지만 무슨 이유에서인지 당시 철도계획에 반영되지 않았고, 해방 후 산업근대화를 거치는 과정에서도 이루어지지 않았다. 울산 철도 100년을 새롭게 본다면 여전히 미완성인 셈이다.

울산-방어진간 철도부설을 청원
철도부설촉진기성회원 연서로 청원서를 제출

울산군 동면과 하상면의 兩 면민으로 조직된 울산-방어진간 철도부설 촉진 기성회가 제출하는 철도부설에 관한 청원서는 아래와 같다.

청 원 서

본 항은 조선 동해안인 경상남도 울산군 울기 반도 끝에 위치해 있다. 20여 년 전에는 조용한 어촌에 지나지 않았으나 명치 36년(1903) 초에 내지인(일본인)들이 어업을 하러 이주해 왔다. 이후 본 항을 중심으로 연안 일대에 걸쳐 정어리, 고등어, 방어 등의 어군이 밀집하는 것이 발견되었다. 방어진 항은 어업근거지로서 아주 유망한 것으로 밝혀져 그 후로 이주자가 매년 증가해 지금은 내지인이 520호, 조선인 가옥이 550호 해서 정주자가 5천 명에 다다르고 있다. 이외에도 성어기에는 해상 생활자들이 빼곡하게 몰려 1만 2~3천 명에 달한다. 어획고는 사실상 연 350만 원에서 600만 원을 넘어 조선연안에서 총수산액 약 10%를 점하게 되었다. 본 항은 반달 모양을 하고 있다. 동쪽 끝단 산맥은 슬도(瑟島)라고 부르는 작은 섬과 연결되어 있다. 울타리같이 만을 둘러싸고 있고 게다가 그 섬의 수많은 맥(脈)과 맥 사이로 물이 뒤섞여 흐르며 얕은 여울을 만든다. 이로써 자연 방파벽을 형성하면서 또한 개방된 모습은 마치 남방의 한 면모를 보여 주고 있는데, 그곳으로 들어오는 파도를 방지하는 완전한 피난항이다.

항내는 수심이 평균 32척을 유지하여 큰 배가 정박할 수 있고 아주 편리하다. 대정 12년(1923)도부터 5개년 계속사업으로 70만 5천 원을 국고보조비, 지방비, 지역 민간 기부로 지출했다. 방파제 수축에 착수한 후 소화 2년(1927)도에 완성되어 항내 출입이 이루어졌다. 그렇게 되자 항내 면적 12만 평 중 안전하게 둘러싼 면적이 5만 평을 넘겨 피난항, 어업항, 상업항을 겸비하면서도 상당한 선박을 수용할 수 있는 능력을 가지게 되었다. 게다가 시모노세키(下關) 및 하마다(濱田)항과의 직통항로를 여는 계획도 지금 함께 있다. 연안항로를 통해 서로 간에 해운을 지원하는 본 항의 위치는 이미 개설된 경동선이 있는 울산군 하상면 연암리에서 분기하면 겨우 9리(19리의 오기인 듯함) 거리에 있고 난공사라고 할 수 있는 구간이 없다. 공사비는 역시 많이 들 수밖에 없지만 다행히 귀 국(조선총독부 철도국)에서 내년도 실시 계획 중에 있는 동해안선 지선으로 부설되도록 해서 본 항을 중계하는 내지(일본) 철도망과의 연락을 목표로 하게 되면 나중에 큰 풍어기에 그 판로를 시모노세키 방면에 국한하지 않고 넓힐 수 있다. 상비의 운반선만으로는 모처럼의 어획물을 충분히 효과적으로 소화하지 못하게 된다. 운반능력을 넘는 어류는 그것을 폐기하고 가격은 반액으로 떨어지는 비운을 맞게 되어 한동안 어가에 큰 위협을 주게 되는 결함이 있다. 본 철도에 의해 구제하는 어류를 확대하고, 조선과 만주, 몽고 방면에 수출하는 가격을 조절하게 되면 연간 50~60만 원의 이득을 어렵지 않게 얻게 된다. 조선 내, 특히 동해안선에 의존해 일본에 수출해야 하는 쌀, 보리, 임산물 등의 화물은 능력이 허용하는 한 본 항을 중계하면 부산을 경유해 약 40리 정도를 단축할 수 있어 운임도 저렴하게 할 수 있다. 보조무역항(補助商港)으로서의 현실에 만족하지 않고 이번에 큰 비용을 투자해 수리한 항만을 적극 활용한다면 지방발전은 물론 조선(朝鮮)의 산업 개발에 이바지하는 효과가 적지 않다고 생각된다.

이에 동면 및 하상면민을 대신해 철도부설촉진기성회를 조직하고, 사업이 조속히 이루어지기를 기대하며 위와 같이 청원을 올린다. 설명에 도움이 되도록 별지로 철도선로의 개략적인 도면을 첨부해서 간청한다.

소화(昭和) 2년(1927) 6월 1일

경상남도 울산-방어진간 철도부설촉진기성회

회　장 나카베 이쿠지로(中部幾次郞)
부회장 나카츠카 간이치로(中塚勘一郞)
부회장 오오바야시 긴지로(大林金次郞)
부회장 설령(薛軨, 하상면 면장)
부회장 김두헌(金斗憲, 동면 면장)
外 143명

접항(鰈港) 방어진의 용(龍)가자미
(경상일보, 2022. 5. 6.)

아주 옛날부터 우리나라는 접어(鰈魚)에 속하는 넙치와 가자미가 많이 잡혀서 땅은 접역(鰈域), 바다는 접해(鰈海)라고 했다. 그렇다면 가자미의 본고장 방어진항은 접항(鰈港)이라 할 만하다. 특히 용가자미는 울산 해민들의 캐시카우(cash-cow)이다. 30여 종류의 가자미 중 울산의 주종인지라 참가자미인 셈이다. 어획쿼터는 제한이 없고 17㎝보다 크기만 하면 얼마든지 잡을 수 있어 양식이 필요 없다. 옛날에는 포항에서 많이 잡혔는지 부산에서는 아직 포항가자미라고 하는 사람들이 있다. 용가자미는 1904년 정식 생물종으로 명명되어 이후 일제강점기 어류 명칭 영향을 받았다. 두 눈이 등으로 모이다 말고 한쪽 눈이 등과 배 사이에 붙어 있어 그것이 묶은 올린 머리 모양(容)으로 튀어나와 있다 해서 일본은 소우하치가레이(宗八ガレイ)라 한다. 그것을 해방 이후 우리말로 옮기는 과정에서 용(容)가자미가 되었다는 설이 유력하다. 하지만 우리 관점에서 보면 이제 용(龍)가자미가 낫겠다. 동해 용왕의 선물이고, 용추암(대왕암)이 있는 울산의 보물이기 때문이다. 게다가 눈이 툭 튀어나와 용 눈알 같지 않은가? 눈이 없는 쪽에는 자색선이 두 줄 있어 귀한 옷을 입은 것처럼 보이기도 한다.

당초 방어진항 이름 유래는 그 옛날 방어가 많이 잡혀 붙여졌다 한다. 근대 들어 어항으로서의 본격적인 발전은 일제강점기 고등어 풍어 덕분에 가능했다. 그런데 이제는 용가자미 시대이다. 오징어 어획이 많이 줄고 다른 어종들은 더 이상 믿을 바가 못 되는 형편이다. 그래서 어민들에게는 용가자미가 목돈이 되는 봉이자 용인 것이다. 국내 가자미의 20~30%, 용가자미의 70~80%가 울산에서 잡힌다. 방어진항에서는 보통 큰 저인망 어선 20여 척이 잡는데 박스에 담아 수협에서 선어 상태로 경매를 한다. 방어진 위판액 중 50% 정도가 용가자미로 작년 한 해 140억 원을 넘겼다. 이 상품들이 전국에 유통되어 국민생선이 되는 것이다. 작은 배로 소규모로 잡은 횟감용 용가자미, 줄가자미 활어는 횟집에 비싼 가격으로 공급된다. 현장의 이야기를 들어 보면 울산에서 연간 생산되는 가자미를 합하면 연간 300~400억 원에 달할 거라고 한다.

가자미는 국민생선이다. 시인 백석(1912~1996)은 나타샤만을 사랑한 것이 아니었다. 평안도 정주 출신인 그는 시 「선우사(膳友辭)」와 수필에서 매끼 흰밥에 고추장, 가재미 반찬을 먹으면 누구 하나 부럽지 않다고 예찬했다. 대동강 앞바다에서 잡힌 그가 사랑한 가재미는 무슨 종이었을까? 방송인 백종원은 용가자미가 요리할 때 냄새가 나지 않고 가격 대비 맛과 영양이 매우 풍부하다며 극찬하고 있다. 올봄 『바다 인문학』을 펴낸 김준은 현지에서 먹은 가자미구이가 자신의 인생안주라고 소개했다. 회나 구이로는 용가자미가 물가자미(미주구리)보다는 여러 면에서 격이 높다. 다만 강원도와 경북에서 김치 담그듯 하는 가자미 식해(食醢)는 물가자미가 제격이란다. 또 쑥국에는 도다리가 원조이다. 좌광우도(左廣右鮴)에 나오는 그 도다리인데, 사실 남해 문치가자미를 말하는 것이라고 한다. 미식가들은 이시(石)가리를 많이 찾는데, 큐빅이 등에 줄줄이 박혀 있는 줄가자미이다. 더 깊고 깔끔한 해저 암반에서 어렵게 잡고 귀하기 때문에 몇 배로 비싸다. 그래도 초심자들은 용가자미 회 맛과 구별하기 어려운 편이다. 유튜버 '입질의 추억'에 따르면 범가자미는 알아보는 사람이 드물 정도로 귀한데 평생 한 번이라도 먹어 본 사람이 드물지 싶다.

지금 세계 수산물 생산량 1위는 중국이다. 연간 일본이나 한반도의 20배인 8~9천만 톤에 달한다. 중국이 인해전술을 펴는 데 비해 한국과 일본은 배를 탈 사람도 없어 외국인 선원에 의존하는 형편이다. 그래서 양식에 심혈을 기울이고 있다. 반면 일인당 소비는 한국이 1등이다. 우리 생선으로 모자라 수입을 하는데 노르웨이 연어와 고등어에 수천억 원을 들인다. 수산물 전체 수입액이 수출액보다 두 배에 달하며 매년 수조원의 적자를 기록하고 있다. 게다가 국산과 구별이 쉽지 않은 다양한 종류의 가자미까지 수입한다. 우리 용가자미를 더 많이 소비하자. 어식백세(魚食百歲), 접식백세(鰈食百歲)를 누려 보자. 방어진항에는 골라 담을 수 있는 활어센터가 있고, 조리법을 고를 수 있는 횟집들이 즐비하다. 공동어시장에서는 반 건조된 가자미를 골라 담아 택배로 보낼 수 있다. 벚꽃이 져 버렸다. 장마가 오기 전에 가야 한다.

부상효채 동대삼객(扶桑曉彩 東臺三客)
(울산매일, 2022. 4. 26.)

　마골산 일출 관일대(觀日臺)를 동축사 동대(東臺)라고 한다. 어디 일출뿐인가? 옛적에 동대 바로 아래로는 마성에서 말이 달렸고 멀리 만경창파는 낙화암과 미포 명사십리, 어풍대와 일산해변을 빚어 댔다. 그래서 시인묵객들은 동대를 어풍대와 함께 가장 즐겨 찾았다. 지금도 세계 최대 조선소, 한국 최대 가자미바다(鰈海)를 굽어보기에 이만한 곳이 없다. 조선후기 남목 감목관과 목자(牧子)들은 부처님에게 말들을 잘 지켜 달라는 축원을 공식적으로 올리기도 했다. 동축사는 규모는 아담하지만 진흥왕 때인 573년 인도 아육왕(阿育王)이 보낸 부처상과 보살상을 모시기 위해 건립된 울산 최초의 사찰이라는 설이 널리 알려져 있다.

　동대에는 섬암(蟾巖, 두꺼비바위)이 앉아 있는데 오른쪽에는 '扶桑曉彩(부상효채)'라는 암각이, 왼쪽에는 '元有永(원유영)'이란 이름이 새겨져 있다. 어풍대나 낙화암이란 말은 다른 지역에서도 보이는데, 이 부상효채라는 문구는 좀체 찾아볼 수 없는 찬사이다. 일출과 관련해 '간절욱조조반도(艮絶旭肇早半島)'라는 말보다 더 유래가 깊다. 그렇다면 이 표현은 어디에서 왔을까? 피상적으로 보면 중국 신화와 전설에 나오는 동쪽의 땅끝(扶桑)에서 바라보는 찬란한 일출(曉彩)을 표현했다고 볼 수 있다. 그런데 1827년 감목관으로 왔던 원유영은 어떻게 그토록 자신 있게 이 글을 새겨 넣을 생각을 했을까? 경상도관찰사나 경상좌병마사, 울산부사도 선뜻 용기를 내지 않았고, 큰 유학자나 선승들도 손을 대지 않은 바위인데 말이다. 예전이나 지금이나 모든 일에는 내용과 함께 명분이 중요하다. 분명 네 글자를 새기려면 당시 고을에서 가장 학식이 높았던 사람과 동축사 주지 스님의 허락이 있었을 것이다. 원유영은 어떻게 그 모두의 승인 또는 묵인을 받아 내었을까? 한시집(송수환, 『태화강에 배 띄우고』)을 통해 그 수수께끼를 풀기 위해 더듬다 보면 이곳을 앞서 찾은 두 명의 시인이자 관리들이 눈에 띈다. 바로 홍세태 감목관, 권상일 부사이다.

홍세태(洪世泰, 1653~1725)는 1719~1721년 울산감목관을 지내며 많은 시와 글을 남겼다. 그의 글들은 1731년 발행된 『유하집(柳下集)』에 실려 전하는데 여기에는 동대와 동축사를 주제로 한 수 편의 한시가 포함되어 있다. 한편 권상일(權相一, 1679~1759)은 1734~1738년 울산부사를 지냈다. 울산을 떠난 후에도 지역 유학자들이 초안한 『학성지』를 감수하고 서문을 썼으며, 일기인 『청대일기』와 문집인 『청대집』을 남겼다. 권세, 학문, 덕망, 업적 등 여러 면을 보아 역대 울산 최고의 부사로 손꼽히는 권상일 부사도 위항문학의 대가로 소문이 나 있던 홍세태 감목관을 흠모한 듯하다. 그는 홍세태의 「동대」라는 한시에 담긴 운(韻)을 따라 「동대에 올라 일출을 보다(登東臺觀日出)」라는 시를 남겼다. 두 시는 운이 모두 臺, 回, 開, 來로 구성되었다. 이 시에서 권상일은 부상이라는 단어를 채택했으니, "부상의 신목(扶桑大樹)은 울창하기도 한지, 동쪽 하늘이 한꺼번에 밝아오누나"라는 구절이다. 이에 앞서 홍세태는 「동축사 누각(題東竺寺樓)」에서 "부상의 아침 해가 누각 동쪽에 떠올라(扶桑朝日寺樓東), 나를 붉게 비추누나"라고 하며, 직접 부상이라는 시어를 썼다. 그는 이 시를 포함해 여러 수에서 부상을 언급했다. 그렇다면 권상일은 동대에서 홍세태의 시에 담긴 형식, 주제, 시어를 계승한 것이다. 그리고 원유영은 앞선 두 거두의 시를 근거로 내세우며 섬암에 글자를 새길 수 있었을 것이다. 이렇게 보면 바위에 새겨진 '扶桑曉彩' 네 글자는 시대를 넘어 이 세 사람이 필담을 나눈 결과물이 아닌가 한다.

동대를 지나 북쪽으로 잠시 더 가면 노적봉이 나온다. 그곳에는 다른 큰 바위가 있고 그 위에는 글자 대신 조그마한 웅덩이가 하나 파여 있다. 해수관음보살을 대신하길 바라는 것인지 사람들은 관음정(觀音井)이라 부른다. 지금 동축사 동대 아래에서는 옥류천을 품은 남목이 새롭게 바뀌어 가고 있다. 마골산에는 갖가지 봄꽃들이 피고 지고 있다. 부처님 오신 날이 멀지 않았다.

풍류관광지승처 어풍대
(風流觀光之勝處 御風臺) 1(시문학)

어풍대를 찾아서

지금 우리가 울산에서 어풍대로 부르는 곳은 일산진 북쪽 고늘지역(약 8만 ㎡) 가운데에 있는 툭 튀어나온 바위언덕 일대(2천 ㎡)이다. 바로 옆에는 오래전에 들어선 중식당과 카페, 횟집과 라면집이 영업을 하고 있다. 동구문화원은 『동구문화 어풍대』 창간호(2004)에서 '御風臺(어풍대)는 蘇軾(소식)의 赤壁賦(적벽부)에 나오는 詩句(시구)로, 여기서 어(御)는 "바람을 탄다(馭)"라는 뜻이다. 이 지역 일산진에서는 「고늘개」 또는 「고늘물탕」이라는 곳을 어풍대라 부르고 있으며, 울산읍지에 기록되어 있다'고 밝히고 있다. 그런데 옛 기록을 찾아보면 우리 조상들은 당시 태화강 하구나 일산진 남쪽 대왕암 등 여러 곳에 어풍대라는 이름을 붙이고 외부에도 널리 알리려 노력하였던 것 같다. 지금 고늘에 있는 돈대 자리는 19세기 중반부터 백성들 사이에서 어풍대로 불리어진 듯하다. 현재 주민들의 애정에도 불구하고 접근성이 많이 떨어져서 대왕암에 비해 대중적인 인지도가 그리 높지는 않다. 대왕암과 주변 바위언덕들은 울기등대와 함께 공원 속에 있어서 비교적 잘 보존되어 왔는데, 고늘의 어풍대도 유원지로 지정되어 있었던 덕분에 주변은 모두 개발되었지만 여태까지 자연경관이 잘 유지되고 있다. 낙화암과 홍상도, 옥류천과 명사십리가 산업화 과정에서 희생된 것을 생각하면 우리에게는 행운이 아닐 수 없다.

100년 전 방어진항에서 시작된 근대 어업과 어선 제조, 그리고 50년 전 미포만에서 시작된 대형 조선소 확장 속에서도 두 곳 모두를 흔들림 없이 지켜 낼 수 있었던 것은 그만큼 시민들의 애정이 남달랐기 때문일 것이다. 다행인지 불행인지 어풍대는 흙속의 진주처럼 묻힌 채로 보전되었다. 하지만 이대로 묻어 두기는 어려운 상황이다. 인근의 대왕암공원이 세계적인 명성을 얻게 되면서 어풍대 지역에도 개발 압력이 가해지고 있다. 어풍대의 미래는 어떤 모습일까? 중국과 다른 고장들에도 경쟁이 되는 유명한 어풍대들이 있다. 앞으로 우리가 어풍대를 제대로 가꾸기만 한다면 시대를 통틀어 가장 멋지고 아름다운 해변 전망대로 세계에 이름을 알릴 수 있지 않을까?

어풍대를 어떻게 가꾸어 갈까를 결정하기 이전에 우선 그 의미와 위치, 역사를 되짚어 봐야 할 것 같다. 지금까지 다양한 연구들이 나와 있는데, 이를 종합해 볼 필요가 있다. 우선 쉽게 구할 수 있는 문헌들을 살펴본 결과 기존 연구들의 입장과 대동소이하지만, 어풍대의 위치에 있어서는 이후 전문가의 추가적인 검증이 필요하다는 생각을 품게 되었다. 과거 울산을 방문한 중앙관리와 선비들이 이름을 붙인 어풍대 중 일부는 태화강 하구 언덕에서 삼산평야를 내려다보며 지은 것일 가능성을 배제할 수 없다고 본다. 한편 조선후기 위항시인이자 감목관이었던 홍세태가 동해 바닷가 어풍대에서 시를 지어 발표한 이후로 많은 시인묵객들의 발걸음과 찬사가 더욱 잦아진 것으로 나타난다. 아울러 이후 새로운 어풍대를 남목마성의 목자(牧子)들이나 해촌의 어민들이 일산진 남쪽과 북쪽에서 추가로 발견해 다른 명승들과 조화시켜 전설을 만들어 내고 또 팔경과 십이경에 넣어 널리 알려 나간 궤적을 확인할 수 있었다.

어풍대에 얽힌 인문학적 유래와 의미, 지리적인 위치와 형상은 매우 풍부하다. 그 내용들은 성격별로 출처가 다양하다. 문학작품은 송수환 박사가 2012년 정리한 울산경승 한시선집 『태화강에 배 띄우고』와 『선바위에 솟은 달은』, 지리지 기록은 울산문화원연합회가 종합한 2014년 『역주 울산지리지』, 일산과 어풍대의 전설은 향토사학자인 故 김석보 선생이 1979년 편찬한 『울산유사』에 잘 정리되어 있다. 그 밖에 2004년부터 동구문화원이 격년 발간하고 있는 『동구문화 어풍대』가 어풍대를 포함한 동구 지역 향토사 연구결과들을 계속 소개해 주고 있다. 중국의 어풍대는 당장은 인터넷을 통해 간단하게 엿볼 수밖에 없었고, 전국의 어풍대는 2008년 동구지역사연구소 이노우 연구위원이 『동구문화』의 「어풍대에 관한 고찰」에서 자세하게 소개해 주었다.

소요유(逍遙遊)와 빙허어풍(憑虛御風)

어풍대(御風臺 또는 馭風臺)라는 장소의 뜻은 무엇이며, 그 곳은 무엇을 하는 공간인가? 두루두루 살펴보면 신라 임금이 바람을 쐰 언덕이라느니, 신선이 바람을 부린 곳이라느니, 바람 부는 날 뱃놀이를 한 곳이라느니 등 기록과 해석이 분분하다. 하지만 결국 한가롭게 바람을 쐬며 주변의 경치를 바라보면 기분이 흡족해지는 좋은 전망 포인트라는 말이 쉬울 것 같다. 그 곳에 가면 욕심을 내려놓고 시름을 잊을 수 있고 바람이 시원하게 분다면 모든 걸 떨쳐 버리고 학을 타듯, 고래를 타듯 현실에서 벗어나고 싶은 생각이 드는 그런 곳 말이다.

『장자(莊子)』에 언급된 열자(列子)가 소요유(逍遙遊)하면서 그렇게 했다고 하는데, 사실 스트레스가 심한 현대인들에게 마음을 비우고 머리를 식힐 시간과 공간이 더 필요하다. 신선이 되기에 적합한 곳이 전망 좋고 바람 부는 언덕만은 아니다. 동파(東坡) 소식(蘇軾)은 『적벽부(赤壁賦)』에서 표현했듯이 뱃놀이를 하면서 허공에 의지해 바람을 탄 듯(憑虛御風), 날개가 돋아 신선이 되는(羽化登仙) 것 같은 경험을 했다고 한다.

〈장자 소요유편〉

열자는 바람을 타고 다니면서 시원하게 잘 놀다가, 15일이 지난 뒤 돌아왔다. 그는 부자가 되는 일에는 급급해했던 적이 없다.

夫列子御風而行, 冷然善也, 旬有五日而後反. 彼於致福者, 未數數然也.

〈적벽부〉

한 조각 작은 배를 가는 대로 맡겨서
한없이 드넓은 강물 아득한 데를 넘어가노라니,
하도 넓고 커서 허공에 의지하고 바람을 탄 듯

그 머무를 바를 모르는 듯하며,
두둥실 가벼이 떠올라 세상을 잊고 홀로 선 채,
날개가 돋아 신선이 되어 오르는 듯하다.

縱一葦之所如, 凌萬頃之茫然.
浩浩乎如憑虛御風, 而不知其所止.
飄飄乎如遺世獨立, 羽化而登仙.

한편 1871년 『영남읍지』에서 표현한 어풍대의 의미는 '풍류관광지승처(風流觀光之勝處)'이다. 어풍대에서 기분 좋게 바람을 탄다는 서정(敍情)적인 면에 더해, 장소 자체가 절경이라는 서경(敍景)적인 의미까지 넓혀 나갔다. 종합해 보면 어풍대란 한 시대 한 지역에서는 고유한 장소일 수 있어도, 동서고금을 막론하고 산에도 강에도 바다에도 붙일 수 있는 품격 있는 이름이었던 것이다.

조선 선비 문학 속의 어풍대

현재 동구의 경승지 중에 문사들이 가장 많이 찾아 경치를 즐기고 글을 남긴 곳이 마골산 동축사 인근 동대와 일산진의 어풍대이다. 어풍대의 경우 일부 선비들은 앞서 말한 열자와 소동파의 이야기를 자신에게 대입시키며 더욱 흥취에 젖었던 듯하다. 울산경승 한시선집(송수환, 2012)인 『태화강에 배 띄우고』, 『선바위에 솟은 달은』에 소개된 작품을 보며 하나하나 그 위치를 짐작해 보면 분명히 꼭 한 곳만으로 보기가 어렵다.

어풍대라는 울산의 지명을 처음 기록에 남긴 작품은 조선전기 중종 때 김안국(金安國, 1478~1543) 관찰사가 지은 「등어풍대(登御風臺)」라는 한시라고 알려져 있다. 그는 서문에서 어풍대가 최치원의 부산 해운대(海雲臺), 목은 이색의 영덕 관어대(觀魚臺)에 비길 만하다고 했다. 그런데 그 배경은 지금의 학성공원(과거 증성) 요산대(樂汕臺)일 가능성이 있다. 그렇지 않다면 "삼산이 눈앞에 펼쳐지고(隱約三山在眼前)"라는 구절이 해석이 되지 않는다. 대왕암 암초들과 민섬을 이루는 바위들을 삼산이라 하는 것은 뭔가 부족하다. 김안국의 작품 중 울산을 소재로 한 시는 태화루와 좌병영, 개운포와 어풍대 정도인데, 장기 체류하지 않는 관찰사 입장에서 보면 읍성에서 동해 바닷가를 들르기에는 당시로서는 먼 거리였고, 길목은 호랑이가 출몰하는 곳이었다.

한편 후일 이준민(李俊民, 1736~1799)이 「증성에 올라(登甑城)」라는 시에서 지금의 학성공원에서 바라보는 삼산을 기록했는데, 앞선 김안국의 시와 일맥상통하는 부분이 있다. 정유재란 당시 도산성전투(1597~1598) 전개과정에서 보듯이 당시 요산대 아래는 바다였다. 1928년 울산비행장이 생기기 전 삼산동에는 실제 세 개의 작은 산이 있었고, 여천천 하구 얕은 물에서는 두루미가 춤을 추었다. 학성공원에는 100여 년 전 추전 김홍조 선생이 세운 요산대 표지석이 아직 서 있다. 해운대와 너무 다르지 않느냐고 할 수 있지만, 울산 관어대도 동해 바닷가가 아니라 내오산(內鰲山)에 있었다. 지금의 태화강국가정원 만회정이 있는 곳이다. 다만 삼산을 당시는 외오산이라 했기 때문에 시에서 말하는 삼산을 중국 도교에서 말하는 신선이 사는 삼산(봉래산·방장산·영주산)을 말한다고 새길 여지가 있다.

〈어풍대에 올라(登御風臺)〉
* 김안국, 경상도관찰사, 모재선생집(慕齋先生集)

어풍대는 울산 바닷가에 있는데, 남쪽 최고운의 해운대, 북쪽 이목은의 관어대와 함께 경승을 겨루어 고금에 유람하는 자가 많았다. 그런데도 이름이 없으니 어찌 크게 잘못된 일이 아니겠는가. 이에 이름하여 어풍대라 하니 감히 최고운, 이목은과 비교하려는 것은 아니고, 그 뜻에 따를 뿐이다.

삼산은 어렴풋이 눈앞에 펼쳐 있고,
신선들 피리 소리 구름 가에 내리는 듯.
시원스레 긴 바람 타고 훌쩍 날아가,
인간만사 헌신짝처럼 벗어 던지고 싶어라.

臺在蔚山海邊, 南則崔孤雲海雲臺, 北則李牧隱觀魚臺, 景勝相甲乙,
古今遊賞者多矣. 迨無名稱, 豈非一大欠事, 因名之曰御風臺.
非敢自擬於牧老崔仙也, 聊寄意耳.
隱約三山在眼前, 鸞簫髣髴下雲邊.
泠然欲御長風去, 脫屣人間萬事捐.

〈증성에 올라(登甑城)〉
* 이준민, 학고유집(鶴皐遺集)

봉황대에 오르지 않아도,
이수 삼산이 눈앞에 밝아오네.
들녘은 차가운 달빛과 어울려 하얗고,
태화강 물빛은 새벽 안개 속에 푸르네.
매화는 봄 오는 줄 먼저 알고,
봄 기운은 땅 아래서 솟아오르네.

태평성세 유람이 진정 즐거운 일이라,
서산에 지는 해가 동산에 비치는 줄 몰랐네.

不須去上鳳凰臺, 二水三山一眼明.
野色共將寒月白, 江光曉與遠烟靑.
梅心已覺天機動, 陽氣還從地底盈.
聖世優遊眞樂事, 不知西日在東屛.

인조 때 울산부사(1643~1648)를 지낸 도신수(1598~1651) 선생도 어풍대를 노래했는데, 눈앞에 청산이 있고, 지는 햇살이 좋았다는 것으로 보아 김안국 관찰사가 섰던 곳과 같은 곳일 수 있다. 예나 지금이나 저녁노을은 동해보다 태화강이 멋스럽지 않은가?

〈제어풍대(題御風臺)〉
* 도신수, 울산부사, 지암선생문집(止巖先生文集)

비 지난 청산 봉우리에,
백로 깃털 같은 안개 피어나고,
긴 바람이 거센 파도 몰아오니,
지는 햇살이 고깃배에 쏟아지네.

雨過靑山頭, 烟生白鷺羽.
長風驅盛浪, 落日打漁舟.

경종 때 울산감목관을 지낸 홍세태(1654~1725)는 중인이었고 평생 궁핍하게 지냈다. 관리이기 이전에 여항문학에 뛰어난 수재였는데, 그런 그가 남긴 많은 시와 글들 중에 울산 어풍대가 있다. 그가 올라 보고 노래했던 어풍대는 확실히 동해 바닷가인데, 지금의 고늘에 있는 어풍대가 아니라 우리가 대왕암이라고 부르는 곳 근처로 보인다. 그는 「어풍대(馭風臺)」에서 "바위는 물결 속에 반이나 꽂혀 있고, 소나무는 만 리 바람을 안고 서 있네(石欹半插千重浪, 松短偏當萬里風)"라고 노래했다. 이 표현을 보면 확실히 지금의 대왕암변 바위 절벽 일대를 묘사한 것이다. 같은 음과 비슷한 훈이지만 『장자』에서 쓴 '御'가 아니라 '馭'를 붙였는데, 아마도 자신이 말을 기르는 감목관이라서 馭를 선호했다고 보인다.

〈어풍대(馭風臺)〉
* 홍세태, 울산 감목관, 유하집(柳下集)

동으로는 드넓은 저 바다,
뗏목 타고서도 더 나아갈 수 없구나.
다만 돋는 해를 볼 뿐인데,
울릉도에 간 사람도 있다고들 하는구나.
바위는 물결 속에 반이나 꽂혀 있고,
소나무는 만 리 바람을 안고 서 있네.
신선 행차에 바람과 구름을 기다려야 한다니,
나는 앉아서 천지원기나 맞아야겠네.

此臺之外地無東, 縱得乘槎亦莫窮.
但見日生暘谷裏, 或聞人到鬱陵中.
石欹半插千重浪, 松短偏當萬里風.
笑爾列仙行有待, 坐來吾已接鴻濛.

홍세태 이후 어풍대를 묘사한 더 많은 작품들이 보인다. 다만 홍세태의 어풍대(馭風臺)가 아니라 다시 김안국과 같은 어풍대(御風臺)로 표기했다. 주로 울산과 경주에 거주하던 문사들로서 이양오(李養吾, 1737~1811), 이정익(李鼎益, 1753~1826), 윤병이(尹秉頤, 1775~1843), 이정화(李鼎和, 1811~1860), 조학식(趙鶴植, 1833~1903), 박용진(朴墉鎭, 1902~1988) 등이 작품을 남겼다. 이양오의 경우 당시 전강(錢江)이라고 했던 지금의 회야강(回夜江)에서 열자와 소동파의 바람 쐬기를 따라 하기도 했다.

〈유은모군과 함께 대왕암에 올라 바다를 바라보다
(與柳君殷模觀海登大王岩)〉
　* 이양오, 반계집(磻溪集)

넓은 바다 서쪽 언덕 대왕암에,
누가 열자가 탈 날렵한 말을 보냈나.
포구 저편 산에는 조각구름 날리고,
낙화, 방초에는 손님들이 짝지어 모였네.
풍광이 좋아서 반석 위에 노니니,
잠시 머물러도 해미 좋은 줄 알겠네.
포용하는 바다는 얼마나 넓은가,
장쾌하게 노닐면서 동남쪽을 다 보았네.

남옥 산천이 바닷가에 열려 있고,
대왕암 풍경은 어풍대를 압도하네.
깊고 깊은 동굴에선 비룡이 나오고,
솟고 솟은 기암은 만물상으로 펼쳐졌네.

가랑비 내리니 나그네는 방초 헤쳐 지나가고,
석양에 돛배는 파도 거느리고 돌아오네.
경승지 가는 곳마다 시(詩) 빚은 남아 있어,
어부 집에서 막걸리잔 기울이네.

大洋西畔大王巖, 誰送飄飄禦寇驂.
隔浦亂山雲片片, 落花芳草客三三.
盤遊只爲風光好, 暫住猶知海味甘.
納納滄溟寬幾許, 壯觀今日盡東南.

南玉山川傍海開, 大王巖壓御風臺.
深深洞穴飛龍出, 立立奇巖物象排.
細雨客穿芳草去, 夕陽帆帶浪花來.
每逢佳處餘詩債, 漁戶因傾獨酒盃.

〈임술년 칠월 기망일 전강 뱃놀이(壬戌七月旣望遊錢江)〉

* 이양오, 반계집(磻溪集)

가을날 적벽에서 상쾌하게 배 타고,
동파 영감 노니신 지 칠백 년이 흘렀네.
임술년 칠월 기망을 오늘에 만났으니,
산천이 다르다고 말할 것이 무엇이냐.
술독에는 맛나는 술 가득 차 있는데,
구름이 달 가리니 안타깝기만 하구나.
적벽부 두 편 읽어 감흥이 일어나니,
하룻밤 유람이 하늘에 달려 있네.

늙은이 젊은이 함께 노니는 돈대에서,

갈대밭 맴도는 갈매기를 바라보노라.
바람을 마주하여 '빙허(憑虛)' 구절 노래하며,
거른 술 다시 부어 술잔을 씻어 내네.
천추의 악인(樂人)들은 어디로 떠나셨나,
옛날 시인들은 오늘 밤에도 오지 않네.
중류에서 노 두드리며 밝은 달을 부르니,
바다 위 구름은 아직도 개이지 않았네.

큰 강에 비 내려 돛배 가볍게 떠가니,
드넓은 중류에서 뱃노래 들리네.
하지장(賀知章)이 말 탄 듯 유쾌하기도 하고,
열자(列子)가 바람 탄 듯 가볍게 떠가네.
물결 사이로 흰 새가 춤추며 날아가고,
언덕 위에는 푸른 산이 차례로 마중하네.
이 강은 흘러서 동해에 닿으리니,
오늘 밤에는 삼신산에 갔으면 좋겠네.

淸秋赤壁快登船, 坡老風流七百年.
適値古今同歲月, 何論彼此異山川.
非無美盈罇酒綠, 可惜陰雲翳月圓.
二賦讀來還有感, 一宵遊賞亦關天.

老少同海水上臺, 坐看蘆渚白鷗廻.
臨風浩唱憑虛句, 釃酒仍傾滌污杯.
簫客千秋何處去, 故人今夜不期來.
中流叩枻招明月, 海上頑雲苦未開.

大江疎雨一帆輕, 浩浩中流欸乃聲.

快愈知章騎馬去, 飄如列子御風行.
波間白鳥蹁躚過, 岸上靑山次第迎.
此水應知通渤海, 淸宵直欲到蓬瀛.

〈어풍대(御風臺)〉
* 이정익, 감화집(甘華集)

조물주가 뜻이 있어 이 경치를 만들었으니,
수레 끄는 말들이 강남땅을 오고 가네.
한나라 신하가 뗏목 탄 은하 뱃길이 가깝고,
노중련의 밝은 달이 파도에 일렁이네.
나라 사람들이 왜인이 설친다 말해도,
장사들 술잔에 북두칠성 기울어 가네.
허공을 타고서 노자 선학(仙學) 배우려니,
만 리 긴 바람이 어풍대에 불어오네.

天公有意勝區開, 車馬江南往復來.
漢客浮槎河路近, 魯連明月夜濤廻.
東人每說島夷蠢, 北斗須傾將士杯.
老子憑虛仙欲學, 長風萬里一高臺.

〈어풍대 시 운을 따라(次御風臺韻)〉
* 윤병이, 국괴연방집(菊槐聯芳集)

고둥껍질 쌓여서 언덕이 되었고,
만 리 바람은 조수 타고 밀려오네.
산자락은 꾸불꾸불 호방하게 내달리고,
바위에 부딪힌 파도는 다시 휘돌아 나가네.

아득한 수평선에 하늘이 닿았으니,
호탕하게 가슴 열고 석 잔 술을 마시네.
어풍대 풍경일랑 자랑하지 마시게,
지난 가을에 나도 여기에 올랐으니

螺殼堆成阧岸開, 長風萬里捲潮來.
透迤連麓仍奔放, 突兀衝波更轉回.
眼界迷茫天一色, 胸襟浩蕩酒三杯.
箇中風物休相詑, 吾亦前秋上此臺.

〈어풍대에 올라(登御風臺)〉
　　* 이정화, 오산문집(五汕文集)

지난해에 어풍대에서 바다 구경했더니,
오늘 또 여기서 산수유람 하누나.
너는 크고 나는 작아 높이가 다르지만,
허공 타고 오가는 건 마찬가지네.

往年觀海御風廻, 今日遊山又此臺.
雖有高低殊彼此, 憑虛均是故徘徊.

〈어풍대에서 염포로 내려가다(自風臺下鹽浦)〉
　　* 조학식, 학소유집(鶴素遺集)

다리 곁에 늘어진 버들가지 의젓하여,
이월 달 강남 손님은 돌아가지 못했네.
외로운 바닷가 역(驛)에 친구 따라 잠자고,
어풍대에서 노 저으니 신선 끼고 나는 듯.

복어가 물결 불어 붉은 빛깔 넘쳐 나고,
목장 말은 언덕에서 풀 먹어 살이 찌네.
막대기에 매단 돈을 벌써 다 썼으니,
술집에서 봄옷 잡힌들 무엇이 아까우랴.

鬙鬆橋柳正依依, 二月江南客未歸.
水驛孤燈隨友宿, 風坮一棹挾仙飛.
河豚吹浪紅漚漲, 牧馬騰原錄○肥.
杖末懸錢今用盡, 春壚何惜典新依.

〈어풍대(御風臺)〉
  * 박용진, 창릉선생문집(蒼菱先生文集)

굳센 고래 기상이 바람을 빨아들여,
만 리 바다 끝이 없고 풍경은 텅 비었네.
신선들 떠나신 후 천 년 세월 흘렀고,
이 몸은 신기루 안에서 헛되이 늙어 가네.

剛椎鯨骨吸長風 萬里無涯萬象空.
千載列仙歸法後, 吾生虛老蜃樓中.

풍류관광지승처 어풍대
(風流觀光之勝處 御風臺) 2(지리지)

지리지에 기록된 어풍대

조선후기 지리지와 고지도에서는 현재의 대왕암 일대를 어풍대라고 적으며 동면에 존재했음을 공식적으로 밝히고 있다. 1749년 『학성지』, 1786년 『울산부여지도신편읍지』, 1832년 『경상도읍지』, 1871년 『영남읍지』, 1899년 『울산군읍지』에서 모두 일치되어 있다. 미루어 짐작해 보면 홍세태 감목관이 어풍대에 들른 시점을 전후해서 대왕암 일대가 어풍대로 불렸을 것이다. 김안국은 홍세태보다 200년 가까이 일찍 울산에 들렀는데, 어풍대가 나오는 당시의 지리지나 고지도는 없다. 반면 홍세태의 『유하집』이 1731년 발간되었는데, 권상일 부사가 이것을 읽었다. 1734년 부임 이후 홍세태의 「동대(東臺)」라는 한시에 차운을 해서 「등동대관일출(登東臺觀日出)」을 지었기 때문에 확실하다. 아쉽게도 홍세태의 「어풍대」 시를 차운한 시는 없는 듯한데, 권부사가 최종 감수한 『학성지』에는 어풍대 기록을 남겨 두었다.

『학성지』, 『울산부여지도신편읍지』는 어풍대 아래 석혈(石穴)이 있었다고 기록하고 있어 어풍대가 지금의 대왕암 부근임을 말하고 있다. 대왕암을 조선후기에는 용추암(龍湫巖), 대양암(大洋巖), 대왕암(大王岩) 등 여러 가지로 불렀다. 우리말로는 댕바위라고 했다.『학성지』에서는 어풍대와 함께 근처에 있는 파련암(波連岩)을 자웅을 겨루는 경승으로 기록했다. 여기(女妓)가 여기서 죽었다고 되어 있어 파련암이 낙화암을 말하는 듯한데, 여기에도 1리(400m) 거리에 청룡굴(靑龍窟)이 있었다고 한다. 실제 과거 미포의 낙화암부터 현재 대왕암공원 용굴까지는 직선거리만 해도 2km가 넘는다.

〈학성지〉
* 울산문화원연합회, 2014년 역주 울산지리지 Ⅰ

어풍대는 목성 안의 일산포에 있다. 작은 언덕이 바다에 닿아 있어서 안계가 환히 트이는데 오륙십 명이 앉을 수 있다. (돈대의 명명이 어느 시대부터 시작되었는가? 대개 열자의 영연이라는 뜻을 취한 것이다.) 돈대의 북쪽은 뭍에 이어지고 돈대의 남쪽은 물로 나뉘어져 있다. 돌산에는 구멍이 뚫려서 북쪽을 향하고 있어서 배를 감출 수 있는 곳이다.

파련암은 어풍대의 동북쪽 6, 7리에 있는데 곧 감목관이 사는 곳이다. 물이 드나드는 곳을 막은 곳은 갑자기 바닷속으로 들어가는데 위쪽은 평탄한 기슭에 쌓인 돌이 기이함으로 경치가 어풍대보다 빼어나지만 바다를 바라보는 널찍한 맛은 아마 거기에 미치지 못할 것이다. 동쪽 1리쯤에는 석굴이 있어서 배를 타고 들어갈 수 있지만 돌리기는 어려운데 이름은 청룡굴이다.

御風臺. 在牧城內日傘浦, 小丘臨海, 眼界通豁, 可坐五六十人. (臺之命名 始自何代 而盖取列子泠然之意也) 臺北連陸, 臺南隔水. 石山開穴向北 有可藏舟處.

波連岩. 在御風臺東北六七里, 乃監牧官所居. 水口開鎖之處, 陡入海中. 上成平麓, 矗石奇致. 勝於御風, 而望洋寬廣殆不及焉. 東去一里許 有石窟 乘舟可入難旋 名曰靑龍庵.

〈울산부여지도신편읍지〉
* 울산문화원연합회, 2014년 역주 울산지리지 Ⅱ

어풍대는 동면 일산진에 있다. 작은 언덕이 바다에 닿아 있는데, 시계가 확 트여서 올라 보면 마치 바람이 양 겨드랑이에 생기는 듯하기 때문에 붙여진 이름이다. 아래에 동굴이 있는데 매우 기이하다.

御風臺. 在東面日傘津, 小丘臨海, 眼界通豁, 而登臨悅若風生兩腋故名. 下有石穴絕奇.

굴의 위치만 보면 파련암이 현재의 민섬(또는 선암)을 말하는 것으로 비춰질 수도 있다. 미포만의 자연지형이 남아 있지 않은 가운데, 지리지의 위치나 주변 지형 설명들이 언뜻 이해가 가지 않아 어풍대 위치를 짐작하는 데 혼란을 가중시키는 부분이다.

그러나 2020년 민긍기가 펴낸 『울산의 지명』에서는 파련암과 여기암, 낙화암은 같은 곳이라고 하고 있다. 동의할 수밖에 없다. 사실 민섬은 섬이라 가기도 힘들지만 배를 타고 간다고 해도 가무를 즐기기에는 너무 좁고 거친 곳이다. 반대로 낙화암의 아름다움은 아직도 전해지고 있다. 조선후기의 시들이 새겨진 실물이 전하고, 조선소가 세워지기 전 낙화암을 배경으로 찍은 추억 어린 사진들이 남아 있다. 낙화암 꼭대기에 해당하는 쌍바위는 진가를 알아본 수호자들의 안목 덕분에 여러 고초를 겪긴 했지만 지금은 대왕암공원 입구로 옮겨져 누구나 볼 수 있다. 그렇다면 『학성지』에 나오는 파련암, 즉 낙화암 근처에도 기록대로 석굴이 있었을까?

〈낙화암 암각시〉

* 울산동구문화원(장세동), 방어진유사(2018년)

꽃은 옛날 어느 해에 졌다가,
봄바람이 불면 다시 피어나는가?
봄은 와도 그 사람 보이지 않고,
푸른 하늘 달빛만 덧없이 서성거리네.
원유영, 1829년

花落昔何年, 東風吹又發.
岩春不見人, 空佇滄溟月.
元有永
道光己丑純祖二九年 乙丑 李朝 二三代王
(위 구절은 故 이만우 씨의 필사본에만 유일하다)

새벽녘에 구름이 짙게 끼더니,
문득 붉은 해가 바위 앞에 뜨네.
인간세상을 향하여 비추니,
맑은 봄기운이 만 리 하늘에 퍼지네.
원유영
장응윤, 김동래, 장재한, 김규칠이 다시 새기다.

曉來雲氣重, 紅月忽岩前.

照向人間去, 春晴萬里天.
元有永
重刻 張應潤 金東來 張再翰 金圭七
(위 구절은 낙화암 쌍바위에 새겨져 있다.)

1871년 『영남읍지』 「울산목장목지(蔚山牧場牧誌)」에서는 파련암 대신에 용추암을 추가로 설명하며 어풍대와 명확하게 구분했다. 둘 다 일산진과의 경계이며 남목 관아로부터 남쪽으로 어풍대는 15리, 용추암은 20리로 기록했다. 어풍대를 고늘로 보고, 용추암을 대왕암으로 보면 거리 계산이 얼추 일치한다. 이 기록이 새로운 어풍대를 지금의 고늘로 다시 인식하게 된 후 처음 확인한 공식자료일 수 있다. 결국 홍세태가 대왕암을 어풍대라고 한 이후 150년이 다시 지나면서부터이다. 다만, 고지도 모두에 용추암 이름은 없이 어풍대만 표시를 해 두고 있어서 혼란을 남긴 것이 아쉽다.

〈영남읍지 울산목장목지〉
* 울산문화원연합회, 2014년 역주 울산지리지 II

어풍대는 관기 남쪽 15리에 있다. 일산진과의 경계이다. 곧 풍류를 즐기고 풍광을 보는 경치 좋은 곳이다.
용추암은 관기 남쪽 20리쯤에 있는 대양암이다. 일산진과의 경계이며 큰 바다 가운데 있다.

御風臺. 在官基南十五里, 日山津界, 卽風流觀光之勝處.
龍湫巖. 在官基南二十里許, 大洋巖, 日山津界, 大海中.

어풍대 이름을 원래의 자리에서 다른 곳으로 옮긴 이유는 명확하지 않지만 이해가 가는 부분이 있다. 전설을 생각해도 용은 비를 타고 승천하는 것이므로 청룡굴과 용추암이란 명칭은 바람을 타는 어풍대란 말과는 양립하기 어렵다. 『장자』에 충실하더라도 진인(眞人)이 용을 탈 듯한, 가칭 어룡대(御龍臺)는 선인(仙人)이 감당할 수 있는 어풍대와는 격이 달라야 한다. 그렇다면 150년 전 사람들이 당초의 어풍대 이름을 인근 장소에 물려주고 더 의미 있는 곳에는 더 높고 품격 있는 이름을 붙여 주었다고 해서 이상하게 생각할 일은 아닌 것이다.

지명사를 통해서는 어풍대 위치를 파악하기가 쉽지 않다. 1986년 이유수 선생이 펴낸 『울산지명사』에서는 어풍대를 "일산진에서 동쪽으로 돌출한 고늘산에 있었다"라고 아주 간단하게 적고 있다. 그런데 고늘을 곶(串)이 변한 말이라 하는데, 일산 남과 북 모두에 곶이 있어 어느 곳을 말하는지 명확치 않다.

한편 동구문화원이 펴낸 『별빛에 비친 방어진목장』(2017) 등 여러 자료를 보면 향토사학자들(장세동·이정한 등) 모두 과거의 여러 어풍대와 지금의 어풍대는 위치가 변천되어 왔다는 의견을 일관되게 제시하고 있다. 대부분 지리지와 고지도의 기록을 근거로 들고 있다. 다만 김안국 관찰사, 심원열 부사 등이 꼽은 어풍대의 위치가 동면이 아닌 태화강 유역일 수도 있다는 가설에 대해서는 언급이 되지 않고 있다. 앞으로 향토사학계에서 진지하게 검토해 볼 필요가 있다고 본다.

설화 속의 어풍대

어풍대가 중국 열자의 고사에서 비롯되었다는 지리지의 기록과 별개로 신라왕유설(新羅王遊說), 즉 고대 신라왕들이 유람을 위해 행차하던 곳이라는 이야기가 전한다. 어진(御眞), 어사(御史) 등 임금을 경칭하던 말에 '어(御)'가 있어서일지도 모른다.

공식적인 지리지는 아니지만 1979년 향토사학자 김석보가 저술한 『울산유사』 「명승편(名勝篇)」에 일산진과 어풍대 전설이 자세히 소개되어 있다. 송수환 교수는 이 기록이 일산항의 북쪽 현재 고늘에 있는 곳을 어풍대라고 직접 언급하는 첫 기록이라고 기억하고 있다. 이 기록은 고려와 조선시대 이야기는 없고 순수하게 통일신라 임금의 행차 설화만 전하고 있다. 풍년이 들었을 때 신라 임금이 어풍대를 찾았고, 백사장에 일산(日傘)을 펴고 여기암(女妓巖)을 오가며 연회를 즐긴 설화가 있다는 것이다.

그런데 기녀들과 연회를 즐길 수 있는 공간은 현재의 민섬 또는 선암(蟬巖)이라기보다 지금은 없어진 미포해변의 낙화암이다. 낙화암의 설화에도 조선시대 울산부사 또는 좌병마사가 기녀들과 낙화암에서 연회를 가졌는데, 고의 또는 실수로 그만 기녀 한 명이 죽었다는 비슷한 이야기가 전하고 있다. 임금이 방문한 해변이 미포해변인지, 일산해변인지 혼동은 있을 수 있다. 하지만 이곳저곳 모두 그런 일련의 일이 실제로 벌어질 수 있을 만큼 빼어난 관광지였음은 두말할 필요가 없다.

하지만 아쉽게도 『울산유사』의 어풍대 기록에는 『학성지』나 『영남읍지』 등의 지리지, 김안국과 홍세태 등 조선 선비들의 한시를 확인하고 언급한 내용은 보이지 않는다. 그런 기록들은 70년대에는 발굴·번역·보급되지 못한 상황이었다.

〈울산유사: 일산진과 어풍대〉
* 김석보, 울산유사 p320~323

> 울산시 일산동 항구의 북쪽으로 쭉 뻗은 반도 끝에 어풍대가 있다. …일산진의 남쪽으로 쭉 뻗은 반도가 울기등대로서 여기엔 약 五〇여년생의 울창한 해송림이 우거져서 여기가 울산 유일의 시민 유락지로 되어 있다. …신라임금이 여름철만 되면 찾는 곳이 바로 이곳 어풍대였단다. 그래서 이곳을 이름하여 어풍대란다. …백사장에서 행렬이 멈추고 임금이 먼저 자리를 잡았다. 시녀들은 서둘러 청룡 황룡으로 수놓은 화문석을 깔고 일산을 모래에 꽂아 햇빛을 가린다. …술렁술렁 뱃놀이가 흥취를 돋구다가 가무하는 관기들이 여기암(女妓巖)에 오른다. …지금도 화진(花津)이라는 마을이 있다. 꽃나루라는 뜻이다. 여기에 있는 들판을 "고늘"들이라 한다. 이 "고늘"이란 꽃나루들의 준말로 그 어휘가 변천한 것이다.

『울산유사』 이후 향토사에 대한 다양한 접근이 이루어졌다. 먼저 지명사 분석이다. 이유수 『울산지명사』에서는 신라왕이 여행을 왔다는 신라왕유설을 지명들이 와전되면서 생겨났을 거라 추측하였다. 즉 곶(고늘)이 꽃, 다시 화진(花津)으로 와전되고, 내(川)라는 뜻인 나리가 일(日)로 가차되어 냇가마을이 일산(日山)이 되었다는 것이다. 이로서 花와 日이 조합되어 신라왕의 행차가 꽃으로 장식되고, 해변에서는 일산(日傘)을 폈다는 이야기가 생겼다는 것이다.

지리지를 기록한 조선의 선비들은 신라 설화 부분은 언급하지 않았다. 대신 어풍대의 유래가 열자(列子)라고 꼭 집어 기록하고 있는 것을 보면 당시에는 그런 설화가 없었든지, 아니면 사실이라고 보지 않았던 듯하다. 실제는 어떠했을까?

동구에는 동축사라는 신라시대 울산 최초의 사찰이 있고 이후에도 월봉사가 생겼다. 『삼국유사』에 따르면 헌강왕이 울산에 와서 처용을 만나고 망해사를 지었다는 이야기는 다들 알고 있다. 그렇듯이 불교 국가였던 신라 하대에 들어서는 뜻이 깊거나 규모가 큰 절이 생겼는데 왕이 행차를 하지 않았을 리가 없다. 이동이 번거로웠던 왕은 몰라도 미래의 왕이나 왕실 사람들, 화랑들은 자유롭게 사찰이나 경승지들을 돌아보았을 것이다. 시기는 앞서지만 천전리암각화가 그런 사실의 기록이다. 그렇다면 순금산에 오르면 훤히 보이는 염포산을 왜 넘어가 보려 하지 않았겠는가? 경주에서 멀리 떨어진 태종대도 아니고 방어진 해변은 한나절 거리이다. 신라왕이나 왕족이 피서를 왔다고 해서 이상할 것이 없으며, 오히려 자연경관을 감안하면 오지 않는 것이 이상한 일이다.

고려시대에 들어서는 개경에서 워낙 거리가 멀어 기껏해야 성종이 다녀갔다는 기록이 있을 뿐이다. 하지만 고려는 신라보다 더 불교에 심취한 사회였으니 왕족 중에 동축사와 월봉사를 다녀간 인사들이 있었을 것이다. 그때는 천내~남목(주전)봉수대가 갖춰져 봉수대에서 본 멋들어진 동해 풍광이 도성에까지 소문이 났을 것이다. 그리고 방어진(防禦鎭)의 지방관들을 감찰하러 온 국왕의 사신 즉 어사(御史, 御使)들도 종종 들렀을 것이다.

 그렇게 왕이나 왕족, 어사들이 소풍을 다녀가는 것을 본 사람들이 후대에 "왕들과 신하, 그리고 어사들이 동해 바람을 쐬며 풍경을 즐긴 가장 멋진 자리가 저곳이다" 한 것을 유학을 배운 선비들이 중국의 고사를 들어 열자의 어풍대라고 기록한 것이 아닐까? 천전리암각화에 새겨진 신라시대 기록처럼 대왕암이나 어풍대에 신라와 고려시대 암각 기록을 찾아볼 수 없는 것이 참 아쉽다. 관일대와 낙화암의 암각은 조선 말기에 와서야 새겨졌다.

 한편 조선시대 한시를 통해 보면 설화의 근거가 더욱 명확해진다. 예를 들어 낙화암에서 좌병사와 술을 마시던 기녀가 죽었다는 설화가 있는데, 이에 대한 개연성을 실제 유명인사가 한시를 남겨 증언하고 있다. 경상좌병영 병마평사를 지낸 김종직(金宗直, 1431~1492)의 한시를 살펴보면 실제 병영 군사들이 남목의 호랑이를 사냥하고 방어진(과거에는 전하 방면)에서 회를 먹었다 한다. 그리고 좌병사를 모시고 기생을 불러 비파를 연주시키며 연회를 했다고 한다.

〈답청가(踏靑歌) 일부〉
* 김종직, 점필재집, 한국고전번역원

때로는 미인 재촉해 회풍에 춤을 추게 하고,
비파를 타라 더구나 흥노의 솜씨도 있었지.
취중의 담소하는 소리 바닷속을 뒤집어라,
붉은 봉황이 날고 자라 악어가 부르짖네.

時催紅袖舞回風 攏撚況有興奴手.
醉中諧笑沸海底 紫鳳飛鶱黿鼉吼.

〈군중의 잡시를 정 관찰사의 운에 따라 짓다
(軍中雜詩用鄭觀察使韻) 일부〉
* 김종직, 점필재집, 한국고전번역원

방어진 목장에는 나무숲이 하늘을 가리니,
범이 말을 잡아먹은들 뉘 감히 앞에 나서랴.
그러나 한 화살로 꿰뚫어 피가 물 쏟듯 했으니,
잡은 흔적 아직도 이끼 낀 절벽 가에 보이네.

魴魚牧裏樹籠天, 虎食驊騮孰敢前.
一箭橫穿血如注, 拏痕猶看蘚崖邊.

승시가 구름 뚫고 하늘로 올라가거든,
하인들은 과녁판 앞에서 화살을 줍네.
괴이타 과녁 맞히는 건 해마다 익숙하건만,
단지 종군하여 바닷가에만 있는 것이.
막중의 미인들은 따스한 봄날을 만나,
굽은 난간 앞에서 비파 타고 피리 부는데
두 해 동안 남녀의 정은 전혀 관섭치 않고,
취한 눈으로 항상 외기러기만 엿보았네.

乘矢穿雲入碧天, 輿儓收拾布候前.
怪來破的年年慣, 秖爲從戎在海邊.
幕中羅綺艷陽天, 戛瑟鳴竽曲檻前.
二載雨雲渾不管, 醉眸常閱斷鴻邊.

〈군중의 잡시를 정 관찰사의 운에 따라 짓다
(軍中雜詩用鄭觀察使韻) 일부〉

* 김종직, 점필재집/속동문선

봉황암 올라서 매 놓아 사냥하고,
방어진 앞에서 생선회 요리하여
동해 바다 기울여 술잔에 담아 마시면서,
술 취해 시 읊으면 양춘곡이 흐르리라.
질탕하게 시를 짓고 마음껏 술 마시면,
늙은 군교 춤추고 예쁜 기생 노래하지.

呼鷹鳳皇巖, 斫鱠魴魚津.
要傾東海入盃杓, 醉中吟興生陽春.
詩跌宕酒淋漓, 舞老校歌妖姬.

풍류관광지승처 어풍대
(風流觀光之勝處 御風臺) 3(경승지)

경승지로 손꼽히는 어풍대

 이제 문학과 역사, 전설이 아니라 팔경, 십이경 등으로 꼽는 명승 목록을 통해 어풍대의 위치와 경치를 살펴보자. 고려 정포의 「울주팔영」 이후 조선시대를 거치며 많은 선비들이 울산에서 팔경을 꼽고 시를 지었지만 대부분은 태화강을 중심으로 선정된 경승지였다. 지금이야 해변이나 계곡의 경승지를 더 선호하지만 당시는 교통이 좋지 않아 동헌과 객사 주변에서 풍류를 즐기는 데 만족했던 모양이다. 그런 상황에서 언양과 강동, 서생과 동면 지역의 경승 한두 곳이라도 방문해 작품을 남기거나, 해당 지역의 독자적인 팔경이나 십이경을 선정하고 알린 작업들은 그래서 더욱 귀중한 유산이 된다.

 먼저 심원열과 김창숙이 꼽은 팔경이 있다. 각 경치마다 한시가 있어 전해지고 있다(송수환, 『태화강에 배 띄우고』, 2012). 심원열 부사는 철종 때 울산에 부임(1855)해 '어풍조성(御風潮聲)' 등 「울산팔영」을 노래했다. 그런데 7개 경승이 정포의 「울주팔영」처럼 태화강과 학성 일대를 크게 벗어나지 않고 있다. 게다가 이수구로(二水鷗鷺), 삼산낙조(三山落照)를 팔경에 넣어 어풍대 바로 앞에 병렬시키고 있는 것을 감안하면, 그가 말한 어풍대는 동면이 아닐 수 있다. 『세종실록지리지』의 「울산팔경」, 광복 후 나타나는 「新울산팔경」에서도 북으로는 무룡산, 동으로는 염포를 넘지 못했다. 다만, 심원열 부사는 김안국 관찰사와 달리 이미 어풍대를 앞서 소개한 『학성지』가 나온 이후 부임했고, 울산 앞바다의 이양선 출몰을 심각하게 바라보던 터라 일산진에 있는 어풍대를 실제 방문했을 가능성이 더 크다.

1936년 울산 백양사에 머물던 김창숙은 『심산유고(心山遺稿)』에 「울주함월산팔영」이라는 작품을 남겼다. 그런데 여기에 나오는 팔경도 백양사에서 보이는 시야에 한정되어 있다. '어풍만조(御風晩潮)' 때문에 함월산팔영이 아니라 명실상부하게 울산팔영이 맞지 않느냐는 주장(엄형섭,『향토사보』 32집, 2021)이 있지만, 어풍대를 제외하면 결국 모두 태화강변을 노래한 것이다. 다만, 심원열 부사보다 더 동쪽으로 나아가 염포를 노래한 점, 1936년에는 이미 어풍대가 표시된 19세기 지도가 널리 배포되어 있었던 점, 추전 김홍조가 학성공원에 요산대 비석을 이미 세워 두었던 점을 감안하면 실제로 바닷가를 방문했을 수도 있다. 선생은 당시 일제의 고문에 따른 신병 치료차 울산에 있었는데 성치 않은 몸을 이끌고 동해를 방문했다고 하면 그만큼 어풍대의 명성이 당시로서도 높았다고 볼 수 있을 것이다.

〈울산팔영〉

* 심원열 울산부사, 학음산고(鶴陰散稿) → 울산향토사연구회, 향토사보 32집, 2021, 엄형섭

학성조운(鶴城朝雲) 학성 아침 구름
구정모우(鷗亭暮雨) 반구정 저녁비
양사만종(楊寺曉鐘) 백양사 새벽 종소리
화강귀범(和江歸帆) 태화강에 돌아오는 돛배
삼산낙조(三山落照) 삼산 저녁노을
이수구로(二水鷗鷺) 이수(태화강과 동천) 갈매기
어풍조성(御風潮聲) 어풍대 밀물소리
오산월색(鰲山月色) 오산(태화동 내오산) 달빛

어풍조성(御風潮聲)

御風臺上海天晴 어풍대 바다 위에 하늘은 푸르른데
羊角爭鳴有怪聲 회오리바람 불어와 파도소리 요란하네.
不識寒潮何意緖 찬 밀물 흐르는 뜻을 알 수 없더니
候時恰似建旗兵 병사들이 깃발 들고 시각 알리는 듯하네.

〈울주함월산팔영〉

* 김창숙, 심산유고(心山遺稿) → 울산향토사연구회, 향토사보 32집, 2021, 엄형섭

양사모종(楊寺暮鐘) 백양사 저녁 종소리
무산은월(巫山隱月) 무산 은월봉
학성귀운(鶴城歸雲) 학성에 돌아오는 구름
구강소우(鷗江疎雨) 구강(동천)에 내리는 비
삼산자연(三山煮烟) 삼산 염전연기
어풍만조(御風晩潮) 어풍대 밀물소리
선암낙조(仙巖落照) 선암 저녁노을

염포귀범(鹽浦歸帆) 염포에 돌아오는 돛배

어풍만조(御風晚潮)

御風時聽吼鯨潮 어풍대 가의 하늘이 맑게 개었는데
回首東溟萬里遙 회오리바람 불어 대어 괴이한 소리가 들리네
撮髻蕭家何處是 상투 튼 보가(莆家)는 어느 곳에 있는가
飛輪直擣不崇朝 나는 바퀴로 곧장 가면 금방 닿으련만

  동구(방어진)의 팔경과 십이경은 한석근 선생이 조사를 해서 1994년부터 발표하기 시작했다고 한다. 『방어진향토사연구』에 자세한 해석이 있다. 그는 해방 전후까지 활동한 남전시우회(藍田詩友會)의 문사들이 울산부내와는 구분해서 동면팔경을 골랐을 것으로 추정했다.
  먼저 「동면팔경」을 보면 아쉽게도 마골산에서 미포만까지의 경치만을 그리며 일산진 아래를 모두 빠트렸다. 낙화암과 명사십리는 들어 있지만 목장 밖에 있던 어풍대 이야기는 없다.

〈동면팔경〉
* 동부동 김병식(金昞植) 자료(▷한석근)

축암효종(竺菴曉鐘) 동축사 새벽 종소리
옥류춘창(玉流春漲) 옥류천의 봄비에 불어난 물
섬암상풍(蟾岩霜楓) 마골산 두꺼비바위 단풍
만승폭포(萬勝瀑布) 남목 서쪽 불당골의 만승폭포
안산망해(案山望海) 안산에서 바라본 미포 앞바다 풍경
낙화백사(落花白沙) 낙화암의 하얀 모래사장
유정만선(楡亭晚蟬) 미포의 느릅나무 원두막 매미소리

촉산락조(矗山落照) 동축사 관일대 아래 촉산의 낙조

다행히 「동면팔경」과는 다른 「동면(신)팔경」과 방어진 전역에서 뽑은 명승을 망라한 「방어진 12경」이 전해지고 있다. 비교적 근대에 작성된 것으로 보이지만 최초 출처가 명확하지 않고 향토사학자들의 기록과 구술로 이어지고 있는 명승 목록(『방어진향토사연구』, 『별빛에 비친 방어진목장』)이다. 광복 후 나온 新울산팔경처럼 광복 이후에 작성된 것으로 추측된다. 이 두 목록에는 대왕암 또는 북쪽 용굴 근처에 내리는 저녁비를 뜻하는 '용추모우(龍湫暮雨)'와 어풍대 인근 어촌으로 돌아오는 배들을 묘사한 '어풍귀범(御風歸帆)'이 연이어 들어 있다.

이 두 명승이 어떤 과정을 거쳐 무슨 취지로 채택되었는지는 알 수가 없다. 선비 손님들과는 달리 조선시대 마성의 목자(牧子)와 근대 방어진항 어민들은 지역의 자연과 역사를 보다 꼼꼼하게 알고 있어 명승들을 더 많이 발굴해 냈을 것으로 추정된다. 아쉽게도 그 일을 기록으로 증언할 수 있는 대부분의 향토사학자들이 이미 세상을 떠났고, 뒤를 이은 분들도 과거로부터 수집되어 전해진 자료를 지켜 내기 어려운 것이 현실이다.

〈동면(신)팔경〉

* 동부동 김병식(金昞植) 자료(▷한석근 ▷이정한)

축암효종(竺菴曉鐘) 동축사의 새벽 종소리
옥류춘창(玉流春漲) 옥류천의 봄비에 불어난 물
섬암낙조(蟾岩落照) 마골산 두꺼비바위에서 바라본 저녁놀

만승폭포(萬勝瀑布) 남목 서쪽 불당골 만승폭포의 절경
안산망해(案山望海) 안산에서 바라본 미포 앞바다
낙화백사(落花白沙) 낙화암의 하얀 모래사장
어풍귀범(御風歸帆) 어풍대로 돌아오는 돛배
용추모우(龍湫暮雨) 용추암의 저녁 무렵 내리는 부슬비

〈방어진 12경〉
* 방어동 김덕석 자료(▷한석근 ▷이정한)

화암만조(花巖晚潮) 꽃바위의 저녁 조수 위에 내려앉은 석양
슬도명파(瑟島鳴波) 슬도(瑟島)의 파도소리
마성방초(馬城芳草) 마성의 들풀
용추모우(龍湫暮雨) 대왕암에 저물녘에 내리는 비
어풍귀범(御風歸帆) 어풍대로 돌아오는 돛배
안산창송(案山蒼松) 안산의 푸르고 무성한 소나무
옥동청류(玉洞淸流) 남목 옥류천 맑은 물소리
촉산락조(矗山落照) 남목 촉산 저녁노을
축사신종(竺寺晨鐘) 동축사의 새벽 종소리
유정만선(楡亭晚蟬) 옥류천, 제기천 버드나무의 매미소리
동대효돈(東臺曉暾) 동대(관일대)의 일출
섬암상풍(蟾巖霜楓) 섬암(두꺼비바위)에서 바라보는 단풍

※ 다른 자료(김선묵)에 따르면 동대효돈, 축사신종 대신 승동청화(勝洞晴花, 불당골 만승폭포), 망양조하(望洋朝霞, 염포의 아침)를 넣고, 경치를 다르게 묘사(안헌창송案巚蒼松, 섬암모운蟾巖暮雲)하기도 하였다.

중국과 다른 고장의 어풍대

이제 다른 지역의 어풍대는 어떤 곳이며 어떤 모습을 하고 있는지 살펴보자. 어풍(御風)이라는 말이 결국 열자의 전설과 소동파의 시에서 나온 것이기 때문에 중국에 원류가 있을 수밖에 없다. 홍세태 등 시인들은 일본뿐만 아니라 한반도 동쪽 일출 명소를 『산해경(山海經)』에 나오는 '부상(扶桑)'이라며 문학작품에 자주 표현했다. 그런 원리로 전망 좋고 바람 부는 돈대에는 어풍대라는 이름을 곳곳에 붙인 듯하다.

중국 정주(鄭州) 동쪽 포전촌(圃田村)에는 팔괘어풍대(八卦御風臺)가 있다. 전국시대 도가의 열자가 강론을 펴던 곳이라고 한다. 『장자(莊子)』 「소요유 逍遙遊」에 "열자가 바람을 타고 가다(列子御風而行)"라는 구절이 나오는데, 열자는 75세에 이곳에서 신선이 되어 우화승천(羽化升天)했다고 전한다. 옛적에는 '괘대선경(卦臺仙境)'이라고 해서 「정주 팔경」의 하나로 꼽혔는데, 최근에 열자의 조각상을 포함해 소실된 시설을 다시 세워 과거의 전설을 관광자원화하고 있다. 하지만 포전촌의 어풍대가 역사적, 인문적 의미는 있을지언정 바다나 강, 산악 전망이 없는 매력적이지 않은 곳이니 우리나라의 어풍대가 청출어람이라 하겠다.

더 조사를 해 보면 중국 곳곳에 어풍대가 있을 것이다. 누정(樓亭)들과 문학작품들도 많을 것이다. 송대 백옥섬(白玉蟾), 원말명초 진량(陳亮), 명대 왕공(王恭) 등이 어풍대에 올라 시를 지었다. 출신이 다른 인사들이었으므로 각자 오른 어풍대가 달랐을 것이다.

〈봄에 어풍대에 오르다(春登御風臺)〉
* 왕공, 백운초창집(白云樵唱集), 김상육 옮김

쓸쓸한 세월 속에 어풍대는 오래되고,
하늘은 텅 비어 들판이 멀리 보인다.
비가 맑게 개니 조심스레 나무가 나고,
눈이 말라 없어지니 월산(粤山)이 푸르다.
이슬 맺힌 이끼는 추위에도 파랗고,
봄날의 꽃은 절묘한 향기를 실어 보낸다.
어풍대에 사람은 보이지 않고,
대에 오르니 태양이 기울어지려 한다.

안봉(雁峰)은 비취처럼 맑게 푸르니,
오래된 대에 홀로 올라 내려다본다.
사람들은 모래언덕에 몰려들고,
산성의 바닷가 수자리 터는 한참 아래 있다.
들판 구름이 바람을 몰아 까치를 쫓고,
숲에 바람이 불어 옷깃을 스친다.
신선이 되는 길은 기약이 없으니,
헛되이 쓸쓸하게 옛 생각에 마음만 슬프다.

寂曆芳台古, 天空野望長.
雨晴閑樹出, 雪盡粤山蒼.
露蘚凝寒翠, 煙花送斷香.
禦風人不見, 徒此立斜陽.
雁峰晴翠裏, 台古獨登臨.
沙阜人煙積, 山城海戍深.
野雲飄杖烏, 林吹拂衣襟.

仙路無期達, 空驚吊古心.

우리나라에도 여러 어풍대가 있다. 먼저 봉화 청량산 금탑봉에 있는 천연의 전망대인 어풍대는 아래로 청량사를 굽어보며 주변 청량산의 주요 봉우리들을 조망할 수 있는 최적지라고 한다. 일찍이 퇴계 이황과 성호 이익 선생 등 많은 선비들이 찾았다.

〈어풍대〉
* 퇴계 이황, 퇴계집(退溪集)

사람이 신으로 변화는 것에는, 들고 낢에 경계가 없구나.
경쾌하게 신마를 부려서, 십오일 걸려 비로소 돌아왔다.
일백 사람에게 들어 보니, 여름 벌레는 추위를 모른다 하네.
그대여, 어풍대에 오르길! 아침 이슬 먹지 않아도 신선이 되리.

至人神變化, 出入有無間.
泠然馭神馬, 旬有五乃還.
嗟哉聞百人, 夏蟲不知寒.
請君登此臺, 不用朝霞餐.

다음 금산 어풍대는 선조 때 허목 선생이 이름을 붙이고 암각을 새겼다. 제원역의 찰방으로 있을 때 화재가 잦아 이를 막기 위해 새겼다는데, 옛 사람들에게도 바람의 용도는 다양했던 듯하다. 동구지역사연구소 이노우 연구위원의 2008년『동구문화』,「어풍대에 관한 고찰」에 따르면 위 2개소 외에도 정선 봉산리, 봉화 소천리, 상주 우산리와 퇴강리, 안동 학가산, 태안 백화산 등 모두 8개소의 어풍대가 있다고 소개해 주고 있다. 접근성과 경치를 종합해 평가를 해 본다면 아마도 울산 어풍대가 최고가 아닐까?

우리가 만들어 갈 어풍대

지금 어풍대 주변에 여러 시설들이 들어서고 있다. 현대중공업㈜ 산업시설에 더해 자율운항선박 성능실증센터라는 연구시설이 새로 건립 중에 있다. 고늘 깊숙이 도로가 뚫릴 것이고 해상 케이블카가 대왕암공원까지 오고 갈 것이다. 이제 어풍대를 더 이상 숨기지 못하게 되었다. 기업과 시민들 모두 이곳을 더 이상 감춰 두기를 원하지 않는 분위기이다. 그렇다면 이제 이 주변이 어떤 모습을 갖추느냐에 따라 대왕암이 차지하던 이름을 가져왔듯이 앞으로 관광객들의 발걸음을 이곳으로 돌리게 할 수 있을 것이다. 자연과 인간이 공존할 수 있는 지속가능한 그림을 그려야 한다. 넓지 않은 곳이지만 품격 있는 큰 그림을 그려야 한다. 어풍대 일대가 더 이상 선계(仙界)가 아닌 이상 접점을 찾는 일이 크게 어렵지는 않을 것이다.

그렇다면 앞으로 우리 어풍대는 어떤 모습이어야 하나, 누가 언제 어떻게 만들어 갈 것인가? 의논하고, 숙고하고, 답을 해야 할 많은 질문들이 있다.

"산업시설에 둘러싸인 휴식처인가,
 자연 속의 보석 같은 경승지인가?"
"즐겁고 활기에 찬 모던 스타일이 좋을까,

고풍스러운 전통스타일이 좋을까?"
"어떤 지역콘텐츠를 녹여 넣을까,
글로벌 문화를 접목해 넣으면 더 나을까?"
"용굴을 감상하기에 적합해야 하나,
반대로 출렁다리에서 보기에 좋아야 하나?"
"행정이 계획을 세워 만들어 가야 하나,
민간 자율적으로 완성해 가야 하나?"

고민할 시간은 많지 않다. 쓸 수 있는 자원과 수단은 제한적이다. 다행히 이런저런 바람이 좋게 불고 있다. 뒤쪽에서는 조선소가 오랜만에 바삐 돌아가고 있고, 앞쪽에는 일산해수욕장과 대왕암공원에 관광객들이 몰려오고 있다. 국내외 산과 강변의 어풍대 사진이 곳곳에 있지만 세계 최고, 울산 해변의 어풍대 사진은 어떤 모습이 될지 그 장막이 바야흐로 걷혀지고 있다. 바람이 불 때 돛을 올려야 한다.

[후기]
울산 이야기, 울산을 넘어

　울산향토사와 울산의 인물은 한국사나 한국의 인물과 분리해서 생각할 수 없다. 울산 이야기를 확장시켜 영남과 전국적인 연결고리를 체계적으로 밝히는 작업은 부족한 실정이다. 아무래도 이 작업은 많은 시간과 예산, 열정이 필요한 과정이다. 그러나 향토사 연구결과는 지방자치단체 간에도 이해를 달리할 수 있다. 따라서 공공부문의 지원에 앞서 전문가들의 준비와 관심이 선행된다면 더 빨라질 수 있을 것이다.

　마찬가지로 세계사와도 연계시켜 바라볼 필요가 있다. 물론 그 의미가 미미할 수 있지만, 우리의 향토사와 그들의 향토사를 연결해 보는 것 자체가 각 지역의 자긍심을 높일 수 있고, 나아가 지역 간의 국제교류를 부드럽게 만들 수 있는 것이다.

　향토사로서 전국적인 이슈가 되고 있으며, 세계적인 관심을 끌 수 있는 주제들이 시대별로 다양하게 포진해 있다. 반구대와 천전리암각화는 한국을 대표하는 선사문화이다. 동축사와 태화사는 황룡사와 자장율사를 매개로 신라 불교사에서 빼놓을 수 없는 이야기들이다. 박제상과 처용은 설화를 넘어 신라시대 정치·사회의 민낯을 보여 준다. 사포(絲浦)와 병영, 수영이 있던 곳은 울산의 문명이 생긴 이후 지금까지 국제교역과 국방의 거점지역이다. 세종 시대 충숙공 이예는 우리 외교를 빛낸 인물로서 조선 초기 대일외교를 주도하였다. 정유재란 최대 격전지는 서생포왜성과 도산성이었다. 가난한 중인으로서 울산감목관을 지낸 홍세태는 조선후기 위항문학의 태두였고,『학성지』편찬을 주관하는 등 울산을 문치로 이끈 울산부사 권상일은 영남 사림 전체의 얼굴이었다.

울산의 아픔과 영광은 근대 이후에도 이어진다. 울산의 포경사는 국내 유일의 포경사이며, 아시아 포경사의 핵심으로 세계 포경사의 한 페이지를 장식하고 있다. 울산 출신의 대한광복회 총사령 박상진 의사는 판사 법복을 벗어던지고 의열투쟁을 전개했다. 주시경 선생의 수제자로서 한글문법의 초석을 세운 최현배 선생은 애향심도 남달랐다. 울산의 산업사는 한국형 경제건설의 전범이다. 그 산업을 이끈 박정희 대통령과 정주영 현대그룹 회장은 공칠과삼(功七過三)이 맞을까, 공삼과칠이 합당할까? 산업자본과 중앙의존 일변도의 성장을 끝내고 민주화와 지방화의 상징이 된 80년대 노동운동과 90년대 광역시 승격은 나라를 들썩이게 했다. 울산이어서 겪어야 했던 아픔이었고, 또 울산이라 누릴 수 있었던 영광이었다.

울산의 자연은 찬란하다. 낙동정맥에서 태백산맥으로, 다시 영남알프스로 이름을 바꾼 서부의 고산군에는 전쟁의 상흔들과 종교적 신념의 상징들이 곳곳에 아로새겨져 있다. 울산 앞바다는 고대부터 가자미바다(鰈海), 고래바다(鯨海)로 이름난 곳이었고, 근대에는 고등어바다(鯖海)로 도약하며 전국 최대의 어획고를 자랑했다. 이런 바다를 왜적과 이양선으로부터 지켜 내기 위해 곳곳에 봉수대가 설치되었다. 이제 울산의 바다는 세계 최대 규모의 조선소를 품은 데에 머물지 않고 친환경 스마트 선박 개발기지이자 인류가 꿈꾸던 해저도시를 품은 미래 바다로의 비상을 꿈꾸고 있다. 역사는 흐르고, 태화강도 흐른다. 강물은 동해로 흘러서야 마침내 낙동강과 섬진강 그리고 한강과 하나가 된다.

영남 인물 탐구

울산 역사의 중요한 물줄기는 중앙이나 지역의 전문 사학자들의 주목을 받으며 부족하나마 연구가 진척되어, 조금만 관심을 기울이면 이야기의 전말을 알 수가 있다. 그런데 경주와 문경, 진주와 밀양, 부산과 양산 등 영남 곳곳을 여행하다 보면 울산의 사건들과 또 인물들과 얽힌 이야기를 그곳에서도 발견할 수 있다. 이런 이야기들은 울산 입장에서는 때로는 불편하고, 때로는 자랑스럽기도 한 것들이다. 전국 단위에서 연구하기에 부적절하다면, 영남권 차원에서 국립대학교를 중심으로 민관이 협조하며 이야기를 완성해서, 역사적 진실과 평가야 어떠하든, 보다 많은 사람들에게 사실을 알려 줄 필요가 있다. 어느 지역에 보다 큰 연고권이 있든 간에 각 지역에서 기른 역량과 경험이 다른 지역에서 활동을 할 때 큰 도움이 되었으리라는 것은 얼마든지 추측할 수 있다.

가장 먼저 삽량주 태수였던 박제상이 있다. 출신이 어디인지 아직 합의가 되지 않고 있지만 서라벌에 출사해서 신임을 받은 것은 확실하다. 지금은 양산과 울산이 각각 효충사와 치산서원을 세워 기리고 있다. 일본으로 가는 배를 띄운 발선처(북구 정자)와 가족들이 오매불망 기다렸다는 망부석(울주 치술령), 귀국한 왕제들이 도착해 거쳐 간 길(굴화역)은 모두 울산에 있다.

다음으로 처용이 있다. 정확한 혈통과 직업이 무엇이었는지는 아직 논란이 있지만, 울산에서 이름을 얻고 경주에서 활동을 한 것은 확실하다. 이후 천년을 넘어 그 이름이 전해지고, 그가 춘 처용무가 세계무형유산에 오른 세계적인 인물이 되었다. 신라사와 경주 향토사의 틀 속에서 처용을 바라보는 시각을 충분히 접한 다음 다시 울산의 입장에서 평가해 봐야 한다. 다른 인물들과의 관계까지 조사해 봐야 한다. 최치원을 연구하는 사람 중에서 처용이 그와 교류가 있었는지, 교집합이 무엇이었는지 궁금증을 가진 사람을 본 적이 있다. 미국인으로서 25년 전 한국으로 건너와 한국의 산과 산신을 연구하고 『한국의 산신과 산악숭배의 전통(Spirit of the Mountains, 2009)』을 펴낸 데이비드 메이슨(David Mason)이다. '2015 울산 UNWTO 산악관광회의'에서 우연히 나눈 대화인데 이후 2016년 『고독한 현자(Solitary Sage)』를 발표했다. 그러나 아직 최치원과 처용과의 연결점을 발견하지 못한 듯하다. 한국인이 직접 연구를 해 본다면 어떨까?

정포는 원나라 간섭기에 울산에 유배를 와서 울산 첫 팔경인 「울주팔영」을 지었다. 정포는 동래까지 가서 유람을 했다. 해운대 동백섬 바닷가에 가면 최치원이 썼다는 '海雲臺' 석각이 있다. 그 석각 안내판에는 정포가 해운대를 보며 시를 남겼다고 한다. 『설곡집(雪谷集)』과 『동래부읍지』에 「동래잡시(東來雜詩)」가 전해지고 있다. 이곡(李穀)의 『가정집(稼亭集)』에 「정포가 지난해 울주에서 지은 동래의 시 십 수(首)를 나에게 보여 주기에 그 시에 차운하다」가 있으니, 정포가 울주지사로 있으면서 동래를 유람했음이 확실하다. 그가 남긴 행적이 영남의 다른 곳에는 없을까?

점필재 김종직은 조선전기 밀양 출신 사림으로서 생전에 쓴 조의제문(弔義帝文) 때문에 연산군 때 무오사화의 단초를 제공하여 부관참시를 당한 인물로 유명하다. 그는 젊어서 울산에 머물며 경상좌병사를 보좌하는 병마평사를 지냈다. 그동안 지역 곳곳을 돌며 많은 시와 글을 남겼다. 이후 함양군수와 선산부사 등을 지냈는데 역시 다른 글들을 남겼으니, 울산에서의 경험이 밑거름이 되었을 것이다.

류정은 울산의 난중일기와 징비록이라고 할 수 있는 『송호유집』을 남겼다. 세거가 울산 양정동에 있었다. 왜란 발생을 감지하고 수년 전에 경주로 옮겼다가 난을 당하자 의병을 일으켰고 경주, 울산, 대구를 오가며 큰 활약을 하였다. 정유재란 초기에 적탄을 맞고 전사했다. 사당은 양산 칠현사이다.

홍의장군 곽재우는 의령 정암진전투를 시작으로 진주성전투, 화왕산성전투를 이끌어 영남을 넘어 임진왜란을 대표하는 의병장이었다. 선정을 펼칠 경황이 없을 때라 발자취는 남아 있지 않지만, 김응서의 뒤를 이어 울산도호부사를 겸한 경상좌병사를 지냈다.

양무공 김태허는 왜란 이후 울산도호부로 승격하기 전의 마지막 울산군수이다. 임진왜란~정유재란 내내 울산을 중심으로 크게 활약했다. 전쟁이 끝난 후 경상좌병사를 지내며 진주성에 포루를 설치하는 등 영남 곳곳에 업적을 남겼다. 출신지 밀양에는 그의 호를 딴 박연정(博淵亭)이 있으며, 임란 때의 행적을 모은 『양무공실기(襄武公實紀)』가 전하고 있다.

김응서는 도산성에 오기 전 평양성을 탈환한 선봉장이었다. 의병장 류정 사후 숙부를 이어 『송호유집』을 기록한 류백천의 글을 보면, 지역의 의병장들도 매우 신임한 인물이었던 듯하다. 권율 장군을 도와 1차 도산성전투에 참전했고, 2차 도산성전투를 직접 이끌었다. 전후 경상좌병사를 지냈는데, 울산은 울산도호부로 승격했고, 경상좌병사가 부사를 겸했기 때문에 그가 첫 울산도호부사인 셈이다. 병자호란 이전 후금과 다투었던 사르후전투에서 포로가 된 후 끝내 돌아오지 못했다.

홍세태는 경종 때 울산목장 감목관으로서 포항 장기목장까지 관장했다. 그의 문집 『유하집』에 실린 시들을 보면 울산 전역은 물론 포항의 자연과 사람을 노래한 시들이 많다. 홍세태는 위항문학의 태두로서 수많은 시는 물론 「김영철전」 등 전계(傳系)소설까지 몇 편을 남겼다. 그런 업적은 대부분의 생애를 서울에서 보내며 다른 위항문학인들과 교유했기 때문에 가능했다. 게다가 통신사를 수행해 일본을 오가거나, 청나라 사신을 응대하는 등 국제적으로 이름을 날리고, 풍부한 경험을 한 것이 큰 도움이 되었을 것이다. 중앙 학계에서는 문학사적 입장에서 그를 집중 조명하고 있지만, 그 밖의 일을 조명하는 일은 울산향토사의 몫이다.

청대 권상일은 성리학뿐만 아니라 문학과 역사에도 조예가 깊었다. 평생을 일기를 써서 『청대일기』를 남겼다. 일기의 가장 많은 분량이 울산부사로 있을 때다. 아마도 고향에서 공부할 때와 서울에서 일만 했던 시절에 비해 울산에서 보낸 3년이 가장 보람 있고 즐거웠을 것이다. 『청대일기』에는 재미있는 에피소드들이 다양하게 담겨 있는데, 지금까지도 의미가 있는 내용들이 있다. 예를 들어 연못에 관한 일기가 있는데, "동헌 뜰 동쪽 백일홍 아래에 구덩이를 파고 향청 연못의 연꽃 예닐곱 뿌리를 옮겨 심고, 연못가에는 국화, 대나무, 수양버들을 심었다(영조 12년 4월 8일)"라는 내용이다. 실제 아직 같은 위치에 작은 못이 남아 있다. 권상일 부사는 당시 짧게나마 경주부사를 겸하기도 했고, 부산에서 왜인들을 상대하는 역할까지 도왔다. 아마도 임금이 크게 신임을 했던 듯한데, 『울산부선생안』에 따르면 관찰사는 고과(考課, 근무평가)를 주로 '中'을 주었다. 그런데 문경을 방문해 권상일이 노년을 보낸 농청정(弄淸亭)을 둘러보니, 정자는 울산 구강서원만큼 잘 관리되고 있지 않고, 사람들은 울산에서만큼 그를 높이 평가하지 않았다. 아마도 예나 지금이나 받은 것만큼 돌려주는 법이리라.

다산 정약용의 부친 정재원은 1789~1790년 울산부사를 지냈다. 지역인사들과 교유하고 선정을 베푼 것으로 알려져 있다. 정약용은 지금의 태화강에서 「남포에서 달밤에 제군과 함께 배를 띄우고(南浦月夜 同諸君汎舟)」라는 시를 지어 남겼는데, 성범중은 『한시로 읽는 울산산책』에서 이 시를 아버지 정재원이 울산부사로 있을 때 울산에 와서 지은 시로 소개하고 있다. 정재원은 진주목사로 옮긴 후 그곳에서 병사했다. 부친이 살아 계시는 동안 정약용은 역시 진주까지 가서 촉석루에 올라 검무(劍舞)를 감상하고 술을 마셨다.

고종 때는 오횡목 함안군수가 난데없이 울산에 출두했다. 울산부사를 지냈던 권상일처럼 그도 늘 일기를 기록해 남겼다. 함안군수를 지낼 때의 일기와 시 모음집을 『함안군총쇄록(咸安郡叢瑣錄)』이라 한다.

일기에 따르면 울산에서 세금이 제대로 걷히지 않았는지 임금이 함안에서 근무하던 오횡묵을 울산에 파견했다. 원래부터 징세에 일가견이 있었는지 모를 일이다. 그는 울산에 와서 며칠 지나지 않아 지시한 세금을 모두 거두어들이는 혁혁한 성과를 거두었다. 그러면서 태화강변과 학성 등 울산의 대표적인 관광지 몇 곳을 둘러보고 정포의 울주팔영(여기서는 학성팔경시)을 본받아 시를 짓기도 했다. 그러고는 울산의 풍광과 경제력에 반해 울산을 '웅부(雄府)'라고 평가했다. 우리 입장에서 보면 병 주고 약 주고 돌아간 셈이다.

그 밖에도 울산에 동학 창시자 최제우의 유허지가 있어, 최근에는 유곡에 동학관을 열었다. 일제강점기 실업가 추전 김홍조는 부산과 울산을 오가며 금융업과 목재업을 했고, 또 독립운동을 직·간접적으로 펼친 것으로 알려져 있다. 그에 대한 평가는 엇갈리지만, 이유수는 『울산향토사연구논총』「다시 보는 추전 김홍조」에서 지하의 일이라 쉽게 드러나지 않아서 그렇지 김홍조는 일제하에서 온갖 방법으로 애국 애족하였다고 평가하고 있다. 앞으로 지역이 협업해서 영남의 인물을 조명하다 보면 의외의 사실이 밝혀질 수도 있다고 본다.

울산과 바이킹

마지막으로 울산향토사가 접점을 넓혀 갈 다른 나라의 향토사에 대해 생각해 보자. 그동안 울산은 일본과 가장 먼저 교류를 넓혀 왔다. 임진왜란 때 끌려간 도공들이 일본의 도자예술을 꽃피운 것에 착안해 하기, 구마모토 등과 교류를 했다. 찬반 논란이 여전한 가운데 포경 기술을 전수해 준 인연을 살려 시모노세키, 아바시리, 타이지와도 교류했다. 러시아 블라디보스토크 등 극동과는 러일전쟁 이전 포경산업 인연이 있기는 하지만 일제강점기때부터 있어 왔던 이주사와 한·러 경제협력을 위해 협력해 왔다. 중국과는 최근 무역통상, 문화관광교류를 위해 가장 빈번하게 오고 갔다.

　이제 한중일 교류에 더해 눈을 돌려 본다면 대안의 하나가 북유럽일 수 있다고 본다. 문화적으로 공감할 수 있는 부분들이 있고, 경제적으로 협력하고 있는 사업들이 풍부하다. 사실 바이킹(viking)은 '바닷가' 또는 '바닷가 사람'이란 뜻이라고 한다. 울산이 그렇지 않은가? 반구대 암각화에는 고래 그림이 있는데, 북유럽의 경우도 포경의 역사가 오래되었다. 길이나 건물 입구에 고래 턱뼈 아치를 놓는 것은 원래 일본에서 비롯된 것이 아니라 바이킹의 문화였다고 한다. 천전리암각화에는 6세기 이후 신라시대 왕실과 화랑들의 기록이 있고 그에 앞서 선사시대 기하학 무늬가 새겨져 있다. 9세기 전후 북유럽에 폭넓게 분포한 암각인 룬스톤(Rune-stone)에는 바이킹들의 문화와 전설의 동물들이 지금은 사라진 고대의 룬문자와 그림으로 새겨져 있다.

　수년 전 스웨덴 '시스타사이언스시티(Kista Science City)'를 방문한 적이 있었다. 그때 받은 사이언스 시티의 홍보자료 표지에는 "룬스톤에서 전파까지: 어떻게 바이킹 마을이 스웨덴의 실리콘 밸리가 되었나?(From Rune Stones to Radio Waves: How a Viking Village Became Sweden's Silicon Valley?)"라는 예사롭지 않은 문구가 들어 있었다. 이것을 울산이 패러디한다면 "암각화에서 3D 프린팅까지: 어떻게 변방의 어촌 마을이 대한민국의 스마트 산업수도가 되었나?"일 것이다.

근대에는 실제로 양 지역의 바이킹들이 힘을 합쳐 고래를 잡았다. 20세기 초 근대포경을 익힌 스칸디나비아인들이 러시아, 일본 포경회사에 고용되어 장생포에 머물며 포경을 했다. 그중 헨드릭 멜솜 선장은 1899년부터 1915년까지 오랫동안 활동했다. 그는 1차 세계대전 때문에 귀국했는데, 고국에서도 포경업자로서 성공한 생을 살았다.

북유럽과의 인연은 현대까지도 이어지고 있다. 조선산업이 발전하면서 북유럽에서 발주된 많은 선박들을 성공적으로 건조하면서 협력관계가 이어졌다. 그런 인연으로 정주영 회장은 1988년 노르웨이로부터 훈장(Command with Star)을 받기도 했다. 최근에는 영국과 노르웨이, 덴마크 등과 부유식 해상풍력 발전단지 건설을 위해 다각적으로 접촉하고 있다. 대표적인 기업체인 노르웨이의 에퀴노르(Equinor)가 스타방에르(Stavanger)에 있다. 한편으로 향후 한국형 항공모함을 건조할 기회가 주어진다면 울산의 산업계는 퀸 엘리자베스 항공모함을 건조한 영국과 협력을 해야 한다. 한국의 현대중공업과 영국의 밥콕(Babcock) 간에 이미 협력이 이루어지고 있다. 영국 전함 조선소는 스코틀랜드 에든버러 인근 로사이스(Rosyth)에 있다.

국내외 지역 간에 마음을 모아 모두 만족할 수 있는 향토사 연구결과를 내놓는다는 것이 쉬운 일은 아닐 것이다. 재원과 인력이 투입되어야 하는데 누가 자금을 제공할 것인가도 문제일뿐더러, 그 결과에 대한 동의가 쉽게 이루어질 일도 아니다. 하지만 공익단체나 연구기관, 기업 등 민간이 참여해서 해석과 평가에 앞서 유적과 사료조사부터 공동으로 해 나가는 것이 필요할 것이다. 그에 기초해 국민들과 시민들에게 널리 알릴 것은 알리고, 새롭게 만들 인프라는 구축해 나가면 되는 것이다. 반구대암각화가 빠른 시일 내에 세계문화유산으로 지정되면 좋겠다. 한국과 울산의 유산들이 북유럽에도 홍보되어 한류공원이 생기면 좋겠다. 울산 어딘가에 바이킹 선박 조형물과 룬스톤 모형이 서 있는 문화공원을 조성해 보는 것은 어떨까?